KB269059

들뢰즈의 철학

들뢰즈의 철학

— 사상과 그 원천

서동욱 지음

민음사

서문

　한 종교의 창시자가 될 만큼 명석하고 독창적인 사도 바울로는, 실상 단 하나의 겸허한 사명만을 자신의 것으로 받아들였는데, 바로 종으로서 주인의 가르침을 충실히 전달하는 것이었다. 그러나 오늘날 누가 이런 겸손을 곧이곧대로 믿겠는가? 몸을 낮추고 주인의 말씀을 기다리는 종의 겸허함은 위대한 사도의 독창적인 광휘를 숨기지 못한다.

　성자의 그늘 아래 머무르는 것이 허락된다면, 우리는 들뢰즈에 대해서도 비슷한 말을 할 수 있을 것이다. 들뢰즈 또한 자신이 철학의 그리스도처럼 여긴 스피노자와 니체의 충실한 종임을 자처하지만, 그가 옛 철학자들의 오래된 악보를 들고 연주하는 음악은 지금껏 들어 보지 못한 희한한 것이었다.

　이런 종류의 사상가에게는 어떻게 접근해야 할까?

　들뢰즈가 평생 동안 공들여 사유했던 주요 분야는, 〈초월적 경험론〉이라는 입장으로 확립된 인식론, 〈차이〉와 〈반복〉이라는 두 개념을 축으로 구성되었으며 아리스토텔레스 이래의 〈존재의 유비〉에 정면으로 도전하는 〈일의성의 존재론〉, 정신 분석학이 자본주의가 낳은 학문임을 밝혀내고, 그것이 어떻게 욕망을 순응적인 것으로 만듦으로써, 자본주의의 빗장을 부서뜨릴 혁명의 힘을 증발시켜 버리는가를 폭로한 정치 철학으로서의 〈오이디푸스 비판〉, 그리고 프로이트류의 정신 분석학과는 전혀 다른 방식으로, 스피노자적 견지에서 욕망의 비밀을 밝혀낸 〈새로운 욕망 이론〉 등이다.

이 책은 이러한 분야들을 다루고자 한다. 그런데 들뢰즈 철학의 특수성은, 들뢰즈 스스로 구축한 철학사로부터 자기 사상을 끌어올리고 있다는 점에 있다. 그는 자신의 독창성을 주장하는 것보다는 남의 입을 빌려 남의 말을 하듯 이야기하는 데 더 익숙한 것 같다. 이런 까닭에 들뢰즈는 철학사로부터 들려오는 말씀의 〈전달자〉의 겉모습을 가지고 있는 것이며, 그의 〈사상〉에 대한 탐구는 그것의 철학사적 〈원천〉에 대한 탐구와 분리될 수 없는 것이다. 그러므로 사상과 원천이라는 두 축을 도입하는 것은, 들뢰즈의 업적 전체를 앵글 안에 넣고 싶은 연구라면 피할 수 없는 시도이다(그리고 여기서 〈원천〉이란 데리다식으로 표현하자면, 〈사후에 첨가된 원천〉, 그러니까 들뢰즈라는 결과의 출현으로부터 비로소 생겨난 원천, 비기원의 기원이라고 해야 할 것이다. 또 다른 예외적인 역사가인 하이데거의 저작들과 더불어, 들뢰즈의 철학사적 통찰들만큼 아들의 자궁으로부터 아버지들이 탄생하게 되었다는 기술이 적절히 들어맞는 경우도 드물다).

우리는 이 책 전체를 통해, 한편으로는 앞서 언급한 들뢰즈의 주제들의 핵심을 파고들려고 시도할 것이며, 다른 한편으로는 들뢰즈의 사상이 전면에 내세워질 때 은폐되어 버리기 십상인 그것의 탯줄, 즉 철학사적 원천들을 규명하려고 노력할 것이다. 물론 그 원천들이란 실로 복잡하게 들뢰즈 사상 속에 얽혀들어 있다. 들뢰즈가 전폭적으로 지지하는 스피노자, 니체, 프루스트 같은 선구자들뿐만 아니라, 칸트나 프로이트처럼 겉으로는 증오와 공격의 표적이지만 실상 들뢰즈가 그들에게서 많은 것을 계승하고 있는 대가들, 그리고 레비나스, 라캉, 데리다 같은, 들뢰즈가 그들과 맺을 수 있는 관계는 늘 흥미를 끌지만 그 가능성에 대해선 거의 밝혀진 바가 없는 동시대의 재능 있는 사상가들이 하나의 늪 속에서 얽혀들며 새로운 철학의 탄생을 돕는 것이다. 이 책은 매미의 뱃속에 들어 있는 것처럼 이러한 이중의 과제, 〈사상〉과 그 〈원천〉의 날개 아래 들어 있으며 이 둘의 공명을 통해 소리를 낸다.

*

이 책은 4장의 「보론」을 제외하고는 모두 루뱅에서 학위 논문을 쓰는 틈틈이 쓴 것이다. 한 권의 책을 염두에 두고 쓴 장(章)들이지만 지난 몇 해 동안 모두 개별적으로 발표할 기회를 가졌다. 이번에 책을 만들며 이 글들의 많은 부분을 수정·보완하거나 전체 구성에 맞게 편집하였다.

이러한 작은 결과물을 내놓는 데도 참으로 많은 분들의 은혜를 입었다. 은사이신 강영안 교수님께 먼저 감사드리고 싶다. 공부뿐만 아니라 여러 가지 면에서 선생님께 많은 것을 배웠다. 늘 필자의 공부와 삶을 염려해 주시는 엄정식 교수님, 박종대 교수님, 정인재 교수님, 성염 교수님, 김완수 교수님, 최진석 교수님, 박병준 교수님께도 감사드려야 할 것이다. 많은 가르침을 주신 이한조 교수님, 늘 관대함으로 필자의 작업을 격려해 주시는 김상환 교수님께도 감사드린다. 필자가 작업할 수 있는 모든 힘을 주신 분들은 부모님이다.

머리 숙여 감사드린다. 늘 작업에 대한 의논 상대가 되어주는 아내와 원고 교정 및 「문헌 목록」 작성에 많은 도움을 준 후배 홍우람, 박지연, 김대섭에게도 고마운 마음을 전한다. 4장의 원고를 이용할 수 있도록 허락해 주신 창작과비평사에도 진심으로 감사드린다. 무엇보다도 이처럼 책으로 엮어주신 민음사와 늘 도움을 주시는 박상순 주간님, 꼼꼼하게 책을 만들어주신 편집부 여러분께 감사 말씀드린다. 끝으로, 우리의 앵글 안에 다 집어넣지 못한 들뢰즈의 사상과 원천에 대한 탐구는 이 책의 부족함으로 남을 것이며, 계획중인 후속 작업들을 계속 가동시킬 이유가 될 것이다.

2002년 초가을
서동욱

차례

세부 차례

일러두기

인용 방식

1. 이 책에서 주로 인용되는 저작과 논문은 다음의 약호에 따른다. 여기서 약호를 제시하지 않은 작품에서의 인용은 인용 시 각주를 통해 서지 사항 및 사용할 약호를 밝힌다.
2. 인용은 인용문 뒤 괄호 안에 약호와 쪽수를 써주고 〈쪽〉이란 표기는 생략한다.
3. 인용문 안의 고딕체는 인용자가 강조하는 부분이고 〈 〉로 묶은 문장은 원저자가 강조하는 부분이다. 또 인용문 안의 〔 〕로 묶은 부분은 대체 가능한 번역어이거나 뜻이 잘 통하게 하기 위해서 인용자가 임의로 집어넣은 말이다.

들뢰즈 Gilles Deleuze 저작의 약호

A   *L'anti-Œdipe : Capitalisme et schizophrénie*, t. 1(& F. Guattari)(Paris : Éditions de Minuit, 1972).

BE   *Le bergsonisme*(Paris : PUF, 1966).

CC   *Critique et clinique*(Paris : Éditions de Minuit, 1993).

CD   "La conception de la différence chez Bergson," *Les Études Bergsoniennes*, IV(1956).

D   *Dialogues*(& C. Parnet)(Paris : Flammarion, 1996〔증보판(초판 1977)〕).

DR   *Différence et répétition*(Paris : PUF, 1968).

F   *Foucault*(Paris : Éditions de Minuit, 1986).

FB   *Francis Bacon : Logique de la sensation*, t. 1(Paris : Éditions de la différence, 1981).

IGEK   "L'idèe de genése dans l'esthétique de Kant," *Revue d'Esthétique*, vol. 16 (1963).

IV   "L'immanence : une vie," *Philosophie*, no. 47(Paris : Éditions de Minuit, 1995).

K   *Kafka : Pour une litterature mineure*(Paris : Éditions de Minuit, 1975).

LS   *Logique du sens*(Paris : Éditions de Minuit, 1969).

MP1   『천의 고원 *Mille plateaux : Capitalisme et schizophrénie, t. 2*』, 제1권, 이진
         경·권혜원 외 옮김(연구공간 〈너머〉, 2000).

MP2   『천의 고원 *Mille plateaux : Capitalisme et schizophrénie, t. 2*』, 제2권, 이진
         경·권혜원 외 옮김(연구공간 〈너머〉, 2000).

NP   *Nietzsche et la philosophie*(Paris : PUF, 1962).

PLI   *Le pli : Leibniz et le baroque*(Paris : Éditions de Minuit, 1988).

P   *Pourparlers*(Paris : Éditions de Minuit, 1990).

PCK   『칸트의 비판철학 *La philosophie critique de Kant*』, 서동욱 옮김(민음사, 1995).

PS   『프루스트와 기호들 *Proust et les signes*』, 서동욱 외 옮김(민음사, 1997).

QP   *Qu'est-ce que la philosophie?*(& F. Guattari)(Paris : Éditions de Minuit, 1991).

SPE   *Spinoza et le problème de l'expression*(Paris : Éditions de Minuit, 1968).

SPP   *Spinoza : Philosophie pratique*(Paris : Éditions de Minuit, 1981).

들뢰즈의 작품 이외에 주로 인용되는 저작들의 약호

• 데리다 Jacques Derrida

ED   *L'écriture et la différence*(Paris : Éditions du Seuil, 1967).

G   *De la grammatologie*(Paris : Éditions de Minuit, 1967).

• 라캉 Jacques Lacan

E   *Écrits*(Paris : Éditions du Seuil, 1966).

S   *Le séminaire XI*(Paris : Éditions du Seuil, 1973).

• 레비나스 Emmanuel Levinas

TI   *Totalité et infini*(La haye : Martinus Nijhoff, 1961).

들뢰즈의 철학

1 초월적 경험론
들뢰즈 인식론의 칸트적 배경

들뢰즈는 자신의 철학을 〈초월적 경험론 empirisme transcend-antal〉(DR, 79), 〈상위 경험론 empirisme supérieur〉(DR, 80) 또는 〈감성적인 것에 관한 학 science du sensible〉(DR, 79) 등의 여러 가지 이름으로 부른다. 또 초월적 경험론에서 마음의 능력들의 사용을 〈초재적(超在的) 실행 exercice transcendent〉(DR, 186 ; PS, 148)이라고 특징짓는다.

들뢰즈 인식론에 대한 이해는 전적으로 이 여러 명칭들의 의미를 해명하는 데 달려 있다고 해도 과언이 아니다. 어떤 철학을 이해하기 위한 많은 길들 가운데 그것의 이름을 파고드는 것보다 기본적인 방식은 없을 것이다. 왜냐하면 명칭이란 그 철학의 집을 대표하는 문패 같은 것이라서, 그리로 찾아오는 사람들이 길을 잃기를 바라지 않는 집주인이라면 가장 정확한 이름을 대문에 달기를 마다하지 않을 것이기 때문이다. 산짐승들, 군인들, 범죄자들은 은신처를 숨기기 위해 거짓 문패를, 가짜 여우 굴을 사용한다. 그렇다면 한 철학의 명칭이 타당한지를 따져보는 일은, 그 철학이 위장술을 필요로 하는 여우의 머리에서 나온 것인지, 아니면 참을 향한 사유의 성실성을 담고 있는 것인지를 가늠하기에 가장 좋은 방편이 될 것이다.

그런데 언뜻 보기에 자기 모순적일 뿐 아니라 초월적 관념론과 정면으로 배치되는 듯한 〈초월적 경험론〉이라는 명칭, 그리고 〈초재적 실행〉 같은 들뢰즈의 핵심어는 칸트를 배경으로 하지 않고는 도저히 그 본뜻을 이해할 수 없는 용어들이다. 들뢰즈의 초월적 경험론은 칸트 철학과의 대화 속에서 탄생하였다고 해도 과언이 아닐 것이다. 물론 칸트는 스피노자나 니체처럼 들뢰즈가 직접 계보를 잇고 있는 철학자는 아니며, 오히려 그는 줄곧 도전적으로 칸트에게 비판적 대화 상대가 되어주길 요구한다. 주저 『차이와 반복 *Différence et répétition*』을 비롯해 거의 모든 저작에서 칸트에 대한 열광과 비난이 시종 교차하면서 들뢰즈 철학을 밀고 당기고 있다. 그러나 다른 한편 그의 독창적인 철학이 원숙한 모습으로 확립되기 이전에, 그러니까 학자로서의 경력 초기에 이미 들뢰즈는 칸트에 대한 주석가이기도 했다. 들뢰즈는 평생에 걸쳐 한 권의 연구서, 두 편의 논문, 네 번에 걸친 강의를 칸트에게 바쳤다.[1]

이러한 사정은 들뢰즈 철학이 칸트와 맺고 있는 관계는 서로 보완적인 두 측면에서 조명되어야 한다는 것을 말해 준다. 첫째, 들뢰즈의 사상 형성에 칸트는 어떤 식으로 개입하는가? 둘째, 들뢰즈의

---

1) 차례로 ① PCK, ② IGEK, ③ 「칸트 철학을 간추린 네 개의 시구 Sur quatre formules poétiques qui pourraient résumer la philosophie kantienne」(CC, 40-49[『칸트의 비판철학』에 수록]), ④ 1978년 3-4월 뱅센 대학에서 가진 네 번의 강의(http://www.webdeleuze.com 참조).

연구는 어떤 측면에서 하나의 칸트 해석으로서 가치를 지니는가? 첫번째 질문에 답하려고 할 때 우리의 목적은 칸트에 대한 성실한 〈주석가〉로서 들뢰즈의 초상화를 그리는 것이 아니다. 오히려 어떻게 들뢰즈가 창조적 독해를 통해 칸트 철학을 자신의 필요에 따라 취하고 칸트가 말하지 않은 것들을 보태어, 하나의 새로운 철학, 즉 초월적 경험론을 만들어내는가라는 문제에 초점이 놓여 있다. 그러나 두번째 질문은 칸트 주석가로서 들뢰즈를 겨냥하고 있다. 이 질문은, 결코 짧지 않은 칸트 연구의 역사 속에, 들뢰즈의 칸트 해석은 무엇인가 새롭고도 독창적인 흔적을 새겨 넣을 수 있을 것인가를 묻고 있다. 다시 묻자면, 들뢰즈는 사람들이 지금껏 칸트 텍스트로부터 보지 못하던 문제를 드러내고 또 해결함으로써 칸트 철학을 보다 안전한 지반 위에 올려놓는 데 기여하고 있는가? 이렇게 우리는 이 장 전체를 통해서 독창적인 철학자와 성실한 주석가라는 두 마리 토끼를 사냥해야 한다. 들뢰즈가 한편으로 이 철학의 대가를 넘어서려고 하며, 다른 한편으로 이 대가의 가장 성실한 이해자가 되고자 하는 이중의 욕망, 이중의 얼굴을 가지고 있기 때문이다.

1 감성에서의 내적 차이와 강도 이론 : 대칭적 대상들의 역설과 지각의 예취

〈사유되는 것으로 인도하는 길 위에서 모든 것은 감성과 더불어 시작된다〉(DR, 188)고 들뢰즈는 말하며 이것을 〈감성의 특권〉(DR, 188)이라 부른다. 들뢰즈가 자기 철학을 초월적 경험론이라고 했을 때, 그것이 〈경험론〉인 까닭은 이처럼 감성에 특권적인 지위를 부여하기 때문이다. 이런 감성의 특권을 표현하기 위해 들뢰즈는 자기 철학을 〈감성적인 것에 관한 학〉이라 부르기도 하는 것이다.

당연한 말이겠지만, 감성의 특권적 지위에 대한 해명은 들뢰즈 철학의 근본 목적에 대한 이해를 전제하지 않고는 불가능하다. 들뢰즈 철학의 전체 기획은 어떤 방식으로도 동일성에 종속되지 않는 차이, 즉 그가 〈차이 자체〉라고 부르는 것의 가능성에 관한 물음이라고 요약할 수 있다. 뒤에서 보겠지만 차이 자체는 하나의 이념 Idée 이다. 차이 자체는 여러 가지 층위에서 이야기되며 이념으로서의 특성 또한 다양한 방식으로 이해된다. 들뢰즈는 차이 자체를 〈내적 차이〉 혹은 〈절대적인 궁극적 차이〉(PS, 72)라고도 부르며, 고전 철학에서의 개념적 차이, 유사성 등과 대립시킨다. 종적(種的) 유사성이란 유(類)의 자기 동일성을 전제하고 있다. 이런 까닭에 유사성 혹은 종적 차이는 환원될 수 없는 궁극적 차이라기보다는, 개별자들을 유적 동일성에 종속시키기 위한 매개적 개념에 지나지 않는다. 즉 이런 종류의 〈차이는 이웃하는 닮은 종들로부터 그 종들을 포섭하는 유의 동일성으로 이행하도록 해준다〉(DR, 51). 이것을 들뢰즈는 차이 자체와 대립시켜 〈개념적 차이〉라고 부른다. 개념적 차이의 궁극적인 역할은 다수를 전체의 표상에 매개하는 것, 즉 존재의 세계를 유와 종의 질서로 대표되는 유기체로 표상하는 일이다. 여기서 결국 차이는 궁극적인 동일성, 전체성, 유기체적 표상에 봉사하는 부수적 도구에 지나지 않는다.

반면 차이 자체, 즉 내적 차이는 유기적 표상에 봉사하는 어떤 개념적 형태로도 환원될 수 없는 궁극적인 것일 뿐 아니라, 바로 그런 궁극적인 것의 자격을 가지고 〈대상 발생의 선험적 근거〉로서 역할한다. 〈모든 사물들의 배후에는 차이가 있지만, 차이의 배후에는 아무것도 없다〉(DR, 80)는 말이 잘 나타내 주듯, 사물의 발생에 있어서 〈차이는 궁극적 단위〉(DR, 79)이다. 이렇게 볼 때 차이 자체는 서로 다른 두 대상 사이에서 경험되는 외적 차이와 구별된다. 〈절대적인 궁극적인 차이란 무엇인가? 그것은 언제든 외부로부터 얻을 수 있는, 두 사물 혹은 두 대상 사이의 경험적 차이가 아니다〉(PS, 72). 개별자들 사이에 성립하는 〈경험적 차이〉는 이미 개체로서 우리 경험 가운데 나타난 개별자들 사이에 성립하는 외적 관계라는 뜻에서 외적 차이인 반면, 차이 자체는 하나의 개별자가 그 개별자로서 발생할 수 있게 해주는 근거가 되는 차이라는 뜻에서 내적 차이라고 불린다. 이제 자세히 다루겠지만 종래의 경험론은 오로지 앞의 경우에 해당하는 외적 차이만을 지각했다. 반면 경험의 성립 근거 혹은 〈충족 이유로서의 차이 자체〉(DR, 286)는 그 선험성으로 인해 〈초월적〉 탐구 대상이 될 수 있을 뿐이다. 그런데 이미 밝혔듯 들뢰즈가 경험론이라고 말할 때 그것은 감성이 지니는 특권적인 지위를 표현한다. 그렇다면 초월적 경험론이라는 말은, 초월적 탐구의 대상(차이 자체)은 감성적인 것 속에서 찾아질 수 있다는 뜻을 내포하고 있다. 즉 한 대상의 충족 이유로서의 차이 자체는 감성적인 것 안에서 발견될 것이다. 그러나 이 말로부터 차이 자체가 주관의 선험적 형식으로서 감성에 귀속된다고 성급하게 결론지어서는 안 된다. 지금 말할 수 있는 것은 이제 우리는 초월적 경험론이라는 명칭의 뜻을 이해하기 위해 〈초월적〉과 〈경험론〉이라는 두 말을 논의할 수 있는 대상과 영역(차이 자체, 감성적인 것)을 발견하게 되었다는 것뿐이다.

　이런 초월적 경험론의 관점에서 보았을 때 칸트의 감성론은 하나의 선구적인 작업이다. 왜냐하면 바로 〈대칭적 대상들의 역설〉이 감성에서의 내적 차이에 관한 이론을 담고 있기 때문이다. 〈나의 손이나 귀와 모든 점에서 동일한 것은, 거울에 비친 그것의 영상만한 것이 있을 것인가? 그러나 나는 거울에 비친 손을 그것의 원본의 위치에 갖다 둘 수 없다. 왜냐하면 만일 원본이 오른손이라면 거울 속의 손은 왼손이고, 오른쪽 귀의 영상은 왼쪽 귀여서 결코 서로 대체할 수 없기 때문이다. 그런데 여기에는 지성이 사유할 수 있을 내적 차이라곤 전혀 없다. 그런데도 감각이 가르쳐주는 한에서 그 차이는 내적인 것이다〉(『형이상학 서론 *Prolegomena*』, Ⅳ, 286).[2] 나의 손이 거울에 비친 것이므로 그 영상은 나의 손 자체와 똑같은 생김새를 지닌다. 즉 개념상으로는 도저히 그 차이를 구별할 수 없는 것이다. 그러나 개념상 동일하다고 해도 실제로 나의 손이 손의 영상과 합치될 수는 없다. 똑같이 만들어진 장갑의 예도 마찬가지다. 그것이 똑같이 생겼다고 해서, 즉 개념상으로 동일하다고 해서 〈어느 한 손의 장갑을 다른 손에 사용할 수는 없다〉(『형이상학 서론』, Ⅳ, 286). 이러한 대칭적 대상들의 실재 차이를 만들어내는 것은 지성 개념이 아니다. 〈차이는 내적이지만 그럼에도 불구하고 개념적이지 않다. 그러한 것이 대칭적 대상들의 역설의 의미이다〉(DR, 39). 오로지 감성에 내재하는 〈비개념적 차이〉만이 이러한 실재상의 차이를 만들어낼 수 있다. 그러므로 칸트에서 감성의 비개념적 내적 차이는 실재 사물의 초월적 근거를 이루며, 이런 뜻에서 들뢰즈는 자신의 초월적 경험론의 선구적 면모를 칸트에게서 발견하는 것이다. 아울러 〈지각의 예취(豫取)〉의 원칙이 들뢰즈에게 그토록 중요하게 취급되는 까닭도 그것이 감성의 내적 차이에 관한 이론을 담고 있기 때문이다.

---

2) 여기서 인용된 모든 칸트 저술의 쪽수는 프로이센 왕립 학술원이 펴낸 *Kants gesammelte Schriften*을 따른다. 『순수이성 비판 *Kritik der reinen Vernunft*』의 경우 편의와 관례에 따라 서명은 생략하고 초판(1781 ; A)과 재판(1787 ; B)의 쪽수만을 표기하고, 부호(;)로 구분한 뒤 학술원판의 권수와 쪽수를 같이 써준다. 다른 저술의 경우는 인용문 끝의 괄호 안에 책명, 학술원 판의 권수와 쪽수를 차례로 써준다.

코헨 H. Cohen 이래 현대의 칸트 연구자들 사이에서 들뢰즈만큼 지각의 예취라는 원칙에 핵심적인 의미를 부여한 사람도 없을 것이다. 그럼에도 정작 들뢰즈가 자신이 출판한 칸트 연구물들에서는 전혀 이 원칙을 다루고 있지 않으며, 오히려 『차이와 반복』이나 칸트에 관한 강의록에서만 다루고 있다는 것은 이상한 일이다. 들뢰즈가 〈'지각의 예취'라 이름 붙여진 특별한 열두 페이지〉[3]라고 부른 장에서, 칸트는 〈외연적 크기 extensive Größen〉와 구별되는 〈강도적(强度的) 크기 intensive Größe〉에 대해 설명한다. 외연적 크기는 〈부분 밖의 부분 partes extra partes〉(K2)이라는 라틴어 표현을 통해 가장 잘 설명될 수 있을 것이다. 이 공식은 〈부분들의 외재성〉(K2)을 나타낸다. 서로에 대해 외재적인 부분들이, 포착을 통해서 〈계속적으로(연속적으로)〉 종합됨으로써 인식되는 하나의 단일성이 외연적 크기이다(A 162/B 204 ; Ⅲ, 149). 그러므로 필연적으로 부분들은 전체에 선행해서 표상되어야 하며, 부분들이 선행하여 표상될 수 있는 것은 바로 부분들이 서로 외재적이기에 가능하다. 선행하는 서로 독립적인 다수의 부분들인 1미터들이 종합(포착)되어서 100미터라는 단일한 크기를 이루는 것, 혹은 독립적인 다수의 1분들이 종합되어서 1시간이라는 단일한 크기를 이루는 것 등이 그 예가 될 것이다. 즉 외연적 크기를 가진 존재는 서로 외재적인 부분들의 다수성을 지니는 동시에 이 다수성의 통합인 단일성도 가진다. 반면 강도적 크기는 직관을 도(度, degrés)의 관점에서 채우는 것을 말한다. 강도적 크기도 포착을 통해 도달하지만, 외연적 크기와 달리 그 포착은 계속적인 것이 아니라 〈순간적으로만〉 이루어진다. 〈이 포착은 한순간에 감각을 통해서 이루어지는 것이지, 서로 다른 감각

---

3) G. Deleuze, "Deuxième leçon sur Kant"(1978년 3월 21일에 행한 강의) http://www.webdeleuze.com/TXT/210378.html(약호 K2).

들의 계속적인 종합을 거치는 것은 아니다〉(A 168/B 210 ; Ⅲ, 153).
100미터라는 외연적 크기가 1미터짜리 부분 100개의 나열로 번역되
는 것과 달리, 하나의 강도적 크기는 서로 독립된(서로 외재적인)
부분들의 종합으로 번역되지 않는다. 가령 30도라는 온도는 10도짜
리 온도 셋의 종합으로 이해될 수 없다. 세 개의 10도로부터는 어
떤 식으로도 30도라는 온도의 크기가 도출되지 않는다. 마찬가지로,
시속 10킬로미터로 달리는 말 열 마리가 마차를 끈다고 해서 이 각
각의 말들의 속력이 더해져서 시속 100킬로미터를 만들어내는 것은
아니다. 강도적 크기에선 서로 외재적인 부분들 사이에나 성립하는
덧셈뺄셈이 소용없다. 따라서 부분들이 연속적으로 포착될 수 없기
때문에, 순간적으로 포착되는 강도적 크기는 오로지 부정성인 0도에
얼마나 근접하는가로만 나타낼 수 있다(A 168/B 210 ; Ⅲ, 153).

지나가면서 잠깐 이야기하자면, 들뢰즈는 이러한 칸트의 강도 이
론을 여러 분야에서 다양하게 응용하고 있다. 가령 베이컨 F. Bacon의
그림에는 대개 내려옴과 올라감이라는 두 개의 리듬이 공존한다
(FB, 52-53 참조). 그렇다면 그의 그림에서 느껴지는 긴장감은 두
리듬 가운데 어느 것에서 유래하는가? 내려옴과 올라감 가운데 어
느 것에 우선성이 있는가? 두 리듬은 서로 우열이 없는 듯이 보이
기에 이 문제는 그림에 대한 의식적인 경험의 관점에서 해답을 얻
을 수 없고, 오로지 그림 속의 감각을 지배하는 원리의 관점에서 답
변 가능하다. 들뢰즈는 칸트의 강도 이론을 배경으로, 우선권은 내려
옴(추락)의 리듬에 있다고, 즉 내려옴의 리듬으로부터 긴장감이 유래
한다고 말한다. 〈모든 '긴장'은 추락 속에서 경험된다. 칸트가 강도를
순간에 포착되는 크기로 정의했을 때, 그는 강도의 원리를 도출해
낸 것이었다. 이로부터 그는, 이러한 여러 크기들은 부정성=0에 얼
마나 근접하였는가를 통해서만 나타날 수 있다고 결론지었다. 그러

므로 설령 감각이 상위를, 혹은 보다 높은 층위를 향한다 할지라도,
감각은 이러한 사실을 이 상위 층위가 0에 얼마나 근접하는가를 통
해서만, 즉 추락을 통해서만 우리가 경험하게끔 할 수 있다〉(FB, 54).

그러나 이런 응용 작업은 제쳐놓기로 하자. 중요한 것은 초월적
경험론의 관점에서 칸트의 강도 이론이 왜 그토록 높이 평가받느냐
를 해명하는 일일 것이다. 그 이유는 비개념적 차이가 경험 가운데
실재가 발생하기 위한 충족 이유라는 들뢰즈의 생각이, 칸트의 지
각의 예취 원칙 속에서 표현되고 있기 때문이다. 강도적 크기를 통
해 어떤 경험의 대상이 나타나기 위해서는 그 크기를 구성하는 감
각들이 〈변별적 관계rapport différentiel〉[4]를 맺고 있음이 전제되어
야 한다. 강도적 크기로서 〈배고픔〉을 예로 들어보자(PLI, 117 참
조). 배고픔은 어떻게 느껴지는가? 몸속에 설탕이 모자라는 것 혹
은 버터가 모자라는 것 자체는 배고픔이 아니다. 그런 것들은 외연
적 크기의 경우와 달리 연속적으로 종합될 수 있는 부분들이 아니
며, 그 자체만으로는 어떤 식으로도 포착되지 않는다. 다만 이런 것
들의 결핍이 일정한 정도에 도달하였을 때 우리는 순간적으로 배고
픔을 느낀다. 배고픔의 이유가 되는 이런 요소들은 〈의식적으로〉
경험되지는 않지만 우리는 반성을 통해 그런 요소들이 상호 종합되
어서 배고픔을 발생시킨다는 것을 알고 있다. 상호 종합된다는 것
은 외연적 크기에서의 〈부분들의 외재성〉과 정면으로 대립한다. 설
탕의 결핍, 버터의 결핍 등이 서로 외재적일 경우, 즉 서로 독립적

---

4) 두 개 이상의 요소들 사이의 〈차이〉를 가능케 하는 관계라는 뜻을 살려 〈차이
   적 관계〉라고 번역할 수도 있겠다. 또한 이 글에선 논의하지 않겠지만 들뢰즈
   가 미분 방정식을 통해 이 관계를 해명하고 있으므로, 이 말은 〈미분적 관계〉
   라는 함의를 지니고 있기도 하다. 여기선 일관적으로 〈변별적 관계〉라고 옮기
   지만 이 말이 지니고 있는 이러한 함의도 염두에 두고 있어야 할 것이다.

일 경우는 결코 종합을 통해 배고픔이라는 강도적 크기에 도달하지 못한다. 외재적 종합이 아니라 서로 내적으로 관여하는 상호적 종합, 들뢰즈의 용어대로 하자면 〈상호 규정〉(DR, 226)만이 하나의 강도적 크기를 가능케 하는 것이다. 그리고 이 상호 규정의 결과로서의 강도적 크기가 의식 가운데 포착되는 실재이다. 〈변별적인 것들[차이 나는 것들, les différentielles]의 상호 규정은 지각으로서의 대상에 대한 완전한 규정을 달성한다〉(PLI, 118). 이렇듯 강도 이론은 의식의 차원에서 지각되는 실재를 발생적인 측면에서 기술할 수 있도록 해준다. 즉 의식 상관적인 유한한 실재인 〈거시 지각 macro-perception〉은 의식되지 않고 무한히 변별적인 〈미세 지각들 petites perceptions〉의 종합을 통해 강도적 크기로 발생한다(PLI, 115-116).

그런데 당연히 변별적 관계는 명색이 〈관계〉임에도 불구하고 지성에 뿌리를 둔 표상, 즉 개념이 아니다. 오로지 감성적인 것의 층위에서 감각들 사이에 성립하는 비개념적 차이, 즉 차이 자체의 표현이 바로 변별적 관계인 것이다. 이렇듯 강도 이론에서는 감각들 사이에 성립하는 비개념적 차이가 의식 상관적인 실재가 발생하기 위한 충족 이유가 된다. 그리고 바로 지각의 예취가 실재의 발생을 설명하기 위해 도입하고 있는 것도 오로지 감성적인 것들 가운데 성립하는 이런 비개념적 차이, 곧 변별적 관계이다. 결국 실재의 발생을 설명하는, 차이 자체에 근거하는 강도 이론을 칸트의 지각의 예취가 담고 있다는 점에서 들뢰즈는 그 중요성을 발견하는 것이다.

덧붙이면, 실재를 이러한 강도적 크기의 발생으로 기술하고자 하는 착상은 들뢰즈 철학의 항상적인 특성이다. 당연한 얘기지만 강도적 크기는 힘을 기술하는 데 필수적이다. 섭씨 30도라는 열의 힘, 혹은 시속 100킬로미터라는 속력 등을 통해 이미 예시했듯, 힘은 본성상 한순간에만 지각되는 강도적 크기이다. 이러한 강도 이론을

배경으로 하고서야 들뢰즈는 모든 대상을 힘의 관점에서 해석할 수
있게 된다. 가령 들뢰즈는 니체에서 힘의 문제를 다루면서, 〈대상이란
그 자체 외관이 아니라, 힘의 출현이다〉(NP, 7)라고 말한다. 이 문장
은, 의식에 주어지는 대상을 힘의 강도적 크기라는 발생의 산물로
기술하고자 하는 강도 이론을 배경으로 하지 않는다면 결코 이해될
수 없을 것이다. 아울러 강도 이론은 스피노자에서 〈양태〉의 진정
한 위상을 해명하는 열쇠가 되어준다. 스피노자에서 〈양태들의 본질
은 힘이다〉(SPE, 82). 스피노자가 말하듯 〈인간의 힘은 인간의 현실
적 본질에 의하여 설명되는 한, 신이나 자연의 무한한 힘, 즉 신이
나 자연의 본질의 일부이다〉(『에티카 *Ethica*』, Ⅳ, 4, 증명). 인간(양
태)의 본질을 이루는 것은 그가 가진 힘이며, 그 힘은 자연(실체)의
힘의 일부를 이룬다. 그렇다면 어떻게 양태는 실체라는 존재의 환
영 fantôme으로 떨어지지 않고 하나의 개별자로서 자신의 고유성을
유지할 수 있는가? 이에 대한 답변은 힘을 강도적 크기의 측면에서
고려할 때에만 가능하다. 〈사물들을 유일 실체의 양태들로 환원함은
사물들을 외관들 혹은 환영들로 만들어버리는 수단이 아니다. ……
반대로 스피노자에 따르면 그것은 양태들을, 힘 force ou puissance을
부여받은 '자연적' 존재들이 되게끔 하는 유일한 수단이다〉(SPE, 81).
스피노자 철학에서 인간을 비롯한 모든 개별자들이 유일 실체의 양
태임에도 불구하고 그 고유성을 유지할 수 있는 까닭은 그것들의
본질인 힘이 강도적 크기이기 때문이다.[5] 실체의 힘이 어떤 도에서
순간적으로 포착된 크기는, 외연적 크기와 달리 덧셈뺄셈을 통해

---

5) 〈양태의 본질은 힘의 정도, 신의 힘의 부분, 즉 강도적 부분 혹은 강도이다〉
(SPP, 135). 〈양태들의 본질들은 힘의 부분들, 즉 물리적 강도들이다. 그것들
은 〔외연적 크기와 달리〕 부분들을 가지지 않는다. 즉 그것들은 보다 작은 양
들로 구성되지 않는다. 오히려 그것들 자체가 부분들, 즉 강도적 양들에 입각
해 달라지는 힘들의 부분들이다〉(SPP, 100).

다른 크기나 상태로 환원될 수 없고 오로지 그 크기만의 고유성을 지닌다. 그러한 고유성이 양태의 지위를 구성한다. 힘의 다양한 강도는 각각 고유성을 지니는 사물들의 다양성을 표현하는 것이다.

2 〈초월적 경험론〉이라는 말의 의미

그러나 우리는 들뢰즈가 칸트로부터 절대적으로 도움을 얻고 있는 것이 무엇인지에 대해선 아직 언급조차 하지 않았다. 다만 초월적 경험론의 관점에서 보았을 때 대칭적 대상들의 역설과 지각의 예취의 원칙이, 개념으로 환원되지 않으며 감성적인 것들 사이에서만 성립하는 궁극적인 차이 자체를 보여준다는 점에서 선구적 작업으로서 의의를 가진다는 것만을 보았다. 그러나 그것은 말 그대로 〈차이 자체〉의 가능성을 보여주는 선구적 면모일 뿐 그 자체 초월적 경험론과 동일시될 수 있는 것은 아니다. 왜냐하면 칸트에선 강도적 크기 자체가 대상의 출현은 아니기 때문이다. 대상의 개념은 지성으로부터 오며 강도적 크기는 그 주어진 개념의 실재 내용을 채워줄 뿐이다. 이런 점에서 칸트에서 〈강도의 가치는 상대적일 뿐이다〉(DR, 295). 그러나 들뢰즈 철학이 경험론일 수 있으려면 선험적 개념을 인정하지 않고, 감성적인 것으로부터 개념의 출현을 설명할 수 있어야 한다. 뒤에 보겠지만 들뢰즈는 칸트의 또 다른 이론으로부터 도움을 받으며 이 문제를 해결한다. 그러나 이 주제로 들어가기에 앞서 우선 지금까지의 논의를 바탕으로 초월적 경험론이라는 말의 의미를 해명해 보기로 한다.

의식 상관적인 실재 대상의 선험적 근거는 변별적인 것들이다. 〈근거〉라고 하는 이유는, 위에서 여러 예들을 통해 보았듯, 변별적인 요소들의 종합이 의식적 지각의 대상을 발생하도록 해주기 때문이다. 그렇다면 그 근거가 〈선험적〉이라 불리는 까닭은 무엇인가? 〈경험 자체는 우리에게 혼합체만을 제공한다〉(BE, 11-12). 반면 이 혼합체를 발생적으로 구성하는 변별적인 것들은 경험할 수 있는 대상이 아니다. 가령 혼합체로서 배고픔이 의식되는 것, 경험되는 것이라면, 설탕의 결핍, 버터의 결핍 등 배고픔의 발생적 구성 요소들은 결코 경험되지 않는다. 이 변별적 요소들 자체는 의식되지 않는 지각일 뿐이며, 그렇기에 〈변별적인 무의식적인 것〉(DR, 274)이라 불려야 마땅하다. 들뢰즈가 〈'배움[인식]'은 언제나 무의식을 거치며, 늘 무의식 속에서 일어난다〉(DR, 214)고 말하는 이유가 여기 있다. 가령 파랑과 노랑은 초록이라는 강도적 크기의 발생적 구성 요소로서 지각되는 것이나, 내가 초록을 의식할 때 파랑과 노랑은 결코 경험되지(의식되지) 않는다(PLI, 117). 요컨대 〈미세 지각들은 의식적 지각의 부분들이 아니라, 의식적 지각의 요건들 혹은 발생적 요소들이다〉(PLI, 118). 파랑과 노랑은 초록이라는 경험의 일부분이 아니라 초록이 가능하기 위한 무의식적인 〈선험적 근거〉인 것이다. 들뢰즈의 유명한 개념인 〈잠재적인 것 le virtuel〉은 바로 현실태 actualité로서의 경험을 가능케 하는 이런 선험적 요소들을 일컫는 말이다. 결국 들뢰즈의 〈경험론은…… 체험된 경험에 단순히 호소하지 않는다〉(DR, 3). 복합체로서 경험 대상을 가능케 하는 잠재적 요소들, 즉 경험되지 않는 근거를 묻는 것이 초월적 경험론의 과제이며, 이런 점에서 그것은 영국 경험론과 구별된다(PLI, 126 참조).[6]

---

6) 경험론자보다는 오히려 현상학자에게서 초월적 경험론에 대한 찬동을 찾아볼 수 있다. 가령 마리옹 같은 사람은 들뢰즈의 경험론 개념에 동의를 표하면서 〈현상학적 경험론 empirisme phénoménologique〉이라는 용어를 사용한다 (J.-L. Marion, *Étant donné*[Paris : PUF, 1997], 170쪽). 또한 다른 맥락에서

정의상 〈‘선험적’은 경험으로부터 도출되지 않는 표상들을 일컫는다〉(PCK, 30). 〈초월적〉은 이 선험적 요소들을 다루는 모든 인식을 말한다(A 12 ; Ⅲ, 43). 의식적 경험을 가능케 하는 경험되지 않는 근거를 다룬다는 점에서, 초월적 경험론은 두 용어 〈선험적〉과 〈초월적〉을 타당하게 자기 것으로 삼는다. 그리고 그것이 선험적 근거를 문제 삼고 있음에도 경험론으로 남을 수 있는 까닭, 다시 말해 초월적 관념론이 아닐 수 있는 까닭도 분명하다. 초월적 경험론에서 경험의 근거는 선험적 개념에 있지 않고 순수 지각에 있기 때문이다. 〈경험의 조건은 개념에서보다는 순수 지각에서 규정된다〉(BE, 19). 경험되지 않는 〈조건〉은 지성적인 것이 아니라 감각적으로 지각되는 것일 수밖에 없다. 파랑과 노랑은 그 자체로는 의식적 경험의 대상이지만, 초록의 발생 요소로 고려되었을 때는 결코 경험되는 것이 아니다. 우리의 경험은 초록 외에는 알지 못하며, 파랑과 노랑은 발생의 근거로서 초록 뒤에 잠재되어 있을 뿐이다. 그러나 우리에게 감각되는 것은 초록이 아니라 오로지 파랑과 노랑만이다. 결국 경험(초록)은, 〈감각되지만 의식되지는 않는〉 잠재적인 것들의 상호 규정만을 선험적 근거로서 가진다. 즉 초월적 경험론에서는 경험의 선험적 근거는 결코 주관으로부터 유래하지 않는 것이다. 그런데 실제 우리에게 주어지는 것은 경험 자체(초록)가 아니라 그것의 발생적 구성 요소들일 뿐이라면 대체 경험의 위상이란 무엇인가? 철저한 경험론자로서의 들뢰즈의 면모는 경험의 위상에 대한 다음과 같은 주장에서 가장 잘 나타난다. 〈모든 〔경험상의〕 지각은 환각적 hallucinatoire이다. 왜냐하면 지각은 대상을 가지지 않기 때문이

이긴 하지만 버넷 같은 후설 연구가는 후설 현상학을 문자 그대로 〈초월적 경험론〉으로 규정하기도 한다(R. Bernet, “L’autre du temps,” E. Levinas, *Positivité et transcendance*〔Paris : PUF, 2000〕, 144쪽).

다〉(PLI, 125). 엄밀한 의미에서 경험되는 것은 분자적인 감각적 지각들뿐이며, 이러한 감각에 대응하는 대상이란 없다. 의식 상관적인 경험 대상이란 오로지 환각이며, 그러므로 어떤 의미에서 유명론적인 것이다.

그런데 초월적 경험론이 경험론이려면 경험의 발생적 요소들 사이의 변별적 관계와 차이 자체는 주관적 형식으로서의 감성으로 환원되지 않아야 한다. 그것이 주관적 형식의 요소라면 들뢰즈 철학은 이미 초월적 관념론이지 초월적 경험론은 아닐 것이기 때문이다. 이런 점에서 칸트의 이론 가운데 대칭적 대상이나 지각의 예취가 비개념적 차이를 예시하며 들뢰즈의 강도 이론에 영향을 주었다고 하더라도, 근본적으로 그것은 초월적 경험론의 이념과 양립할 수 없다. 왜냐하면 칸트에서 지각의 예취의 원칙으로 나타나는 비개념적 차이는 주관적 형식으로서의 감성에 귀속하기 때문이다. 반면 들뢰즈 철학에서 변별적 관계는 주관과는 상관없이 감각적 지각들 사이에서 성립할 뿐이며, 그렇기에 그의 철학은 경험론일 수 있다. 그런데 감각이, 어떤 형태로든 주관의 선험적 형식에 의해 매개되지 않는다면 〈경험의 필연성〉은 어떻게 보장될 수 있겠는가? 우리는 뒤에서 들뢰즈가 필연성의 개념을 어떤 방식으로 새롭게 해석하는지 보게 될 것이다.

그런데 변별적 관계를 가능케 하는 차이 자체의 위상은 어떻게 이해해야 할까? 〈차이〔자체〕는 다양이 아니다. 다양은 주어진다. 그러나 차이는 그것을 통해 소여(所與)가 주어지는 것이다. 즉 그것을 통해 소여가 다양으로서 주어지는 것이다. 차이는 현상이 아니라 현상의 예지체(豫知體)에 가깝다〉(DR, 286). 차이 자체는 그것을 통해 경험 구성의 요소들(다양)이 변별적으로 주어진다는 점에서 선험적인 것이지만, 주관에 귀속하는 것은 아니라는 점에서 칸트의 감성과 다르다. 나아가 그것은 〈예지체〉라고 일컬어지기까지 한다. 들뢰즈는 줄곧 차이 자체를 〈차이의 특정한 이념〉(DR, 41) 혹은 그저 〈이념〉이라 부르는데, 이러한 말들은 바로 예지체를 가리키는 표현들이다. 그러나 이 이념 또는 예지체는 지성적으로 직관될 수 있는 것도 형이상학적 실재도 아니라는 점에서 플라톤적 이념(이데아)과 구별된다. 초월적 경험론의 구조를 총체적으로 요약하는 다음 구절을 보자. 〈이념[차이 자체]은 하나도 다수 multiple도 아니다. 그것은 다수성 multiplicité으로, 변별적 요소들을 구성하고 이 요소들 사이에 변별적 관계를 맺어주며, 이 관계에 대응하는 특정성들 singularités을 구성한다. …… 이 세 가지 차원, 즉 요소들, 관계들, 특정성들은 이념적인 시간적 차원[감성]에 투사된다. …… 그러므로 여기에는 이념에 대한 경험론이 존재한다〉(DR, 356). 〈요소들〉은 경험의 발생적 구성 요소를 가리키며 〈관계들〉은 이 요소들 사이에 성립하는 변별적 관계들을 말하고, 〈특정성들〉은 이로부터 발생하는 강도적 크기로서의 경험을 일컫는다. 다수성으로서 차이 자체의 이념은 다수적 요소들과 이 요소들 사이의 변별적 관계를 생산한다. 이러한 차이 자체를 어떻게 이해해야 할까? 이 장에서는 오로지 〈경험론적 인식론의 관점에 제한해서〉 차이 자체를 기술할 것인데, 이 경우 차이 자체는 요소들이 변별적으로 주어지는 〈관점 point de vue〉이라 일컬어진다(PS, 238 참조). 〈이념에 대한 경험론〉과 관련된 이러한 논점은 뒤에 보다 자세히 다룰 것이다.

　마지막으로 초월적 경험론의 철학사적 계보에 대해서도 잠시 언급해 두어야겠다. 초월적 경험론은 그 생경함에도 불구하고 들뢰즈 철학에만 고립되어 있는 개념은 아니다. 다시 말해 이 개념은 나름의 역사를 가지고 있다. 적어도 그 착상에 있어서 들뢰즈의 경험론은 셸링의 경험론에서 비롯된 것으로 보인다. 들뢰즈는 초월적 경험론과 동일한 뜻으로 사용되는 상위 경험론이라는 개념[7]이 셸링으로부터 온 것임을 명시하고 있다(CD, 85 참조). 셸링의 후기 철학은 그 자신이 이름 붙인 대로 경험론인데, 그 정신은 이렇게 요약된다. 〈긍정 철학의 원칙은······ 더 이상 선험적으로 알려질 수 없고 오로지 후험적으로만 알려질 수 있다. 이런 점에서 그것은 경험론에 부합할 것이다.〉[8] 들뢰즈의 초월적 경험론과 마찬가지로, 근거로서 기능하는 원칙을 셸링도 경험으로부터 찾고자 한다. 〈경험, 즉 우리가 그것 덕택에 최상의 인식〔원칙에 대한 인식〕을 얻는 그런 경험은 이미 경험 자체일 수는 없고, 철학적인 것, 혹은 철학적 노력의 귀결물이다.〉[9] 들뢰즈에서 사물의 발생의 충족 이유는 오로지 경험(감각)으로부터 오지만 의식적 경험 자체로 환원되지 않는 〈상위〉 지위를 가지듯, 셸링에서도 최상의 원칙은 경험으로부터 획득되지만 경험 자체로 환원되지 않는 선험적 지위를 가진다.

3 개념의 획득 문제 : 능력들의 일치와 도식 작용론의 한계

칸트는 〈초월적〉을 〈대상들을 다루는 것이 아니라 '대상들 일반'에 관한 우리의 선험적 개념들을 다루는 모든 인식〉(A 12 ; III, 43)을 일컫는 말로 사용한다. 초월적 경험론은 얼마나 이 정의에 가깝고 또

---

7) 〈상위〉라는 말을 들뢰즈는 〈초월적〉이라는 말과 동일하게 사용한다. 이 말의 이런 용법은 가령 칸트를 해설하는 다음과 같은 구절에서 잘 나타난다. 〈선험적 종합은 상위 인식 능력을 정의한다〉(PCK, 17). 즉 들뢰즈는 경험을 규정하는 선험적 형식에 대한 인식에 〈상위〉라는 명칭을 부여한다.

8) F. W. J. Schelling, *Zur Geschichte der neueren Philosophie, Ausgewählte Werke : Schriften von 1813-1830*, Wissenschaftliche Buchgesellschaft(Darmstadt, 1976), 482쪽.

9) F. W. J. Schelling, *Darstellung des philosophischen Empirismus*, 같은 책, 509쪽.

먼가? 대상의 선험적 근거를 문제 삼는다는 점에서 그것은 이 정의에 합당하게 초월 철학이라 불릴 만하다. 그러나 칸트의 정의에 나타난 〈대상들 일반〉이 〈가능한 대상들〉, 전칭 판단의 대상들을 가리키는 것인 한에서 초월적 경험론은 이 정의에 합당하지 않다. 들뢰즈는 의식적으로 칸트의 초월 철학의 입장과 대립하면서 다음과 같은 주장을 수없이 반복한다. 〈우리는 조건을 모든 가능한 경험의 조건으로서가 아니라, 실재 경험의 조건으로서 세워야 한다〉(CD, 85). 〈이 조건은 일반적이지도 추상적이지도 않다. 그것은 조건지어진 것보다 크지 않은 것, 실재 경험의 조건이다〉(BE, 17).[10] 실재 경험이란 단칭 판단의 대상이며, 단칭 판단을 근거짓는 것을 목적으로 삼는다는 점에서 초월적 경험론은 칸트의 사변 철학보다는 오히려 칸트의 미학을 모델로 삼고 있다.[11] 우리는 숭고에 관한 칸트의 분석이 인식과는 전혀 상관없음에도 불구하고, 어떻게 인식의 문제를 다루는 초월적 경험론의 모델이 되는지 보게 될 것이다.

강도 이론을 통해 우리가 알게 된 바는 변별적 지각들이라는 선험적 근거로부터 경험 가운데 실재가 발생한다는 것이었다. 그런데 사실 이 실재는 감성을 채우는 질료라고 해야 할 뿐 하나의 〈대상〉이 되기에는 턱없이 부족하다. 왜냐하면 직관에 나타난 질료의 동일성을 보장해 주는 개념이 없고서는 그것은 그저 감성에 끼치는

---

10) 왜 가능한 경험이 아니라 실재 경험을 근거짓는 작업이 필요한가? 칸트를 염두에 둔 것으로 보이는 다음 비판이 이를 해명해 주고 있다. 〈표상의 요소적 개념들은 가능한 경험의 조건들로 정의되는 범주들이다. 그러나 이것들은 실재적인 것에 대해서 지나치게 일반적이고 지나치게 크다. 그물이 너무 느슨해서 가장 큰 물고기도 지나다닌다〉(DR, 93-94).
11) 칸트 스스로가 밝히고 있듯 미감적 판단은 대상 일반으로 환원되지 않고 개별적으로만 나타나는 대상들에 관한 것이다. 즉 그것은 가능한 경험 일반이 아니라 그때그때의 실재 대상에 관한 단칭 판단이다(『판단력 비판』, §8 참조).

모종의 자극에 불과할 것이기 때문이다. 그런데 개념은 감성만 가지고는 결코 얻어지지 않는다. 따라서 강도적 크기로 기술된 감성 가운데의 실재란, 들뢰즈 스스로 그렇게 부르듯, 비개념적인 〈대상 없는 부스러기〉(PLI, 125) 혹은 〈대상 없는 형상들 figures sans objet〉(PLI, 125)이라고 해야 할 것이다. 〈형상〉은 들뢰즈의 핵심 개념 가운데 하나로, 개념을 통해 정체성이 확보되지 않은 〈미지의 inconnu 것〉, 그의 또 다른 주요 개념인 〈기호 signe〉의 동의어이다(PS, 8-10, 144-145 참조). 어떻게 감성 가운데 나타난 강도적 크기에 사유가 개입하여 대상들에 대한 개념을 획득할 수 있는가? 현상에 대한 개념의 적용 문제를 다루고 있는 초월적 도식 작용론을 답으로 제시하려고 이 질문을 던지고 있는 것은 아니다.

이 질문에 대한 올바른 답을 찾는 일은, 먼저 들뢰즈의 칸트 연구의 핵심이 무엇인지 알지 않고서는 도무지 불가능하다. 들뢰즈의 칸트 연구는 〈이종적(異種的)인 마음의 능력들이 어떻게 일치할 수 있는가〉라는 독특한 문제를 제기하고 풀어나가는 가운데, 세 비판서의 통일을 해명하고자 하는 작업이라고 요약할 수 있다. 이종적인 능력들의 일치라는 문제는 들뢰즈가 임의적으로 고안한 것인가, 아니면 칸트 자신이 숙고했던 것인가? 물론 그것은 비판 철학의 창시자 자신이 직접 직면했던 문제인데,『판단력 비판』을 쓰던 무렵인 1789년 5월 26일 「헤르츠에게 보낸 편지」(이하 약칭 「헤르츠」)가 그 점을 말해 주고 있다.

포스트칸트주의자 가운데 한 사람인 마이몬은 자신의 저작[12]을 출판하기에 앞서 이 대가의 평가를 받으려고, 그 저작에서 제기된 칸트 철학에 관한 몇 가지 의문점을 요약한 편지와 원고 전체를 칸

---

12) S. Maïmon, *Versuch über die Transzendentalphilosophie mit einem Anhang über die symbolische Erkenntnis*(Berlin, 1790).

트에게 보낸다(「마이몬으로부터의 편지」〔1789. 4. 7.〕 참조).「헤르츠
에게 보낸 편지」는 바로 마이몬의 이 저작에서 제기된 능력들의 일
치에 관한 문제에 대한 답변을 담고 있다. 그런데 들뢰즈가 보기에
이 편지에서 제시된 답변은 불충분한 것이었으며, 따라서 그는 나
름대로의 칸트 해석을 통해 완벽한 답변을 찾아내고자 한다.

칸트 자신은 능력들의 일치 문제를 이렇게 요약하고 있다. 〈마이
몬 씨는 다음과 같이 묻는다. 어떻게 선험적 직관과 선험적 개념
사이의 일치의 가능성을 설명할 수 있는가? …… 이 일치는 확실히
사실로서 주어져 있지만, 표상의 이 두 가지 이종적인 양식의 일치
의 합법성 내지 필연성은 이해할 수 없다는 것이다〉(「헤르츠」, XI, 50).
즉 능력들의 일치란 우선 대상 인식을 가능하게 하기 위해 지성과
감성의 일치가 어떻게 가능한가라는 문제이다. 그런데 이에 대한
하나의 해결책으로 칸트가 이미 도식 작용론을 제시했음에도 불구
하고 왜 이 편지에서 다시 일치의 문제가 제기되는가? 문제는 상상
력이 지성에 종속된 능력이기 때문에 매개 역할을 해줄 수 없다는
데 있다. 〈상상력은 자유롭다는 이름 아래 저 혼자서 도식 작용을
하지는 못한다. 상상력은 지성이 상상력을 규정하고 인도하는 한에
서만 도식 작용을 수행할 수 있다. 상상력은 지성 자체가 입법적
역할을 수행할 때 지성의 규정된 개념과 관련하여 사변적 관심 속
에서만 도식 작용을 수행한다〉(IGEK, 115). 도식 작용은 상상력의
근원적 자유로부터 유래하는 활동이 아니라 한낱 지성에 의해 제약
된 활동일 뿐이다. 사변적 관심 속에서 입법적 기능을 하도록 규정
된 지배적[13] 능력은 지성이며, 나머지 능력들의 용법은 이 지성의

---

13) 〈여기서 '지배적'이란 세 가지 의미를 지닌다. ① 하나의 관심〔사변적 관심〕에
   대해 〔지성이〕 규정됨. ② 대상들을 〔지성이〕 규정함. ③ 다른 능력들〔상상력
   과 감성〕을 〔지성이〕 규정함〉(IGEK, 114).

쓰임에 종속되도록 규정되어 있다. 그렇다면 어떻게 지성에 순응하는 하위 능력인 상상력이 마치 지성의 상위에 있는 능력이나 된 듯 지성을 이끌어 감성과 맺어줄 수 있단 말인가? 상상력이 지성과 감성을 매개시켜 줄 수 있으려면, 상상력은 그 활동이 지성 아래 제약되어 있어서는 안 되는, 지성과 감성 양자의 상위에 있는 자유로운 능력이어야 한다. 이런 까닭에 도식 작용론은 능력들의 일치 문제에 대한 해답이 될 수 없으며, 결국『순수이성 비판』에서 능력들의 일치는 〈그 원천을 더 이상 문제 삼을 수 없는 선험적 사실의 일종으로 보일 수밖에 없다〉(PCK, 50). 그러나 능력들의 일치의 필연적 근거가 제시되지 않는다면, 지성과 감성의 일치란 한낱 임의적인 사실로 남을 뿐이요, 따라서 둘이 일치된 결과인 인식 또한 임의적인 것으로 남을 뿐이다.[14)]

칸트는 인간의 인식에는 감성과 지성이라는 두 개의 줄기가 있다는 점을 확인하는 데 만족하고, 〈이 두 줄기는 아마도 하나의 공통적인, 그러나 우리에게 알려지지 않은 뿌리에서 솟아 나온다〉(B 29 ; III, 46)고 추측하는 데서 멈추고 만다. 즉 경험 가능성의 주관적 조건을 명시하는 데 그쳤을 뿐, 그런 주관적 조건으로서 능력들의 일치가 실재상 어떻게 발생하는지에 대해선 해명하지 않았다. 그런데 경험 가능성을 조건짓는 데 그치지 않고, 그 조건(능력들의 일치)의 발생을 해명할 것을 요구한다는 점에서, 즉 〈능력들의 조화의 근거 물음〉(PCK, 50)을 던졌다는 점에서 들뢰즈는 마이몬의 착상을 적어도 문제 제기의 단계에선 그대로 차용하고 있다. 간혹 들뢰즈가 포스트칸트주의자라 불리는 이유 가운데 하나가 여기 있다.

---

14) 도식 작용론에 대한 보다 자세한 비판은 필자의 책,『차이와 타자 —— 현대 철학과 비표상적 사유의 모험』(문학과지성사, 2000), 46-58쪽 참조.

칸트 자신도 『순수이성 비판』 속에서는 이러한 일치의 궁극적 근거를 해명할 수 없음을 알고 있었다고 보아야 한다. 〈하나의 동일한 존재 속에서 경험 인식을 가능하게 하기 위해 감성과 지성은 서로 일치한다. …… 이 능력들의 원천에 관한 탐구는 전적으로 인간 이성의 한계를 넘어선 것이다. 그럼에도 불구하고 우리가 탐구하기를 원한다면, 우리의 창조자 말고는 다른 근거를 내세울 수 없다〉(「헤르츠」, XI, 52). 그러나 이성론자들처럼 신학적 원리에 의존하는 것은 이성 비판의 프로그램 자체를 붕괴시키는 것이므로 채택될 수 없는 해결책이다. 마찬가지로 이종적인 두 줄기 인식 능력의 알려지지 않은 뿌리로서 〈실체로서의 자아〉에 호소하는 것 또한 채택될 수 없다. 능력들의 일치 문제는, 창조자든 자아든 어떤 형이상학적 원리에 호소한 해결일 경우엔 결코 초월 철학의 정신을 그대로 보존한 것일 수 없으며 이미 칸트 철학과 결별한 것이다.

그러므로 이 문제는 오로지 능력들의 차원에서만 해결되어야 한다. 그런데 바로 마지막 비판이 해결의 실마리를 제공하고 있다. 들뢰즈는 반복해서 이렇게 말한다. 〈〔능력들이〕 자유로운 조화를 이룰 수 없다면, 능력들은 그들 가운데 한 능력에 의해 규정되거나 고정된 일치를 이룰 수 없다〉(IGEK, 116). 〈확실히 모든 규정된 일치는 모든 능력들이 보다 근원적으로는 규정되지 않은 자유로운 일치를 이룰 수 있음을 전제한다〉(PCK, 50). 그런데 칸트에 따르면 모든 관심의 배후에 있는 가장 근원적인 이러한 일치는 〈감정 Gefühl에 의해서밖에는 규정될 수 없다〉(『판단력 비판 *Kritik der Urteilskraft*』, § 21 참조). 들뢰즈는 감정에 의해 성립하는, 능력들 사이의 이 근원적 일치를 바로 숭고 분석에서 발견한다. 이제 자세히 보겠지만 이러한 착상은 결국 『판단력 비판』이 어떻게 첫 두 비판서를 통일하는 매개적 역할을 할 수 있는가라는, 칸트 연구자라면 누구나 숙고해야만 하는 물음에 답하고자 하는 들뢰즈 나름의 시도이다. 〈『판단력 비판』은 사변적 관심에서 실천적 관심으로의 이행을 보장해 주는 동시에, 후자에 대한 전자의 종속을 보증해 준다. 가령 벌써 숭고는 우리 능력들의 초감성적 용도〔사명〕 destination suprasensible 를 오로지 도덕적 존재의 운명으로서만 표현한다. …… 만약 『판단력 비판』이 우리에게 이런 '이행'의 길을 열어준다면, 이는 우선 『판단력 비판』이 첫 두 비판 속에 숨겨진 심연을 드러내 주기 때문이다〉 (IGEK, 132-133). 이 심연이란 넓게는 능력들의 자유로운 일치요, 좁게는 지성의 규정을 받는 상상력의 활동(도식 작용론)의 배후에 있는, 근원적으로 자유로운 상상력의 활동이다. 칸트의 다음 구절은 유명하다. 〈현상과 그것의 순 형식에 관한 우리 지성의 도식 작용은 인간의 마음속 깊은 곳에 숨겨진 기술이며, 이 기술의 참 기량을 그것의 본래 자태대로 알아서 밝혀내기는 힘들 것이다〉(A 141/B 180 ; Ⅲ, 136). 도식 작용은 숙명적으로 상상력의 참 기량을 정시할 수 없는 미스터리일 수밖에 없다. 왜 그런가? 〈상상력은, 지성 자체가 입법적 역할을 수행할 때 지성의 규정된 개념과 관련하여 사변적 관심 속에서만 도식 작용을 수행하며, 이런 까닭에 도식 작용의 신비를 캐내려는 것은 잘못이다〉(IGEK, 115). 도식 작용은 지성의 입법적 임무에 종속된 활동일 뿐이므로, 도식 작용을 수행할 때 상상력 그 자체만의 순수한 자태는 은폐되어 버릴 수밖에 없다. 〈상상력의 본질 혹은 자발적인 자유라는 면에서 볼 때, 도식 작용의 신비는 상상력의 정수(精髓)를 은폐해 버리고 있다. 도식 작용은 하나의 비밀이다. 그러나 상상력의 가장 근원적인 비밀은 아니다〉 (IGEK, 115). 반면 숭고는, 이성이 사변적 관심을 가질 때는 은폐되어 버리는 이러한 상상력의 비밀을, 즉 그것의 근원적 자유를 드러내 준다. 그러면 상상력의 본질을 이루는 이 근원적 자유가 어떻게 하나의 근거로서, 이성이 사변적 관심을 가질 때 능력들의 일치의 배후에 자리 잡을 수 있는가? 이 점이 답변되어야 한다.

칸트의 정의에 따르면 〈숭고란 그것과 비교했을 때 다른 모든 것이 작은 것이다〉(『판단력 비판』, V, 250). 사실 이런 대상이 자연 안에 〈객관적으로는〉 결코 존재 가능하지 않다. 따라서 숭고는 늘 우리 마음의 상태와 관련해서만 이해될 수 있다. 그러므로 다시 정의하면 〈숭고란 (자연의) 어떤 대상의 표상이, 자연이 〔이성의 이념에〕 도달할 수 없음을 이념의 현시를 달성한 것이라고 마음이 생각하게끔 규정할 경우 그 대상을 말한다〉(『판단력 비판』, V, 268). 〈몰형식적〉(244)이며, 〈상상력에 대해서 난폭〉(245)하고, 〈감성에 대해 위협적인〉(265) 것으로부터 숭고의 느낌은 시작된다. 이러한 것들은 우리 마음에 〈광대함〉과 〈강력함〉을 행사한다. 이런 대상을 맞닥뜨릴 때 〈모든 과정은 마치 상상력이 자기의 고유한 한계에 직면하게 된 것처럼, 자기의 최대에 도달하도록 강요된 것처럼 진행된다. 그리고 상상력은 자기 능력을 극단까지 몰고 가는 맹렬함을 체험한다〉(PCK, 92). 여기서 대상에 대한 상상력의 유명한 두 활동이 〈포착〉과 〈총괄〉이다. 포착은 서로 다른 부분의 표상들을 계속해서 결합해 나가는 상상력의 활동이며, 총괄은 그 결합한 표상을 하나의 전체로 재생하는 상상력의 활동이다. 이성에게는 이념으로서의 절대적 전체성에 대한 요구가 있다(『판단력 비판』, V, 250). 그런데 〈상상력은 주어진 대상을 하나의 전체 직관에 총괄하라는 이성의 요구에 따라 (이성의 이념을 현시하기 위하여) 최대의 노력을 다해도, 자신의 한계와 부적합성을 드러낼 뿐이다〉(『판단력 비판』, V, 257). 이성은 전체성의 이념을 현시할 것을 요구하지만 감성적 직관이란 본래

총괄의 극한을 지니기 때문에 상상력은 한계를 느끼는 것이다.

그러므로 상상력은 오로지 부정적인 방식으로만 감성 안에 이성의 이념을 현시할 수 있다(『판단력 비판』, V, 262). 상상력은 감성 가운데 이성의 이념 자체를 현시하는 것이 아니라, 자신이 이념에 도달할 수 없다는 사실을 현시한다. 오로지 이런 부정적 방식을 통해서만 자연 안의 대상 가운데 이념이 현시될 수 있는 것이다.[15] 위에서 숭고를 정의하며 말했듯, 자연 가운데서 이성의 이념에 도달할 수 없음 자체가 바로 이성의 이념의 현시이며, 이렇게 부정적인 방식으로 이념이 현시된 자연 안의 대상을 숭고하다고 부른다. 그러나 부정적인 방식의 현시이긴 하지만, 어쨌든 이념의 현시라는 점에서 이때 상상력은 〈초감성적 용도 übersinnlichen Bestimmung〉를 위해 사용된 것이다(『판단력 비판』, V, 268 참조). 〈상상력은 감성적인 것 바깥에서는 의지할 어떤 것도 찾지 못한다. 그러나 〔이념의 현시를 통해〕 자신의 감성적 경계를 제거함으로써, 상상력은 스스로가 무한함을 감지한다 fühlen. 그리고 이 분리〔감성적 경계를 제거하여 상상력을 감성적인 것에서 떼어놓는 분리〕는 무한의 현시이며, 그렇기에 부정적 현시일 수밖에 없다. 그럼에도 불구하고 이는 정신을 확장시키는 것이다〉(『판단력 비판』, V, 274). 부정적인 방식으로이긴 하나 상상력은 무한을 〈감지하며〉, 그러므로 그것은 감성계 너머로의 정신의 〈확장〉이다. 결국 〈이성뿐 아니라 '상상력도 초감성적 용도'를 가진다〉(PCK, 94). 조금 뒤에 보겠지만 이러한 초감성적 용도를 위한 능력들의 실행은, 변형을 거쳐 들뢰즈의 초월적 경험론에 수용된 후 〈초재적 실행〉이란 명칭으로 불리면서 매우 핵심적인 역할을

---

15) 따라서 칸트에선 정말로 숭고한 것은 자연 안의 대상이 아니라 이념을 사명으로 삼고 있는 우리 정신 자체이다. 〈숭고성은 자연의 사물 속에 포함되어 있는 것이 아니라, 오직 우리의 마음속에 있다〉(『판단력 비판』, V, 264).

하게 된다(물론 이런 명칭이 쓰인다고 해서 문제가 될 것은 없는데, 칸트는 이념을 일컫기 위한 용어로 〈초감성적〉과 〈초재적〉을 구별 없이 사용하고 있기 때문이다).

그러나 우선 능력들의 일치라는 문제부터 해결하고 보자. 이념의 현시를 사명으로 삼고 있는 이성과, 감성적 직관의 한계에 부딪혀 늘 좌절하고 마는 상상력과의 관계를 어떻게 이해해야 할까? 〈이 관계는 우선 일치보다는 오히려 '불일치,' 즉 이성의 욕구와 상상력 사이에서 체험하는 모순이다〉(PCK, 93). 이러한 이성과 상상력 사이의 불일치의 일치를 칸트는 〈이성과 상상력 사이의 싸움〉(『판단력 비판』, V, 258)이라고 표현한다. 이 능력들의 불일치의 일치는 임의적으로 규정된 것이 아니다. 그것은, 자연 안의 위력적인 대상으로부터 자극을 받음으로 해서 각각의 능력들이 규정되지 않고 제각기 활동하면서 이룬 일치이다. 〈숭고함은 서로 싸우게 하는 방식으로 다양한 능력들이 활동하도록 만든다. 한 능력이 다른 하나를 그 최대 혹은 극한까지 밀어붙이고, 또 후자는 전자가 영감을 얻도록 고취하는 방식으로 말이다. …… 칸트는 일치를 산출하는 불일치를 발견했다. 모든 능력들의 규제되지 않은 활동, 그것은 미래의 철학을 정의하게 될 것이었다〉(PCK, 147-148 ; CC, 48-49). 여기엔 조건지음의 관점에서 〈미리〉 입법적인 것으로 규정된 능력도 없으며, 다른 능력들에 대해 〈지배적인〉 능력도 없고, 이 능력에 복종하여 도식을 산출하도록 〈미리〉 정해진 상상력의 운명도 없다. 자연 안의 대상이 감성을 자극했을 때 시작되는 능력들의 규정되지 않은 〈각각의〉 활동에서 생겨나는 일치, 곧 〈발생한 일치〉가 있을 뿐이다. 〈상상력과 이성의 일치는 단순히 가정되는 것이 아니라 진정으로 '발생한 것,' 불일치 속에서 발생한 것이다〉(PCK, 94). 이성이 사변적 관심을 가질 때 형이상학적 원리에 의존하지 않고도 능력들이 서로 일치할 수 있는 까닭은, 마음의 가장 깊은 층위에 이처럼 각각의 능력들이 자유롭게 형성한 발생적 일치가 있기 때문이다.[16]

칸트 연구가로서 들뢰즈의 이러한 해석이 가지는 의의는 무엇일까?『판단력 비판』은 사변적 관심에 대해 실천적 관심을 우위에 두고 양자를 연결시켜 주기 위해 씌어진 책이다. 숭고의 분석에 한정해서 이 연결 작업을 다루자면 이렇게 정리할 수 있다. 칸트가 결론짓듯 숭고는 우리가 도덕적 존재임을 표현한다(『판단력 비판』, § 29 참조). 그런데 사변적 관심이 실천적 관심에 종속되는 것이라면, 도덕적 존재로서 우리의 사명을 표현하는 숭고의 느낌은 사변적 관심의 심층에 위치해야 할 것이다. 들뢰즈의 칸트 해석의 독창성은 이러한 숭고의 느낌의 근원성을 능력들의 일치라는 관점에서 해결하고 있다는 데 있다. 이성이 사변적 관심을 가질 때의 능력들의 규정된 일치(입법의 역할을 하도록 정해진 지성과 이 지성에 복종하여 기능하도록 용법이 규정된 상상력과 감성)는 도식 작용론이라는 천재적인 발명품에도 불구하고, 우리가 보았듯 그 자체만을 고려할 땐 임의적인 것이다. 형이상학적 원리에 의존하지 않고 이 일치의 근원을 설명하는 길은 이 규정적 일치의 근거로서, 능력들이 어떤 규정으로부터도 벗어나 서로 자유롭게 일치할 수 있다는 사실을 보이는 것이다. 숭고가 바로 능력들의 그러한 자유로운 일치를 보여주고 있다. 그런데 숭고는 다름 아니라 우리가 도덕적 존재로서 운명 지어져 있다는 사실의 표현이다. 그러므로, 능력들의 규정된 일치는 그 근거로 능력들의 발생적 일치를 요구하며 숭고가 이 발생적 일치를 실현한다는 것이 뜻하는 바는, 사변적 존재로서의 우리 자신은 도덕적 존재로서의 우리 자신에게 종속되어 있다는 것이다. 이

---

16) 능력들의 발생적 일치에 대한 보다 자세한 설명은 『차이와 타자』, 60-63쪽 참조.

렇게 하여, 도덕적 존재로서의 사명을 우위에 두고 첫 두 비판서를
매개하는 『판단력 비판』의 기능이 설명된다. 이것이 칸트 연구가로
서 들뢰즈가 능력들의 일치 문제를 제기하고 또 풀어나가는 진정한
이유이며 의의이다.[17]

17) 『판단력 비판』의 매개적 기능과 관련하여, 들뢰즈는 숭고뿐 아니라 미학의
전 영역에서(IGEK의 경우), 그리고 나아가 목적론의 영역에서(PCK의 경우)
능력들의 발생적 일치를 설명한다. 그러나 가장 비중 있고 중요하게 다루어지
는 것은 언제나 숭고 분석이며, 숭고만이 초월적 경험론이라는 그의 독창적인
철학적 작업 속에서 다시 창조적으로 응용된다.
  들뢰즈의 칸트 해석이 상이한 두 가지 방향을 취하고 있다는 점도 여기서 지
적해 두어야겠다. 이미 보았듯 들뢰즈는 이론 철학에서 능력들의 임의적 일치
와 숭고에서 능력들의 발생적 일치를 대립시킨다. 『칸트의 비판 철학』(1963)
과 「칸트 미학에서 발생의 문제」(1963)의 핵심적 결론은 후자가 전자의 근거
로 자리 잡고 있다는 것이다. 이론 철학에서의 능력들의 일치를 숭고에서의
능력들의 발생적 일치를 통해 근거지음으로써 전자가 맞닥뜨린 임의성의 혐
의를 벗겨내 주자는 것이 칸트 연구자로서 들뢰즈의 의도였다. 그러나 이 두
작품 이후로는 이러한 견해는 다시는 피력되지 않는다. 오히려 『차이와 반복』
(1968)에서는 능력들의 임의적 일치와 발생적 일치를 근거지어지는 것과 근거
짓는 것으로 보지 않고 철저히 대립적으로만 본다(DR, 187 참조). 『차이와 반
복』의 주요 목표는 고전 철학이 암암리에 전제하고 있는 공리들을 밝히고 그
공리들이 임의적인 것임을 드러냄으로써 고전 철학을 뿌리째 흔들어놓는 것
이다. 가령 그 공리들이란, 속지 않고 속이지 않으려는 사유는 진리와 친화적
이다(선의지 bonne volonté의 공리), 마음의 상이한 능력들(지성, 상상력, 감
성 등)은 진리 인식을 위해 서로 일치한다(공통 감각 sens commun의 공리)
등이다. 칸트 이론 철학에서 능력들의 일치는 공통 감각 공리의 예로서 제시
되고 또 그 일치의 임의성은 공통 감각이 임의적이라는 증례로서 공격받는다.
반면 숭고에서의 능력들의 발생적 일치는, 임의적 공리에 의존하지 않는 들뢰
즈의 새로운 사유의 이미지의 철학사적 원형으로서 각광받는다(사유의 이미지
의 공리들에 대한 비판을 중심으로 서술된 들뢰즈 인식론에 대해선 『차이와
타자』의 1장을 참조).

5 초월적 경험론의 모델로서 숭고 분석

우리는 발생적으로 감성에 주어진 〈대상 없는 형상〉이 어떻게 개념을 획득하는가라는 문제를 제기하였고, 이 문제를 해결하기 위해 들뢰즈의 능력들의 일치 문제와 숭고 분석을 끌어들였다. 그러나 칸트 연구가로서 들뢰즈의 의의만을 알게 되었을 뿐, 초월적 경험론에서 형상이 개념을 획득하는 일에 숭고 분석이 어떤 방식으로 기여할 수 있는지는 아직 조금도 알지 못한다. 들뢰즈의 초월적 경험론에서 칸트의 숭고 분석이 가지는 의미는 무엇인가? 이제 칸트의 숭고 분석은 그 자체로 고려되기보다는 초월적 경험론을 구성하기 위한 하나의 〈모델〉이 된다. 즉 들뢰즈의 칸트 해석에 국한시키자면 숭고에서 능력들의 일치에 관한 분석은 사변적 관심의 배후에 숨겨진 심연을 드러내는 작업이지만, 들뢰즈의 고유한 철학의 관점에서 말하면 그것은 초월적 경험론을 구성하기 위한 하나의 인식론적 모델로 기능한다. 바꾸어 말하면 칸트 연구자로서 들뢰즈는 미학으로서의 아이스테시스가 이론 철학에서의 아이스테시스의 배후에 있는 심연이라는 점을 보이는 데 만족하지만, 초월적 경험론자로서는 아예 이 두 개의 아이스테시스를 하나로 합쳐 버리고자 한다. 〈칸트는 에스테틱을, 공간 형식을 통해 보증되는 감각의 객관적 요소와, 즐거움 및 고통 가운데서 구체화된 주관적 요소로 양분해 왔다. …… 〔그러나〕 실재성의 원리가 즐거움의 원리와 대립한다고 생각하는 것은 잘못일 것이다. …… 두 개의 원리는 동일한 궤도 위에 있다〉(DR, 130-131). 이런 점에서 초월적 경험론은 칸트를 벗어난다. 두 개의 아이스테시스의 구분을 철폐함으로써 이제 숭고의 사유 방식과 인식론을 하나의 그릇에 담으려 한다. 그런데 이것이 뜻하는 바는 여전히 들뢰즈가 칸트의 숭고 분석을 나침반으로 삼아 자신의 초월적 경험론이 갈 길을 찾는다는 것이다.

인식이 구성되려면 개념은 필수적이다. 형상은 어떻게 개념을 얻는가? 들뢰즈는 프루스트를 따라서 〈우리의 지성에 의해 쓰어진 문자〉와 〈사물의 형상이라는 문자〉를 대립시킨다(PS, 144). 전자는 지성 개념에 의해 매개된 표상을 가리키며, 후자는 기호, 형상 등으로 바꾸어 써도 좋은, 우리 감성에 나타난 강도적 크기를 가리킨다. 그런데 이 후자, 즉 기호는 그 성격이 칸트 철학에서 숭고의 대상과 동일하다. 숭고의 경우 〈감성에 대해 위협적인 것〉이 상상력을 자극함으로써 그것에 대해 우리 정신은 강요당한 듯 발생적으로 사유(상상력과 이성의 불일치의 일치)하게 된다. 기호도 마찬가지이다. 〈세계 안에는 우리가 사유하게끔 강요하는 어떤 것이 있다. …… 그 어떤 것이란 …… 기호이다〉(DR, 182). 즉 숭고의 대상과 기호는 모두 감성을 자극(위협)해서 〈사유하게끔 강요하는 것들〉(DR, 181)이라는 공통점을 지닌다.[18] 이 감성 안의 미지의 —— 지성 개념에 의해 매개·표상되지 않는다는 점에서 〈미지의〉 —— 형상으로부터 개념의 출현을 발생적으로 설명할 수 있어야만 들뢰즈 철학은 경험론일 수 있을 것이다.

들뢰즈는 감성에 끼치는 기호의 자극으로부터 사유의 발생을, 칸트가 숭고 분석에서 감성에 끼치는 위협으로부터 사유의 발생을 기술한 방식을 그대로 적용해서 기술하고 있다. 가령 그의 프루스트론은 이러한 작업의 가장 구체적인 예이다. 기호의 형태를 유형화 typer[19]하고 각 유형에 해당하는 사유 모델을 확립하는 일을 들뢰즈

---

18) 보다 자세한 내용은 『차이와 타자』, 78-81, 102-104쪽 참조.

19) 왜 〈유형화〉인가? 이미 말했듯 초월적 경험론은 〈가능한 대상들 일반〉이 아니라 〈실재 대상〉을 근거짓는 작업을 목적으로 한다. 개개 실재 대상들을 가능한 대상 일반으로 환원하지 않는 이상 그것들과 더불어 인식론적 작업을 수행할 수 있는 유일한 길은 유형화밖에 없을 것이다.

는 바로 프루스트론을 통해서 수행하고 있다. 예컨대 감각적 기호(마들렌 과자)가 감성을 자극했을 때, 이에 응하는 능력은 〈비자발적 기억력〉이며(PS, 88), 이 능력의 기능은 공명 résonance을 발견해 내는 데 있다. 우리는 공명을 〈비의존적인 이질적인 항들간의 '이웃 관계'의 조화〉(D, 125)라고 정의할 수 있다.[20] 프루스트론에서 공명은, 그 효과(결과)의 측면에서 기술하자면, 우연히 마들렌의 맛을 봄으로써 비자발적으로 과거의 동일한 맛을 상기하게 되고 그로부터 행복감을 느끼게 되는 경험을 말한다. 즉 과거의 마들렌 경험과 현재의 마들렌 경험이 병치됨으로써 생기는 행복감이 공명의 효과이다.[21] 그렇다면 이 마들렌 경험이 말해 주는 바는 현재의 것과 과거의 것이 동일한 경험임에도 불구하고 양자 사이엔 개념적 동일성이나 심리상의 차이성으로 환원되지 않는 본질적 차이가 있다는 것, 즉 과거와 현재는 존재론적으로 서로 독립적이라는 것이다. 양자가 동일한 개념으로 환원되거나 각자 독립적이지 않다면 공명 효과는 일어나지 않을 것인데, 정의상 공명은 적어도 두 개의 독립된 항을 필요로 하기 때문이다. 이런 점에서 자발적 기억은 결코 과거에 대해 사유하지 못한다. 왜냐하면 자발적 기억 속에서의 과거란 기억력이

---

20) 이 정의는 〈기계적〉이라는 말의 정의로 제시된 것인데, 들뢰즈 철학에서 이는 〈공명〉과 바꾸어 써도 좋은 상관적인 용어이다. 자세한 설명은 『차이와 타자』, 297-305쪽 참조.

21) 그러나 반드시 강조해 두어야 할 점은, 우연히 감성을 자극한 이 감각적 기호를, 엄밀히 말해 〈마들렌〉이라고 규정할 수조차 없다는 것이다. 이미 말했듯 감성 가운데 나타난 형상은 지성의 개념에 의해 매개된 것이 아니라는 점에서 〈미지의 것〉이기 때문이다. 하나의 정체성을 지닌 대상으로서의 마들렌은 이 미지의 것으로부터 발생하는 공명의 효과로 주어지는 결과물이지, 공명의 효과를 일으키는 원인이 아니다. 〈대상 없는 형상〉인 강도적 크기로부터 어떻게 개념을 부여받은 경험이 출현할 수 있는가를 기술하는 것이 들뢰즈의 마들렌 분석의 목적인 것이다.

발휘되는 현재의 심리 상태로 환원되기 때문이다. 즉 〈[과거의] 회상과 [현재의] 지각 사이에는 단순히 정도상의 차이 외에는 없게 된다〉(BE, 53). 다시 말해 현재와 과거의 본성상의 차이는 〈이미지-회상[과거]과 지각-이미지[현재] 사이의 단순한 정도상의 차이로 대체된다〉(BE, 53). 반면 비자발적인 기억이 가져다주는 마들렌 경험의 행복감은 과거와 현재 사이의 공명을 사실로서 증거하며, 공명은 현재의 심리적 상태로 환원되지 않는 과거 자체의 독립성을 증거한다.

그런데 중요한 것은 어떻게 이런 공명의 효과가 발생하는가이다. 공명 효과의 발생을 설명하는 일이 중요한 까닭은, 과거와 현재 간에 공명이 있다는 사실과, 과거의 과거로서의 〈동일성(정체성)〉, 현재와의 〈유사성〉 및 〈동일성〉 등의 개념이 있다는 사실은, 서로 〈공외연적 coextensive〉이기 때문이다. 두 항 사이에 공명이 있다는 것은 이미 두 항을 서로 독립시켜 주는 개념(정체성)과 두 항을 서로 관계 맺어주는 개념(유사성)이 탄생했다는 뜻이다. 따라서 〈공명의 발생 과정은 개념의 발생 과정과 동일하며, 그렇기에 공명 효과의 가능 근거를 묻는 것은 개념의 탄생이 어떻게 가능한가를 묻는 것이기도 하다〉. 들뢰즈는 말한다. 〈두 계열([현재의] 마들렌과 [과거에 마들렌을 먹던] 아침 식사)사이에는 유사성이 있다. 심지어 둘 사이에 어떤 동일성이 있기까지 하다(즉 성질로서의 [마들렌의] 맛은 현재와 과거 두 순간 모두에서 서로 유사할 뿐 아니라 자기 동일적이기도 하다). 그럼에도 불구하고 비밀은 여기에 있지 않다〉(DR, 160). 개념의 획득과 동시에 〈경험적 차원에서 이루어지는〉 현재와 과거 사이의 공명이 아니라, 그 공명을 가능케 하는 선험적 근거를 묻고 있기에 〈비밀은 여기에 있지 않다〉고 말하는 것이다. 공명을 가능케 해주는 것은 다름 아니라 〈차이 자체〉이다. 프루스트의 문맥에

서 말하면 그 차이 자체란 바로 비자발적인 기억이 발견해 낸, 즉
자적으로 존재하는 콩브레(과거에 마들렌 경험을 했던 고향)이다. 이
것을 들뢰즈는 〈그 자체로 존재하며, 과거 자체의 상태대로 살아남
고 보존되〔는〕 …… 즉자적으로 존재하는 과거〉(PS, 97), 혹은 〈순수
과거〉라고 부른다.[22] 즉자로서의 콩브레는 진정 경험상의 현재의 콩
브레, 과거의 콩브레 등 그 어느 것과도 다르다는 점에서 차이 자
체이다. 바로 이런 즉자적 과거, 〈이념으로서의 차이 자체〉가 경험
상의, 과거와 현재의 콩브레(혹은 과거와 현재의 마들렌) 사이의 차
이, 유사성, 동일성의 선험적 근거를 이룬다. 〈즉자적 콩브레는 그
자신의 고유한 본질적 차이로 정의된다. …… 이 차이는 계열〔항〕들
간의 유사성을 가능케 하는, 성질의 동일성을 생산한다. 그러므로 여기
서 동일성과 유사성은 차이를 만들어내는 자différenciant의 결과물 외
에 다른 것이 아니다〉(DR, 154). 차이 자체는 하나의 선험적 조건으
로서, 경험상에서 항들간의 차이를 생산하는 자라는 점에서 〈차이
를 만들어내는 자〉, 차이의 차이화를 수행하는 자라 불린다. 즉 〈차
이의 차이화différenciation, ‘차이를 만들어내는 자’인 즉자un en-soi
comme un différenciant가 있음에 틀림없다〉(DR, 154).[23] 요컨대 경

---

22) 비자발적 기억의 〈부름에 응하는 콩브레는 완전히 새로운 형태로 다시 출현
한다. 콩브레는 옛날 당시의 콩브레로 출현하지 않는다. …… 콩브레는 한번도
체험될 수 없었던 그런 형태로 나타난다. …… 내재적인 차이의 측면에서, 그리
고 본질의 측면에서 한번도 체험해 보지 못한 그런 형태의 콩브레이다. 콩브
레는 하나의 순수 과거 속에서 출현한다. 이 순수 과거는 두 현재〔옛날 당시
의 현재와 지금 현실의 현재〕와 공존하지만, 지금의 자발적 기억이나 옛날의
의식적 지각의 손길이 미치지 못하는 과거이다〉(PS, 100).

23) 그러므로 적어도 세 가지 차원의 마들렌(또는 콩브레)이 있다. 경험상에서 공
명하는 현재와 과거의 마들렌, 그리고 이 두 개의 시간적 차원 사이에 차이를
만듦으로써 서로 공명하게 해주는 선험적 근거로서, 〈즉자〉, 〈순수 과거〉, 〈차
이 자체〉, 〈질적인 차이〉 등의 이름으로 불리는 마들렌이 그것이다.

험상에서 성립하는 차이, 유사성, 동일성 등의 개념은 〈세계가 우리에게 나타나는 방식 속에 들어 있는 질적인 차이〉(PS, 72)를 선험적 근거로 삼고 있는 것이다.[24] 바로 이런 선험적 근거로 인하여 우리의 감성 가운데 나타난 〈하나의 개념 없는 형상〉은 시간적 차원을 부여받고(과거의 마들렌, 현재의 마들렌), 그 시간적 차원 안에서 비로소 유사성, 동일성, 차이성의 등의 경험 구성적 개념을 획득하게 된다.

그런데 우리는 차이 자체는 하나의 〈이념〉이라고 말하였다. 확실히 프루스트의 비자발적인 기억은 플라톤의 상기를 닮았다. 또 비자발적인 기억을 통해 발견되는 즉자로서의 콩브레(차이 자체)의 이념도, 상기를 통해 발견되는 플라톤의 이데아를 닮았다. 그리고 이 차이 자체의 이념은 플라톤의 이데아와 마찬가지로 경험적 차원에서의 차이, 유사성, 동일성의 원천이기도 하다. 그럼에도 불구하고 양자 사이엔 메울 수 없는 거리가 존재한다. 〈이제 사정이 플라톤과는 전혀 딴판이다. …… 본질은 더 이상 세계를 하나의 전체로 결

---

24) 차이가 이런 근원성을 지닌다는 점에서 들뢰즈의 〈차이 자체〉와 데리다의 〈차연(差延, différance)〉 개념의 비교가 가능하다. 우리가 보았듯 어떤 실체적인 것이 동일성, 유사성, 차이성 등의 개념의 원천이 아니라, 차이 자체가 바로 이런 개념들의 원천이다. 따라서 들뢰즈는 〈차이가 유일한 원천이다〉(DR, 164)라고 말한다. 데리다의 차연에 대해서도 우리는 동일한 이야기를 할 수 있다. 차연(차이/연기)은 현전하는 것에 대해 이차적이거나 파생적인 것이 아니라, 바로 그 현전 자체를 가능케 해주는 근원적인 〈차이〉이며 〈연기〉이다. 그러므로 들뢰즈가 데리다의 다음 구절을 인용하며, 차이 자체를 차연과 동일시하는 것은 놀라운 일이 아니다. 〈차연이 근원적이라고 말하는 것, 그것은 동시에 현재적 기원의 신화를 지워버리는 것이다. 이런 까닭에 '말소를 위해 그은 선 아래로' '근원적'이라는 말을 이해해야 한다. 그렇지 못할 경우 우리는 차연은 충족적인 근원으로부터 파생되었다고 잘못 이해할 것이다. 결국 비-기원이 근원적이다〉(DR, 164 ; ED, 302-303). 우리는 다음 장에서 데리다의 차연 개념과의 자세한 비교를 통해, 들뢰즈의 차이 자체를 보다 심도 깊게 이해해 볼 것이다.

합하고 또 그 전체가 중용을 갖추도록 해주는 고정된 본질, 볼 수 있게 된 이상 idéalité이 아니다. …… 프루스트에 따르면 본질은 보이는 어떤 것이 아니라 일종의 상위 '관점'이다〉(PS, 165)(물론 여기서 본질이란 차이를 일컫는다. 〈그것〔본질〕은 하나의 차이, 궁극적이고 절대적인 차이 Différrnce이다〉〔PS, 72〕). 들뢰즈가 이념으로서의 차이 자체를 이해하는 방식은, 플라톤이 이데아를 이해하는 방식보다는 칸트가 숭고 분석에서 이념을 이해하는 방식에 가깝다. 들뢰즈가 분석하는 프루스트의 비자발적인 기억은 숭고에서의 상상력과 유사하게 활동한다. 가령 다음과 같은 구절을 보자. 〈감각적 기호는 우리에게 폭력을 행사한다. 그것은 기억력을 동원하고 영혼을 움직이게 한다. …… 그러고는 마치 본질〔차이 자체의 이념〕이 사유되어야 하는 유일한 것인 듯이 사유에게 본질에 대해 사유하도록 강요한다. 이때 능력들은 초재적인 실행을 하게 된다. 이 실행 속에서 각각의 능력〔은〕 ……자신의 고유한 한계에 직면하고 거기에 도달한다〉(PS, 151). 감각적 기호는 마치 칸트에서 광대한 것 혹은 강렬한 것처럼 감성을 자극한다. 칸트에서 그것이 자연 안의 몰형식적인 것이듯, 감각적 기호는 개념 없는 (미지의) 형상이다. 감각적 기호는 비자발적인 기억을, 자연 안의 몰형식적인 것은 상상력을 각각 압박한다. 전자는 차이 자체의 이념인 즉자적 과거를 사유하기를 강요하며, 후자는 전체성의 이념을 사유할 것을 강요한다. 그리하여 칸트의 경우 능력들의 〈초감성적 용도를 위한 실행〉은 이념을, 마찬가지로 들뢰즈의 경우 능력들의 〈초재적 실행〉은 차이 자체를 각각 경험 가운데 현시한다. 능력들의 실행은 결코 감성화할 수 없는 것의 현시가 사명이므로, 〈초재적〉 혹은 〈초감성적〉이라 불려 마땅하다. 결국 들뢰즈가 숭고 분석에 대해 〈그것은 미래의 철학을 정의하게 될 것이었다〉라고 한 말은, 숭고 분석을 그대로 모방해 초월적 경험론을 꾸미고 있는 자기 스스로에 대한 예언이었다.

물론 이러한 유사성에도 불구하고 칸트와 들뢰즈의 차이점에 대해서 이야기하지 않을 수 없겠다. 이미 말했듯 칸트에서 경험 가운데 현시되는 이념은 〈부정적으로〉 현시되는 것이다.[25] 그러나 들뢰즈에게서 이념(차이 자체)은 —— 인식론적 측면에 제한해서 말하자면 —— 경험이 주어지는 〈상위의 관점〉으로서 개별자의 〈사유〉가 위치하게 되는 곳이다.[26] 들뢰즈의 이 〈이념〉은 감성적인 것들이 주어지는 방식을 결정하는 〈관점〉일 뿐이라는 점에서 모순 없이 경험론의 영역 안에 수용된다. 또 칸트에서 부정적으로 현시되는 이념은 목적론적 함의를 지닌다. 칸트의 비판 철학을 영국 경험론과 구별하게 해주는 것은 무엇이었던가? 바로 목적 개념의 위상이다. 〈경험론에 있어서 이성은 엄밀히 말해 목적들에 대한 능력이 아니다. …… 〔경험론에서〕 최종적으로 목적들은 자연의 목적들이다〉(PCK, 10). 그러나 칸트에서 목적들은 오로지 이성에 고유한 목적들이다. 이성의 이념(전체성의 이념)의 부정적 현시로 인하여 자연은 목적론적인 것으로 이해된다. 그러나 칸트의 전체성의 이념과 달리 들뢰즈의 차이 자체의 이념에는 어떤 목적론적 함의도 없다. 오히려 그것

---

25) 그런데 들뢰즈는 〈사유〉와 〈의식〉을 구별하며 오로지 의식의 차원에서만 〈부정성〉을 이야기한다. 즉 이념의 부정적 현시는 오로지 의식의 관점에서만 이야기될 수 있는 것이다. 사유와 의식의 구별 및 부정성에 대해선 「에필로그」의 〈초월적 경험론, 초월적 장〉을 참조.

26) 관점으로서의 차이 자체 또는 본질에 대해서 들뢰즈는 다음과 같이 말하기도 한다. 〈공명의 기계에서 공명의 과정을 통해 생산되는 것은 특정 본질로서, 이것은 공명하는 두 순간의 상위에 있는 관점이다〉(PS, 238). 비자발적인 기억의 관점에서 보기에는 이 공명의 효과를 통해 생산되는 것은 차이 자체로서의 상위 관점이다. 그런데 다른 한편 이 차이 자체가 없다면 공명 효과를 발휘하는 기호란 불가능하다는 점에서 차이는 기호 자체가 가능하기 위한 조건이다. 이런 뜻에서 들뢰즈는 〈차이 안에서 현상은 번쩍이며 기호로서 펼쳐진다〉(DR, 80)고 말한다.

은 감성적인 것들이 결코 통일되지 않는 차이를 지니고 계속 공명
하도록 해주는 〈분열의 원리〉인 것이다.[27)]

6 경험의 필연성 문제

우리가 여전히 대답하지 않은 문제, 즉 필연성의 개념은 어떤 식
으로 들뢰즈에게 수용되는가에 대해서도 잠깐 살펴보자. 칸트는 경
험의 필연성을 확보하려고 시공을 주관의 형식으로 환원하고 또 선
험적 개념을 내세운 반면, 들뢰즈는 경험론의 정신 아래 선험적 근
거를 탈주관화했음을 우리는 보았다. 그럼에도 불구하고 초월적 경
험론은 경험의 필연성을 확보할 수 있는가? 물론 필연성 문제에 대
한 들뢰즈의 대답은 칸트의 그것과 매우 다를 수밖에 없다. 들뢰즈
는 줄곧 〈사유된 것의 필연성을 보장하는 것은 〔기호와의〕 마주침
의 우연성이다〉(PS, 41), 〈필연은 우연을 통해서 긍정된다〉(NP, 29)
라고 강조한다. 이러한 주장의 배경에는 세계의 원리는 오로지 〈카

---

27) 차이 자체의 이념은 칸트에서와 달리 이성에 원천을 두지 않는다. 오히려 대
　상과 주체에 선행하는 〈초월적 장 champ transcendantal〉의 개념을 도입하고,
　주체를 초월적인 것이 아니라 〈근거로서의 초월적 장의 결과물〉로 이해하고자
　하는 것이 초월적 경험론의 궁극적인 의도이다. 그러므로 상위 관점으로서의
　이념이 자리하는 곳을 찾자면 이성이 아니라 초월적 장이 될 것이다. 초월적
　장에 대한 다음과 같은 반(反)칸트적인 진술들을 참고하기 바란다. 〈초월적
　장은 대상의 초월성과 마찬가지로 주체의 모든 초월성도 피해 나가버린다.
　…… 그것은 대상에 의존하지 않으며 주체에게 나타나지도 않는다. 내재성의
　구도 바깥에 떨어져 있는 주체와 대상이 보편적 주체, 혹은 내재성 자체가 부여된
　어떤 대상으로 여겨질 때, 그것은 초월적인 것의 전적인 변질이다. 이때 초월적인
　것은 경험적인 것의 안감을 대는 일 외에는 하지 못한다(칸트에서처럼)〉(IV, 4).
　우리는 이 책의 「에필로그」에서 이러한 비주체적인 초월적 장의 위상에 대해
　서 다루게 될 것이다.

오스)일 뿐이라는 생각이 자리 잡고 있다. 경험론적 견지에서 사실로서 확인되고 원리로서 〈긍정〉될 수 있는 것은 오로지 카오스이므로,[28] 어떤 우연적 요소가 경험 가운데 출현하든 그것은 세계의 원리(카오스)로부터 근거를 부여받은 필연적인 출연일 수밖에 없다. 이런 뜻에서 경험의 필연성을 보장해 주는 것은 우연성, 더 정확히는 카오스이다. 따라서 우연성과 필연성이 사실상 동치이므로 초월적 경험론은 초월적 관념론과 달리, 우연성과 구별되는 경험의 필연성을 근거짓는 작업을 과제로 떠맡는 부담을 지지 않는다. 이러한 부담이 없기 때문에 들뢰즈는 초월적 경험론이 근거지어야 하는 대상을 〈가능한 경험 일반〉이 아니라 〈실재 경험〉이라고 명시할 수 있었던 것이다.

필연성 개념에 대한 칸트와 들뢰즈 사이의 이런 극심한 차이는 칸트 시대의 과학과 오늘날의 과학의 차이를 반영하기도 한다. 칸트 철학이 대상으로 삼는 세계가 뉴턴 물리학으로 대표되는 당대의 과학이 발견한 세계로부터 자유로울 수 없었던 것처럼, 들뢰즈 철학 또한 자기 시대의 과학적 성과에 응답할 수밖에 없다는 것은 당연하다. 과학의 문제와 관련해서 경험의 필연성을 칸트와 같은 식으로 근거짓는 작업은, 서로 연관된 다음 두 가지 이유에서 들뢰즈에게는 무의미하다. 첫째, 과학적 필연성은 조작된 인위적인 조건 안에서만 타당할 뿐이라는 것이 들뢰즈의 생각이다. 가령 〈실험에서 문제는 다른 질서를 일반성의 질서로 대신하는 것이다〉(DR, 10). 물리학적 법칙의 보편타당성은 〈고정된 요인들이나 폐쇄된 환경〉

---

28) 물론 이러한 생각은, 세계의 생성 변화, 즉 카오스는 그 이면에 어떤 필연적 법칙을 숨기고 있는 것이 아니라, 그 카오스 자체가 세계의 원리로 긍정되어야 한다는 니체적인 사상을 배경으로 하고 있다. 세계의 필연성의 근거로서 카오스는 들뢰즈의 반복 개념 및 니체의 영원 회귀와 등가인데, 우리는 이 문제를 3장 1절 ②에서 자세히 다루게 될 것이다.

(DR, 10)의 조건 안에서만 성립하며, 따라서 과학의 보편성은 늘 다음과 같은 가설의 형식 속에서만 얻어진다. 즉 〈일반성은 '동일한 상황들이 주어진다면, 그때는……'이라는 가설적 반복만을 표상·전제한다〉(DR, 10). 둘째, 보다 근본적인 이유는 들뢰즈의 과학관이 현대의 카오스 이론을 배경으로 하고 있다는 것이다. 〈경험이란 카오스에 가깝다〉(QP, 121)라고 말하면서 그는, 통일적이며 필연적인 법칙의 확보 문제에서 이미 멀어진 현대 과학의 경향을 이렇게 지적한다. 〈과학은 탐험할 수 있는 카오스의 작은 끄트머리를 위해서라면, 자신이 열망하는 합리적 통일성을 모두 포기할 것이다〉(QP, 193-194). 이러한 맥락에서 들뢰즈는 필연적 경험을 근거짓기는커녕, 오히려 칸트가 보편타당한 경험을 위해 진사(辰砂)의 예(A 100-101 ; IV, 78)를 통해 전제한 자연의 필연성을, 진리로서의 카오스를 은폐하는 하나의 임의적인 〈억견 doxa〉으로 비판한다. 〈'만약 진사가 때로 붉어지고 때로 검어지며, 때로 가벼워지고 때로 무거워진다면 …… 나의 경험적 상상력은 사유 속에서 무거운 진사와 붉은 색의 표상을 결합시킬 기회를 얻지 못할 것이다.' …… 대상과 사유가 일치한다는 보증이나 증거로서, 감각은 우리가 진사를 손에 들 때의 묵직한 감각, 또 우리가 그것을 볼 때의 붉은 색의 감각으로 매번 재생되어야만 한다. …… 이것은 우리를 카오스로부터 지켜주는 '작은 양산' 같은 것으로서, '하나의 억견을 만들어내기' 위해 우리가 요구하는 모든 것이다〉(QP, 189-190).

그러나 이러한 근본적인 차이점에도 불구하고, 들뢰즈는 칸트의 진지한 학생이자 비판 철학의 창조적인 독해자이다. 우리가 보았듯 들뢰즈에게는 두 개의 초상화가 있다. 칸트 연구가로서 들뢰즈의 의의는 칸트의 텍스트에서 눈에 잘 띄지 않았던, 능력들의 일치 문제의 의미를 조명하고, 이를 통해 『판단력 비판』이 어떻게 첫 두 비판서를 매개하는지 밝혀내었다는 것, 즉 비판 철학의 체계적 통일을 새롭게 해명했다는 것이다. 이 과정에서 그는 미학으로서의 아이스테시스가 감성론으로서의 아이스테시스의 근거를 이룰 수 있다는 결론을 얻는다. 초월적 경험론자로서의 들뢰즈는 이 두 아이스테시스의 구별을 아예 철폐해 버리는 방향으로 나아간다. 그러고는 대칭적 대상들의 역설, 지각의 예취, 그리고 무엇보다도 숭고 분석을 자양분으로 삼아, 감성에 주어지는 요소들이 어떻게 강도적 크기로서의 형상을 형성하며, 형상은 어떻게 공명 효과를 통해 개념을 획득해 마침내 하나의 경험 대상을 이루는가를 기술한다. 또한 능력들의 초재적 실행 같은, 초월적 경험론의 핵심 논제들은 칸트의 숭고 분석을 배경으로 하지 않고는 도저히 그 말뜻조차 이해될 수 없는 것이다. 이런 의미에서 초월적 경험론은 칸트 철학과의 끊임없는 대화의 산물이다.

*

우리는 이 장 전체를 통하여 〈차이 자체〉는 경험이 주어지기 위한 초월적 근거이며, 이런 뜻에서 초월적 경험론의 가장 핵심적인 요소임을 깨닫게 되었다. 다음 장에서 우리는 들뢰즈 철학의 이 핵심 개념이 어떻게 작동하는지 그 논리를 보다 깊이 있게 분석해 볼 것이다. 이러한 작업을 효과적으로 수행하기 위하여 우리는 동시대의 또 다른 주목할 만한 〈차이의 철학자〉인 데리다의 〈차연〉 개념과 들뢰즈의 〈차이 자체〉의 개념을 비교해 보려 한다. 이 두 개념의 비교가 〈차이〉 개념을 이해하는 데 효과적일 수 있는 까닭은 —— 다음 장 전체를 통해 이끌어내게 될 결론이 되겠지만 —— 양자가 공통적으로 그들의 특성들 가운데 하나를 〈사후성(事後性, nachträglichkeit)의 논리〉에 두고 있기 때문이다. 그러므로 다음 장은 일차적으로 들뢰즈의 차이 자체 개념의 한 논리를 밝히는 것을 목적으로 삼을 것이나, 그 과정에서 1960년대 프랑스 철학을 풍미한 차이의 철학의 두 대표자가 어떤 점에서 서로 긴밀하게 관련되어 있는지도 발견하게 될 것이다.

그런데 들뢰즈와 반대로 데리다는 무엇보다도 경험론에 대한 비판자가 아닌가? 이런 까닭에 다음의 「보론」을 통해 먼저 들뢰즈의 경험론을 데리다의 경험론 비판에 노출시켜 보고자 한다. 간단히 정리하자면, 들뢰즈와 데리다는 차이의 논리에서는 서로 유사한 반면 경험론의 문제에서는 양립할 수 없다. 그런데 데리다의 경험론 비판은 레비나스를 직접적인 표적으로 삼아 구성된 것인 만큼, 우리는 이 세 사람의 철학자 모두를 다루게 될 것이며, 결과적으로 들뢰즈와 레비나스의 철학을 공통의 운명으로 묶어주는 끈이 경험론임이 밝혀질 것이다. 서로 매우 대립적인 이 두 철학자에게 공통적인 〈경험론〉이란 도대체 무슨 뜻으로 이해해야 될 용어인가? 우리가 「보론」을 통해 궁극적으로 노리는 것은 들뢰즈와 레비나스 경험론의 핵심 정신이 그리스 이래의 존재 사유에 결코 흡수되지 않는 철학을 이루어내려는 시도임을 발견하는 것이다.[29]

---

29) 그리스적 사유의 극복으로서의 레비나스 사유에 대한 상세한 이해를 구하기 위해선, 강영안, 「레비나스—타자성의 철학」, ≪철학과 현실≫(1995, 여름호) ; 강영안, 「타인의 얼굴—레비나스의 새로운 주체성 모색을 위한 철학」, 『이 땅에서 철학하기』(솔, 1999) 참조.

경험론과 철학 —— 들뢰즈, 레비나스, 데리다

레비나스는 자기 철학을 〈외재성의 가르침을 신뢰하는 철저한 경험론〉(TI, 170)이라고 부르기도 한다. 데리다가 1964년에 발표하고 1967년에 다시 『글쓰기와 차연』에 수록한 「폭력과 형이상학 : 에마뉘엘 레비나스의 사상에 관한 에세이 Violence et métaphysique : essai sur la pensée d'Emmanuel Levinas」(ED, 117–228)[30]의 후반부는 주로 후설과 하이데거의 입장에서 레비나스를 비판하는 논변들을 담고 있는데 그 가운데 몇몇 부분은 레비나스의 경험론을 문제 삼고 있는 듯이 보인다. 레비나스는 그저 한두 군데서 자기 철학을 경험론이라 일컬었을 뿐이며, 레비나스에 대한 데리다의 비판 전체가 직접적으로 그의 경험론을 겨냥하고 있는 것도 아니다. 그러나 〈경험론의 가능성〉에 대한 물음을 과제로 삼고 있는 우리는 데리다의 이 비판을 진지한 숙고의 대상으로 삼고 싶은 유혹을 받는다. 더구나 들뢰즈가 경험론에 관해 쓴 문장들이, 의도적인 것은 아닐지라도, 「폭력과 형이상학」에서 경험론과 그리스적인 의미의 철학에 대해 피력된 데리다의 생각을 전면적으로 부정하고 있으므로, 이 세 사람, 들뢰즈, 레비나스, 데리다는 경험론을 둘러싼 대결을 피할 수 없을 것이다. 그러면 데리다의 경험론 비판에 대항해 레비나스와 들뢰즈가 들고 있는 카드는 어떤 것인가?

---

30) 데리다의 이 레비나스론을 이해하는 데 지침이 될 만한 훌륭한 글로는, 김상환, 「해체론, 경험론, 초월론 — 데리다의 레비나스론 소고」, 『이 땅에서 철학하기』(솔, 1999) 참조.

1 경험론은 현전의 형이상학인가?(레비나스, 데리다)

우선 〈흔적〉이라 불리는 레비나스의 경험 개념의 본성을 숙고해
볼 필요가 있다. 왜냐하면 데리다는 레비나스의 경험론을 현전의
형이상학과 동일시하려는 의도를 가진 것처럼 보이기도 하기 때문
이다(〈경험의 개념은 늘 현전의 형이상학을 통해 규정되지 않았던
가?〉[ED, 225]). 과연 레비나스의 경험론은 현전의 형이상학인가?
그런데 레비나스가 〈흔적〉이라 일컫는 이 궁극적 경험은 역설적이게
도 바로 데리다의 흔적 개념과 동일하게 기능한다. 데리다식으로 쓰
자면, 이 경험(흔적)은 무한의 이념의 현전을 〈무한히 연기〉시키는
방식으로 그 이념을 현시하는 일을 한다. 즉 무한한 연기라는 부정
적인 방식으로만 이념은 현전한다. 요컨대 레비나스의 경험은 이념
의 〈말소〉와 〈현전〉을 동시에 이루어내는 〈대리 보충 supplément〉
의 기능을 가지고 있다.[31]

이런 대리 보충의 결과는 무엇인가? 바로 외부의 대상이 〈타인〉으
로 〈경험〉되는 일이 그 귀결이다. 타인에 대한 경험은 감성에 주어
진 흔적이 대리 보충 기능을 통해 무한의 이념을 현시함으로써 생
긴 결과이다. 대리 보충이 없다면, 따라서 이념의 현시가 없다면 감
성에 주어진 흔적은 〈타인〉이 아니라, 그저 외부의 감각적 자료 혹

---

31) 덧붙이면, 데리다는 레비나스로부터 받은 영향을 점점 더 인정해 가는데, 가
령 『그라마톨로지』에서는 데리다 스스로 자신의 흔적 개념을 레비나스의 흔적
개념과 동일시하고 있다. 〈우리는 이러한 흔적 개념[데리다 자신의 흔적 개
념]을 레비나스의 최근 작품과 그의 존재론 비판의 중심에 있는 흔적 개념과
결합시킨다〉(G, 102-103). 여기서 레비나스의 최근 작품이란 「타자의 흔적 La
trace de l'autre」(1963)을 가리킨다(레비나스가 데리다에 끼친 영향에 대해선
『차이와 타자』, 20-22쪽을 참조. 또 대리 보충에 대한 자세한 논의는 이 책의
2장 1절을 참조).

은 이 자료로 구성된 대상에 그치고 말 것이다. 레비나스는 이렇게 말한다. 〈무한의 이념은 우리의 선험적 근저로부터 오지 않는다. 결국 그것은 가장 정확한 의미에서 경험이다〉(TI, 170). 이 구절에서 레비나스는, 들뢰즈의 용어를 빌자면 〈이념에 대한 경험론〉을 주장하고 있다. 외부의 감각적인 것을 단지 대상이 아니라 〈타인〉으로 경험한다는 것은 바로 무한의 이념을 경험한다는 뜻이다. 감각이 현시하는 무한의 이념을 경험하지 않는다면, 어떻게 타인이 여타의 감각적 대상과 다른 타인으로, 즉 하나의 〈목적으로서의 인간〉으로 경험될 수 있겠는가?[32] 그리고 〈경험〉이 아니라면 도대체 그 밖의 어떤 방식으로 타인과의 만남이 이루어질 수 있겠는가? 타인은 선험적 개념이 아니므로 경험을 통하지 않고서는 우리는 타인과 만날 수 없다.[33] 또 타인은 대상이 아니라 무한의 이념이다. 타인은 우리

---

32) 무한의 이념 혹은 예지계의 신은 오로지 〈타인에 대한 경험〉을 통해서만 주어질 수 있으며 그 역은 아니라는 점을 레비나스는 다음과 같이 명시하고 있다. 〈나는 그 어떤 것도 신을 통해서 정의하고자 하지 않는다. 왜냐하면 내가 알고 있는 것은 인간이기 때문이다. 인간들간의 관계를 통해서 내가 정의할 수 있는 것이 신이지, 그 역은 아니다. 내가 신에 대해서 무엇인가 말하고자 할 때, 그것은 언제나 인간들간의 관계에서 출발한다. …… 나는 위대하고 전능한 존재의 현존 existence으로부터 출발하지는 않는다. …… 신이라는 추상적인 관념은 인간적 상황을 명백하게 해줄 수 없는 관념이다. 반대로 인간적 상황이 신이라는 관념을 명백하게 해준다〉(E. Levinas, "Transcendance et hauteur," C. Chalier & M. Abensour eds., *Emmanuel Levinas* [Paris : Éditions de Herne, 1991], 110쪽). 이러한 인간들간의 관계는 경험적인 것으로 이해되어야 한다. 바꾸어 말하면 레비나스의 철학에서 타인은 마음의 다른 어떤 능력도 아니라 〈감성〉이 감지하는 대상으로서만 나타난다. 그리하여 레비나스는 감성을 다음과 같이 정의한다. 〈감성은 타자에게 노출되어 있음이다〉(E. Levinas, *Autrement qu'être ou au-delà de l'essence* [La haye : Martinus Nijhoff, 1974], 94쪽).

33) 타인이 칸트적인 의미의 선험적 개념이 될 수 없다는 점은 이미 사르트르가 공들인 논변들을 통해 주장했던 바이다. 이에 대한 자세한 해명은 『차이와 타자』, 166-167쪽 참조.

가 〈세계 안에서〉 사용하는 〈도구〉와 달리, 그리고 〈세계 안에서〉 달성하는 〈인식〉과 달리, 주체의 모든 〈규정〉을 벗어나 있다. 무한이란 말은 규정을, 다시 말해 한계지음을 벗어나 있다는 뜻이다. 이런 〈무한〉이 하나의 〈이념〉이 아니라면 도대체 무엇일 수 있겠는가? 그리고 역설적이게도 이와 동시에, 흔적이 무한을 현시함으로써 귀결된 타인이 경험이 아니라면 도대체 무엇일 수 있겠는가? 그러므로 이러한 타인에 대한 철학은 〈무한의 이념에 대한 경험론〉 외에 다른 것이 될 수 없다.

데리다는 이렇게 말한다. 〈현상은 기호에 의한 근원적인 오염을 전제한다〉(ED, 190). 여기서 기호란 현상(경험)을 가능케 해주는 대리 보충의 기능을 하는 흔적이다. 그런데 바로 이 흔적이 레비나스에게서는 감성적인 것이다. 현전하는 것은 대리 보충 논리의 결과인 경험이며, 흔적은 경험의 이 현전을 가능케 해주는 근거이다. 즉 타인은 결과로서의 경험이며, 흔히 〈근원적 현상 phénomène profond〉이라 일컫는 감성 가운데 주어진 흔적은 근거로서의 경험이다. 따라서 근원적 현상 혹은 근원적 경험은 대리 보충의 논리와 모순을 일으키지 않는다. 또 근원적 경험 자체는 타인이 아니라 타인의 근거이므로, 즉 현전이 아니라 현전의 근거이므로, 그것은 〈현전의 형이상학으로서의 경험〉이라는 혐의에서 벗어난다. 데리다는 이 흔적이 왜 감성적인 것이어서는 안 되는지 설명할 수 없을 것이다. 대리 보충의 논리와는 관계가 없지만 잠시 들뢰즈의 초월적 경험론과 레비나스의 경험론을 비교해 볼 필요가 있다. 들뢰즈에서도 근원적 경험, 즉 감각적 지각은 현전하는 것이 아니라, 그 감각적 지각의 복합체인 경험, 즉 현전하는 경험의 근거이다. 이처럼 초월적 경험론의 핵심적 주장은 경험의 선험적 근거 역시 경험이라는 점이다. 레비나스의 문맥으로 바꾸어 쓰자면, 대리 보충의 논리를 통해 경험을 가능케 해주는 선험적 근거(흔적) 또한 감성에 주어지는 것이다.

이렇게 우리는 레비나스의 경험론은 현전의 형이상학이 아니라는 것을 알게 되었지만, 그렇다고 해서 레비나스의 경험론에 대한 데리다의 비판이 완전히 해소된 것은 아니다. 어떻게 레비나스 철학에서 흔적은 대리 보충의 기능을 할 수 있는가라고 데리다는 다시 물을 것이다. 즉 흔적은 어떻게 무한을 현시할 수 있는가? 문제는 우선 무한의 위상과 관련된다. 〈만약 우리가 레비나스처럼 적극적 무한은 무한한 이타성 altérité을 용인하고 요구조차 한다고 생각하면, 모든 언어를 포기해야 하고 우선 '무한'이라는 단어를, 그러고는 '타자'라는 단어를 포기해야 한다. 무한은 오직 유한 아님 in-fini의 형태 아래에서만 타자로서 이해된다〉(ED, 168). 왜냐하면 타자의 무한성이 절대적으로 적극적인 것이라면 그것은 어떤 규정으로부터도 독립해 있고 우리는 언어를 사용해 그것을 〈무엇〉이라고 부를 수도 없을 것이기 때문이다. 심지어 그 무한성이 지니는 부정성은 절대적인 것이므로 타자는 타자일 수조차 없으리라. 어떻게 〈절대적인 것〉이 〈다른 autre〉이라는 말의 꾸밈을 받을 수 있겠는가? 〈다른〉이란 언제나 〈— 과 다른〉이라는 상대적 용법밖에 가지지 못한다. 그러므로 타자의 무한성은 〈나〉라는 유한한 동일자에 대한 무한성이어야만 한다. 즉 타자의 무한은 어떤 식으로든 유한 속에서만 발견될 수 있다. 이런 뜻에서 데리다는 무한 infini은 레비나스가 말하는 것처럼 절대적인 부정성이 아니라 유한 아님 in-fini으로서의 무한일 수밖에 없다고 말하는 것이다. 그러나 데리다가 비판하는 바와 달리 레비나스 스스로도 이미 무한은 절대적 부정성이 아니

62

라는 점을 인정하고 있다. ⟨〔무한을 향한 초월은〕 순수하게 부정적인 〔즉 절대적으로 부정적인〕 방식으로 기술되지 않는다. 그것은 …… 경험 '안에서' 반성된다(TI, XI). 무한은 절대적으로 부정적인 방식으로가 아니라 유한을 매개로 한 방식, 즉 경험을 통한 부정적 현시에 의해서만 나타날 수 있다. 즉 무한은 언제나 ⟨유한 속의 무한⟩(TI, 21)일 수밖에 없다.[34]

그런데 무한은 경험 안에서만 현시될 수 있다는 레비나스의 말은 언뜻 그의 경험론을 더 강하게 확인시켜 주고 있는 듯이 보이나, 바로 데리다가 표적으로 삼는 부분이 이것이다. 레비나스의 무한이 유한성 안의 무한이기 때문에, 레비나스의 경험론은 순수하게 경험론으로 머무를 수 없다는 것이 데리다의 생각이다. 왜 그런가? 데리다에 따르면 유한 안에 무한이 있다는 것, 혹은 유한을 통해 무한이 나타난다는 것은 이미 무한이 유한성의 지평을 가능케 해주는 ⟨존재⟩에 의해 매개되어 있다는 뜻이다. 다시 말해 감성 중의 경험은 우선 존재 사건을 통해 출현한 존재하는 것 ce qui est, 즉 유한한 존재자에 대한 경험일 수밖에 없다는 것이다. ⟨눈과 입이 얼굴이 되는 것은, 오로지 그것들이 필요를 넘어, 존재하는 것을 '존재하게 내버려 둘' 수 있을 때에만 …… 그것들이 존재하는 것의 존재에 도달할 때만이다. …… 그러므로 얼굴의 형이상학은 존재 사유를 숨기고 있으며, 존재와 존재자의 차이를 전제하는 동시에 감추고 있다⟩(ED, 211-212). 그러므로 무한을 부정적으로 현시하는 감성 중의 ⟨얼굴⟩, ⟨흔적⟩ 등의 이름은 궁극적으로는 존재를 가리키는 은

---

34) 데리다가 레비나스를 성실히 읽지 않음으로 해서, 레비나스가 명시적으로 ⟨유한 속의 무한⟩이라고 이미 인정한 구절을 놓치고, 레비나스의 무한은 ⟨유한 아님⟩이 아니라는 식으로 비판했다는 지적은 R. Bernasconi, "The Trace of Levinas in Derrida," D. Wood & R. Bernasconi eds., *Derrida and Différance*(Evanston, IL : Northwestern University Press, 1988), 25-26쪽 참조.

유로서의 언어일 것이다. 왜냐하면 〈존재는 존재자적 규정들의 아래로 물러서면서만 존재할 수 있기〉(ED, 213) 때문이다. 하이데거의 표현을 빌려 말하면, 〈존재는, 존재가 존재자 속에서 노출되는 것 속으로 물러서기〉(ED, 213) 때문이다. 결국 〈흔적이라는 말은 오로지 은유로서만 나타날 수 있다〉(ED, 190). 그리고 이처럼 감성 가운데 나타난 경험이 그 배후에 어쩔 수 없이 〈존재〉를 은폐하고 있을 수밖에 없다면 경험론은 참다운 의미에서 경험론일 수 없다. 왜냐하면 〈존재 사유〉는 본성상 비경험적인 것이기 때문이다. 그리고 경험론이 숨어 있는 원천 혹은 〈로고스〉로부터 자유로울 수 없다는 것, 다시 말해 어떤 식으로든 존재 사유를 전제하지 않을 수 없다는 것은, 철학은 결코 경험론일 수 없으며 어쩔 수 없이 그리스인들의 것이라는 점을 확인해 준다. 이렇게 보자면 결국 레비나스의 경험론은 위기에 처할 수밖에 없는 것으로 보인다. 그러나, 과연 그런가?

③ 경험론에서 계사는 존재 동사(être/be)가 아니라 접속사이다(들뢰즈, 데리다)

많은 면에서 서로 전혀 다른 종류의 철학자들임에도 불구하고 들뢰즈와 레비나스를 같은 종족으로 묶어주는 것은 무엇인가? 바로 그들은 사상적으로 그리스에서 온 자들이 아니라는 것, 로고스 없이 경험의 부스러기들만을 가진 자들이라는 점이다. 레비나스 철학이 직면한 난제를 해결하기에 앞서 우선 우리는 들뢰즈와 데리다를 대립시키면서 경험론의 정신을 분명히 해보려 한다. 들뢰즈만큼 명시적으로 경험론이 존재 사유, 즉 로고스와 타협할 수도, 타협할 필요도 없음을 분명히 한 사람도 없을 것이기 때문이다.

우리가 이제부터 다룰 데리다의 구절은 경험론의 성립 불가능성에 대한 메시지를 내포하고 있다. 그런데 그것은 들뢰즈가 경험론을 옹호하며 집중적으로 공격하고자 한 바로 그 존재 사유에 의존하고 있다는 점에서 우리의 관심을 끈다. 경험론과 관련하여 데리다와 들뢰즈의 극명한 대립점이 무엇인지를 알게 해줄 이 구절은 물론 레비나스 비판을 위해 씌어진 것이다. 그런 점에서 이 구절에 대한 이해는 당연히 레비나스의 논의에 대한 이해를 먼저 요구한다. 간추리면, 레비나스는 존재자를 존재자이게끔 하는 본질인 〈존재〉를, 존재자의 모든 이기적 권력의 원천으로 본다. 이런 점에서 타인에 대한 폭력은 존재 사건 자체로부터 기인한다. 그러므로 참다운 윤리의 가능성은 〈존재와 다르게 autrement qu'être〉라는 부사구를 통해서 타인에게 접근하려고 할 때 비로소 희망해 볼 수 있는 것이다.[35] 이렇게 보자면 타인에 대한 비폭력적인 언어, 즉 이기성에 갇혀 있지 않은 윤리적 언어는 〈존재한다〉라는 동사를 가지지 않아야만 할 것이라고 데리다는 말한다. 그런데 바로 그런 언어는 불가능하다는 것이 데리다의 비판의 요지이다. 〈레비나스에 따르면 비폭력적인 언어는 동사 '존재한다 être'가 금지된 언어, 즉 어떤 술어적 기능도 없는 언어일 것이다. 술어적 기능은 최초의 폭력이다. 동사 '존재하다'와 술어적 활동은 모든 다른 동사와 모든 보통 명사 속에 함축되어 있다. 따라서 비폭력적인 언어는 궁극적으로 …… 모든 '동사'로부터 정화된 언어일 것이다. 하지만 그런 언어가 여전히 언어라는 이름을 가질 수 있을까? …… 로고스가 무엇을 의미하는지 우리에게 가르쳐준 그리스인들은 그런 언어를 용인하지 않았을 것이다. 플라톤은 우리에게 ……명사들과 동사들의 얽힘을 전제하지 않

---

35) 이기성의 원천으로서의 존재 개념과 〈존재와 다르게〉라는 부사구에 대한 자세한 논의는 『차이와 타자』, 8, 9장 및 필자의 글, 「셰익스피어의 유령학」, 《철학과 현실》(2000, 겨울호) 참조.

는 로고스는 없다고 말한다〉(ED, 218-219).

이러한 비판이 경험론에 대해 위협이 될 수 있는 것은 경험으로 부터 결코 얻어지지 않는 것이 바로 〈존재(est/is)〉라는 계사(繫辭, copula)이기 때문이다. 그렇다면 타인도 〈존재와 다른 것〉이기는커녕, 어떤 식으로든 이미 존재에 의해 매개되어 있는 것일 수밖에 없다. 〈타자들을 그들의 진리 속에 '내맡겨져' 있게끔 하는 유일한 것〉(ED, 217)이 존재이며, 이런 맥락에서 하이데거의 존재론은 어떤 경우든 근본적일 수밖에 없다. 존재의 이 근본성 때문에 데리다는 동사 〈존재한다〉는 모든 다른 동사와 모든 보통 명사 속에 이미 함축되어 있다고 말하는 것이다.

그러나 진정한 경험론은 존재 개념을 받아들일 수밖에 없는 숙명 때문에 멸망하기는커녕, 바로 데리다가 레비나스를 비판하기 위해 옹호하는 그 존재 동사 〈est〉를 극복해야 할 표적으로 삼는 데서 비로소 경험론으로서 존립한다. 데리다와 정반대로, 경험론은 모든 동사들과 명사들을 존재 동사로부터 해방시키고자 한다. 들뢰즈는 이러한 경험론의 핵심 정신에 대해 다음과 같이 말하고 있다. 〈철학, 철학사는 존재의 문제 때문에, 이다 EST 때문에 방해받는다. 사람들은 속사〔속성〕의 판별(하늘은 푸르다 le ciel est bleu)과 현존의 판별(신은 있다 Dieu est)을 논의한다. …… 그것은 항상 '존재 être' 동사와 원리에 관한 물음이다. 오로지 영국인들과 미국인들만이 접속사들을 해방시켰고, 〔주어와 속사 사이를 맺는〕 관계들에 대해 반성해 왔다. …… 모든 문법, 모든 삼단 논법은, 존재 동사에 대한 접속사들의 종속을 유지하는 방식이다. …… 우리는 더 멀리 나아가야 한다. 우리는 모든 것을 꿰뚫고 변조시키며, 존재를 손상시키고 무너뜨리는 관계들과 만나야 한다. EST (— 있다)를 ET(— 과 —)로 대체해야 한다. A 'et' B. ET는 심지어 특정한 관계나 접속사도 아니다. 그것은 모든 관계들의 기초를 이루는 것, 모든 관계들을 열어주는 길이다. 그것은 관계들이 ……존재, 일자, 전체 바깥에서 짜이도록 만든다. ET는 특별한 존재 extra-être이고 사이의 존재 inter-être이다. …… EST를 사유하는 대신에, EST를 '위해' 사유하는 대신에, ET와 '더불어' 사유하는 것, 경험론에는 이것 말고 다른 비밀은 없다〉(D, 70-71).

경험론의 근본정신을 말하고 있는 이 구절들의 핵심을 한마디로 요약하자면, 계사는 존재 동사가 아니라, 접속사라는 것이다. 우리가 일상에서 사용하는 말 〈하늘은 est/is 푸르다〉는 존재를 그 근저에 감추고 있는 것이 아니라, 오히려 〈하늘임〉과 et/and 〈푸름〉이라는 두 속성이 이웃하고 있다는 뜻을 표현하고 있을 뿐이다. 〈소년의 눈이 푸르다〉는 그 문법적 구조를 통해 존재를 함축하고 있는 것처럼 우리를 현혹하지만, 사실 이 문장은 〈Blue-eyed boy〉라고 번역되어야 마땅하며, 그것이 뜻하는 바는 〈소년, 푸름, 눈들이 배치됨 agencement〉이다(D, 73). 요컨대 〈존재〉는 경험론이 설명해 내지 못하는 약점이 아니라, 오히려 가장 먼저 경험론이 제거해 버려야 하는 허구인 것이다. 문법이 일으키는 환각에 대항해, 계사는 존재 동사를 함축하는 것이 아니라 속성들의 배치를 의미하는 접속사임을 밝히는 것, 그것이 경험론의 사명이다.[36]

들뢰즈는 이런 경험론적 관점에서 주체를 다음과 같이 기술한 적

---

36) 서로 관련이 없는 속성들의 이런 〈배치〉를 일컫는 들뢰즈의 유명한 용어가 〈이접적(서로 관련 없는) 종합 synthèse disjonctive〉이다. 들뢰즈는 『앙띠 오이디푸스』에서 서로 관련 없는 다수의 속성들의 병렬적 배치를 일컬어 〈분열증적 주체〉라 한다. 이 주제와 그것이 배경으로 하고 있는 들뢰즈의 스피노자주의에 대해서 우리는 4장 5절에서 자세히 다룰 것인데, 우선 이 자리에서 주목해야 할 것은 들뢰즈의 〈이접적 종합〉 개념과 〈분열증 개념〉은, 존재 동사를 속성들을 병렬적으로 배치하는 접속사로 이해하고자 하는 경험론적 입장과 관련을 맺고 있다는 점이다.

이 있다. 〈[니체를 예로 들자면] 문헌학 교수인 니체의 자아[존재
자]란 존재하지 않는다. 즉 갑자기 이성을 잃고 이상한 인물들과
스스로를 동일시하는 [별도의] 자아란 존재하지 않는다. 일련의 상
태들을 통과하는 …… 주체가 있을 따름이다〉(A, 28). 서로 분열된
상태들과 별도로 떨어져 있는 니체의 자아가 따로 있는 것이 아니
다. 즉 주체란 존재 동사에 매개되는 것이 아니라 〈서로 ET를 통해
연결된 상태들의 배치〉에 붙여진 이름일 뿐이다. 상태들의 연결상
에서, 즉 상태들 사이에서 성립하는 것이 바로 경험론적 주체이다.

4 경험론은 철학인가? 혹은 들뢰즈와 레비나스는 그리스인인가?

데리다는 경험론에 대해 이렇게 말한다. 〈사실 경험론은 단 하나
의 잘못을 범했을 뿐인데, 그것은 자신을 철학이라고 공표한 철학
적 잘못이다〉(ED, 224). 그러나 누가 이런 잘못을 경험론자들에게
뒤집어씌울 수 있겠는가? 철학이 로고스, 즉 존재 사유를 일컫는
것인 한 레비나스와 들뢰즈는 결코 자신들의 경험론을 철학이라고
말하지 않을 것이다. 들뢰즈에게서 보았듯이 감성에 주어진 것은
존재에 의해 매개되지 않는다. 똑같은 이유에서 레비나스의 흔적도
마찬가지다.
　그러나 그리스인들의 관점에서 보자면 이러한 것들은 도무지 언어
로 표현할 수 없는 것이다. 언어로 표현하고자 한다면 마땅히 먼저
존재 사유를 전제해야 한다. 데리다가 말했듯 〈존재 동사는 모든 다
른 동사와 모든 보통 명사 속에 함축〉되어 있기 때문이다. 따라서 경
험론이 설령 존재 사유, 즉 철학을 부정하더라도, 그 부정하는 언어
의 배후에는 어쩔 수 없이 존재 동사가 이미 자리 잡고 있을 수밖에
없다. 다시 말해 철학을 하건 철학을 부정하건, 언제든 철학을 이미

68

하고 있을 수밖에 없다. 이런 뜻에서 데리다는 그리스인의 언어를 빌려 이렇게 말한다. 〈철학을 해야 한다면, 철학을 해야 한다. 철학을 해선 안 된다고 해도, (그 사실을 말하고 사유하기 위해) 여전히 철학을 해야 한다. 언제나 철학을 해야 하는 것이다〉(ED, 226).

그러나 오로지 〈하이데거 같은〉 그리스인들만이 이렇게 생각할 것이다. 그리스 철학자가 아닌(곧 경험론자인) 레비나스가 데리다의 비판이 나온 11년 뒤 「신과 철학」(1975)에서 데리다에게 준 다음과 같은 대답은 유명하다. 〈철학을 하지 않는 일이 '여전히 철학을 하는 일'은 아닐 것이다.〉[37] 경험론에서 〈로고스의 전능은 파열〉(DI, 127)한다. 데리다가 경험론을 심판하기 위한 시금석으로 가져다 놓은 그리스의 돌, 즉 로고스, 존재 사유 자체가, 동방에서 온 이방인들, 철학이 아닌 사유를 하는 자들에게는 애초부터 시금석이 될 수 없는 것이다. 데리다는 경험론이 존재 사유만을 쏙 빼어놓은 채 그리스인에게서 철학을 유괴해 가려고 한다는 듯 이렇게 말한다. 〈그리스인이 자기 집과 언어만 빌려주고 떠날 수는 더더욱 없는 일이다. …… 로고스의 중심에 이타성 일반을 받아들임으로써, 그리스의 존재 사유는 절대적으로 '놀라운' 모든 소환에 대항해 영구히 자신을 보호해 왔다〉(ED, 227). 언어가 있다는 사실이 그 배후에 존재가 은폐되어 있다는 사실 자체를 가리키는 것으로 철학자는 생각하지만, 철학이 아닌 경험론이 보이고자 하는 것은 바로 비그리스적 언어, 즉 존재 동사가 배후에 은폐되어 있지 않은 언어가 가능하다는 점이다. 레비나스의 후기 철학은 이런 언어의 가능성을 분명하게 보여주고 있다. 그는 〈말함 le dire〉과 〈말해진 것 le dit〉을 구별하는데, 말해진 것은 타자를 주제화하는 언어, 〈존재론화〉하는 언어, 즉 우리가 타

---

37) E. Levinas, *De dieu qui vient à l'idée*(Paris : J. Vrin, 1982), 126쪽(약호 DI).

자를 지배하기 위해 사용하는 언어인 반면, 말함은 바로 비그리스적 언어, 비철학적 언어, 존재와는 다른 타자에게서 오는 언어이다. 『존재와 다르게 혹은 본질 저편 *Autrement qu'étre ou au-dela de l'essence*』(1974)의 주요 논점 가운데 하나는 바로 이 〈말함〉의 가능성을 보이는 것이다.[38]

들뢰즈 역시 그리스인들의 존재 사유에 신세 지고 있는 것은 없다. 우리는 이미 본문에서 감성에 주어지는 〈형상 Figure〉이 들뢰즈 경험론의 핵심적인 요소라는 것을 보았다. 이 형상과 맞닥뜨린 자는 그리스인인가, 아니면 이방인인가? 〈철학자가 개념을 창안하고 개념을 사유하는 반면, 동방에서 온 늙은 현자는 아마도 형상을 통해 사유한다〉(QP, 8). 들뢰즈는 형상에 대한 사유, 곧 경험론이 절대적으로 비그리스적임을, 즉 비철학적임을 명시하고 있는 것이다 (자세한 내용은 PS, 8-10 참조).

사실 데리다 자신도 경험론이 스스로 그리스 철학이 아니고자 하는 이상, 결코 존재 사유로서의 〈철학〉의 관점에서 〈경험론〉을 비판할 수 없음을 이미 인정하고서 비판을 시작하고 있다고 보아야 한다(〈아마도 그러한 문제들은 '철학적인' 것이 아니며, 더 이상 철학에 속하는 것이 아닐 것이다〉(ED, 118)). 그런데도 그는 비철학적 사유를 계속해서 철학의 테두리 안에 가두고서 공격해 보려고 한다. 가령 다음 구절을 보라. 〈그럼에도 불구하고 역시 그 문제들은 오늘날 세상에서 우리가 철학자들이라 부르는 사람들의 **공동체**를 설립할 힘이 있는 유일한 것이 될 것이다〉(ED, 118). 그러나 유럽에 정주민으로 뿌리내린 어느 공동체에서도 환영받지 못해 왔던 이 유대인의 자손(레비나스)에게, 그리고 스스로 유목민임을 자처하는 자

---

38) 〈말함〉과 〈말해진 것〉에 관한 자세한 논의는 필자의 글, 「인터넷 시대의 소통과 책임성」의 3절 〈소통과 구원〉, ≪세계의 문학≫(2000, 봄호), 47-61쪽 참조.

(들뢰즈)에게 〈공동체〉의 일원임을 설득해 보겠다는 것인가? 데리다는 또 사유함에 있어서 불가결한 요소인 개념에 대해 이렇게 말한다. 〈단지 철학의 기초 개념들이 우선 그리스적인 것들이며, 그러한 요소를 제외하고 철학을 하거나 철학을 이야기하는 것은 가능하지 않을 것이다〉(ED, 120).[39] 그러나 바로 이런 생각과 정반대로, 오늘날 우리가 가진 개념들은 그것들이 탄생했고 사용되었던 그리스적 토양을 완전히 상실했다는 것이 들뢰즈 경험론의 핵심 주장 가운데 하나이다. 〈우리는 서구 사유의 수세기가 지난 후 개념들을 소유하고 있다고 믿지만, 그것들을 어디에 놓아야 할지 거의 모르고 있다. …… 요컨대 과거 형태〔그리스 형태〕의 개념, 그것은 〔우리 시대에〕 아직까지 존재하지 않은 그런 것이다〉(QP, 97). 그리스인들의 개념이란 사실 존재하지도 않는 환상이며, 그 환상으로 끊임없이 귀환하려는 시도는 철학의 보편적 운명이 아니라, 몇몇 철학자들의 〈사적인〉 작업으로 이해되어야 한다. 〈그리스와의 관계를 사적인 어떤 관계로 체험한 자들은 무엇보다도 독일 철학자들〉(QP, 97), 그 가운데서도 특히 하이데거이다. 그런데 바로 데리다의 레비나스 비판에도, 철학이 그리스와 맺고 있는 사적인 관계를 보편적인 것

---

39) 이 말은 「폭력과 형이상학」의 시작 부분에서 데리다가 제시하는, 철학적 사유를 하기 위해 불가결한 세 가지 사항 가운데 하나이다. 이어서 이 사항들에 대해 데리다는 이렇게 말한다. 〈어떠한 철학이건 이 세 가지에 타격을 주려면 우선 거기에 복종해야 하거나, 혹은 철학적 언어로서 자기 자신을 파괴해야 한다〉(ED, 121). 이 말은 우리가 이미 위에서 인용하기도 했던 이 논문의 마지막 부분에 나오는 결론적 주장, 즉 〈철학을 하기 위해서도, 철학을 안하기 위해서도, 불가결하게 철학을 할 수밖에 없다〉는 주장의 또 다른 표현이다. 결국 이 주장은 레비나스에 대한 모든 비판의 시작을 가능케 하는 데리다의 유일한 전제이며, 또 유일하게 도달하는 결론이지만, 그리스 철학이기를 거부하는 지점에서부터 시작하는 경험론은 데리다의 이 전제 자체를 경험론에 대한 존재 사유의 독단적 폭력으로 여기고 거부할 것이다.

이라 고집하는 믿음, 즉 철학이 다른 모든 가능한 사유에 대해 배타적이고 특권적인 관계를 그리스와 맺고 있다는 믿음이 공공연히 전제되어 있는 것이다. 그러나 이제 경험론자들에게 개념은 결코 그리스인들의 것이 될 수 없다. 〈영국인들은 부스러지고 조각나고 전 세계로 확대된 옛 그리스의 땅위에서 유목민 생활을 한다. 그들이 프랑스인이나 독일인처럼 개념을 소유하고 있다고조차 말할 수 없다. 그러나 그들은 개념을 획득하며, 획득된 것만을 믿었다〉(QP, 101). 획득은 소유와 대립한다. 애초에 소유하고 있지 않은 개념의 획득은 경험을 통해서밖에 이루어질 수 없는 까닭이다. 그러므로, 획득된 경험을 기술하는 언어는 본성상 결코 존재 사유를 전제하지 않는다. 사유는 이제 〈그리스인들의 소멸 뒤에 유목민들에게 돌아간〉(QP, 100) 땅, 바로 경험론의 땅인 것이다.

2 차이의 논리

데리다의 〈차연〉과 들뢰즈의 〈차이 자체〉, 프로이트의 사후성

데리다와 들뢰즈를 비교하는 일은 복잡하다. 서로를 언급하는 경우가 매우 적음에도 불구하고 두 사람의 철학은 가장 결정적인 부분에서 만나며, 또 가장 먼 거리를 두고 반목하기도 한다. 두 철학 사이에 수많은 논점들을 세울 수 있을 것인데, 그 가운데서도 1960년대에 양자를 각각 대표하는 개념인 〈차연 différance〉과 〈차이 자체 différence en elle-même〉를 비교하는 것보다 더 중요하고 흥미로운 작업도 없을 듯하다. 그 외양에서부터 서로 유사함에도 불구하고 이 둘의 관계가 여태껏 거의 밝혀지지 않은 채 공백으로 남겨져 왔다는 것은 참으로 특이한 일이다.

데리다는 『그라마톨로지 *De la Grammatologie*』에서 〈확실히 흔적 trace은 의미 일반의 절대적 근원이다. …… 흔적은 나타남과 의미 작용을 열어주는 차연이다〉(G, 95)라고 말하며, 들뢰즈는 『차이와 반복』에서 〈모든 사물들의 배후에는 차이가 있지만, 차이의 배후에

는 아무것도 없다〉(DR, 80)라고 말한다. 전통적인 존재론의 극복이라는 동일한 과제를 안고서 비슷한 시기에 출현한 이 두 철학은, 공통적으로 차이를 모든 경험적 나타남을 가능케 해주는 근원적 요소로 조명하고 있는 것이다.

그런데 이 두 철학을, 그러니까 〈차연〉과 〈차이 자체〉를 서로 비끄러매 주는 것이 바로 프로이트의 〈사후성(事後性, nachträglich-keit)〉의 논리이다. 사후성과 잠복기Inkubationszeit 개념은 『초고』(1895)에서 마지막 저작인 『인간 모세와 일신교 *Der Mann Moses und die monotheistische Religion*』(1939)에 이르기까지 프로이트의 전 사상을 움직이는 가장 핵심적인 장치이며 그의 가장 독창적인 발명품이기도 하다. 동시에 그것은 데리다의 차연 개념과 들뢰즈의 차이 자체 개념의 핵심을 이루는 논리이기도 하다. 즉 데리다와 들뢰즈 모두는 자신들의 개념의 철학사적 연원을 〈어떤 의미에서는〉 프로이트에 두고 있는 것이다. 따라서 차연과 차이 자체가 서로 유사한 논리적 기능을 그 본질로 가지고 있음을 밝히는 작업은 프로이트라는 중개자를 필요로 할 수밖에 없다. 다시 말해 데리다의 차연과 들뢰즈의 차이 자체의 공통성을 밝히는 작업은 곧 양자의 논리 속에 수용되어 있는 프로이트의 사후성 개념의 핵심적 지위를 밝혀내는 작업일 수밖에 없는 것이다.[1]

---

1) 프로이트에 대한 준엄한 비판자인 들뢰즈에게서, 오히려 프로이트가 끼친 중요한 영향을 발견하려는 이 시도에 대해 어떤 이는 의혹을 품을 수도 있을 것이다. 그러나 『앙띠 오이디푸스』에서 수행된 강도 높은 비판 때문에 상대적으로 눈에 덜 띄는 사실이지만, 『차이와 반복』과 『의미의 논리』의 많은 이론들은 프로이트 사상으로부터 창조적 자양분을 얻고 있다. 들뢰즈와의 한 대담에서 벨루르R. Bellour와 에왈드F. Ewald는 정신 분석학에 대한 들뢰즈의 태도 변화를 이렇게 지적하고 있다. 〈『차이와 반복』과 『의미의 논리』에서는 여전히 정신 분석학이 특정한 방식으로 관류하고 또 이 두 책의 기초를 이루고 있다. '자본주의와 정신 분열증'의 첫째 권인 『앙띠 오이디푸스』에서부터 분명하게

74

1 데리다 : 대리 보충으로서 사후성의 논리

데리다는 어떻게 프로이트의 사후성의 논리에서 자신의 대리 보충supplément의 논리를 발견하는가? 꿈에 대한 논의로부터 시작해 보자. 어떤 표상이 억압되어서 의식에 나타나지 않을 때 우리는 그 표상이 무의식 상태에 있다고 말한다(GW, X, 264).[2] 무의식 혹은 무의식 속의 표상은 그 자체로는 의식에 나타나지 않으며 의식상의 어떤 것으로 변화되어서만 나타날 수 있다(GW, X, 264). 즉 무의식은 실수 행위, 꿈, 정신적인 증상을 통해서만 의식상에 나타난다(GW, X, 265). 이런 까닭에 프로이트는 —— 나중에 이런 생각을 폐기하기는 하지만 —— 꿈을 무의식에 대한 번역übersetzen, 옮겨 쓰기(베껴 쓰기 Umschrift)로 이해한다. 〈그것〔프로이트가 받아들이는 민간 전통〕은 꿈을 일종의 비밀문서처럼 다루고 있으므로 '암호 해독법'이라고 정의할 수 있을 것이다. 여기서는 고정된 풀이에 맞추어 각각의 기호는 의미가 잘 알려져 있는 다른 기호로 번역된다〉(GW, Ⅱ/Ⅲ, 102). 그런데 바로 이렇게 꿈을 번역의 문제와 관련시킨다는 점에서 프로이트는 현전présence의 형이상학을 벗어나지 못하고 있다. 흔히 〈자기 촉발auto-affection〉이라 불리는 현전의 형

정신 분석학은 타도해야 할 적이 된다〉(P, 196). 들뢰즈 자신도 가타리가 그를 정신 분석학에서 벗어나게 해주었으며, 『의미의 논리』 등에서의 연구는 정신 분석에 부합할 수 있는 것이라고 밝힌다(P, 197). 그러므로 프로이트의 사후성 개념이 들뢰즈의 차이 개념에 어떻게 수용되고 있는지 밝히는 이 글의 작업을 통해 우리가 기대할 수 있는 부수적 효과는 프로이트의 비판자라는 대중적으로 널리 알려진 들뢰즈의 〈공식 초상화〉의 이면에서 프로이트와 들뢰즈의 친화성을 발견하는 것이다.

2) S. Freud, *Gesammelte Werke*(Frankfurt : S. Fischer Verlag, 1946). 약호 GW. 이 약호 표시 뒤에 로마 숫자로 권수, 아라비아 숫자로 페이지 수를 차례로 써준다.

이상학의 기본 입장은, 가령 자기의 목소리가 스스로에게 직접 들리는 것처럼, 의식은 스스로에게 매개 없이 직접 나타난다는 것이다. 데리다의 기본 전략은, 이런 자기 촉발이 가능하기 위해서는 외재적이고 이질적인 요소(차이)의 매개, 즉 외재적이고 이질적인 요소에 의한 〈대리〉와 〈보충〉을 거쳐야 된다는 것이다. 레비나스의 용어를 빌려 쓰자면 외재적인 것의 매개, 곧 〈이질적인 것으로부터의 촉발 hétéro-affection〉을 통해서만 비로소 자기 촉발은 실현된다. 그런데 자기 촉발이, 차이를 지닌 이질적인 것으로부터의 촉발 때문에 가능하다는 것은 모순이 아닌가? 자기 촉발은 그 말의 뜻에서부터 나타나듯 이질적인 것으로부터의 촉발과 양립 불가능하다. 데리다의 전략은 바로 현전의 형이상학은 이런 모순 위에서 존립한다는 것을 밝히는 것이다. 다시 말해 이 이질적인 것, 즉 데리다가 흔적, 문자, 에크리튀르 écriture 등으로 부르는 것은 현전의 형이상학을 가능케 해주는 동시에 와해시키는 양면적인 기능을 수행한다.

그런데 꿈을 번역의 문제와 관련시키는 사고방식이 왜 현전의 형이상학인가? 이런 사고는 잘 꾸며진 해몽서, 즉 꿈과 무의식을 대응시킬 수 있는 〈완전하고 절대적으로 확실한 모든 코드〉(ED, 311)에 기반을 둔 〈번역 작업을 통해〉, 무의식 속에 들어 있는 근원적인 내용들을 현시할 수 있다는 생각을 배경으로 하고 있기 때문이다. 그러나 〈꿈의 문자는…… 어떤 코드에 의해서도 해독되지 않는다〉(ED, 310). 왜냐하면 꿈을 통해 고스란히 번역될 수 있는, 무의식에 씌어 있는 근원적인 정보, 혹은 기원적인 글은 애초에 존재하지 않기 때문이다. 〈꿈꾸는 사람은 자기의 고유한 문법을 창안한다. 그가 단지 사용하기만 하는, 의미를 지닌 재료나 미리 만들어져 있는 텍스트는 존재하지 않는다〉(ED, 310). 꿈이 원본으로 삼고 있는 무의식 안의 원텍스트는 존재하지 않는다는 말이다. 그러므로 꿈은 무의식의 목소리를 가감 없이 충실히 전달하는 표현이 아니요, 무의식의 시니 피에를 나타내는 시니피앙도 아니다. 결국 어떤 고정된 꿈 풀이 규칙도 고정된 상징적 의미도 있을 수 없다. 〈의식적 텍스트는 옮겨쓰기 transcription가 아니다. 왜냐하면 다른 것으로 바꾸거나 옮겨놓아야 할, 일종의 무의식의 형태로 '다른 곳에 현재하는' 텍스트란 아예 있지도 않았기 때문이다〉(ED, 313).

이런 까닭에 데리다가 지적하듯 프로이트는 꿈이 무의식의 번역이라고 하는 생각을 결국 버리게 된다. 〈꿈을 다른 언어로 번역하는 일이 불가능한 까닭은, 또한 정신 기제 안에는 단순 번역의 관계가 전혀 없기 때문이다. 프로이트가 지적하듯, 무의식적인 생각들이 전(前)의식적인 것을 통해 의식 쪽으로 이행하는 것을 기술하기 위해 번역이나 옮겨 쓰기 같은 말을 쓰는 것은 잘못이다. …… 번역혹은 옮겨 쓰기 같은 은유적 개념은 위험한 개념이다 ……〉(ED, 312-313). 그렇다면 무의식과 꿈의 관계란 무엇인가? 바로 우리는 이것을 사후성의 논리, 혹은 이와 동치인 〈연기(延期)〉의 논리를 통해 이해해야 한다. 무의식 안에 잠재되어 있는 기억 흔적 Erinne-rungsspur은 그 자체로는 아무런 의미도 지니지 않는다. 아무런 의미도 지니지 않는다는 것은 이미 그것이 하나의 완결된 텍스트로 존재하고 그 후에 꿈이 그것을 충실히 재현해 내는 것이 아니라는 뜻을 함축한다. 오로지 꿈을 꿈(원인)으로써 무의식 속의 기억 흔적(결과)은 꿈속에서만 사후적으로 의미 있는 것이 된다. 그러므로 사후성의 논리의 첫째가는 특성은 거꾸로 된 인과율 또는 거꾸로 된 시간성을 지닌다는 것이다. 이 거꾸로 된 인과율은 망각되었던 무의식 안의 내용을 꿈이 일깨워 준다는 식으로 생각되어서는 안 되며, 정확한 의미에서 〈인과율〉, 즉 원인을 통해 결과가 생산되는 법칙으로 이해되어야 한다. 왜냐하면 꿈을 통해 번역되는 애초의 근원적 텍스트로서의 무의식은 존재하지 않기 때문이다. 꿈이라는 텍스트가 유일한 것이며, 그 배후에서 꿈의 원본을 이루는 텍스트란 없다. 무의식이란 이처럼 사후에 〈뒤늦게〉, 늘 연기된 형태로만 꿈속에 나타난다. 그러므로 무의식의 기억 흔적이란 결코 현재였던 적이 없는 〈태생적 과거〉이다. 〈〔언젠가〕 현재했던 것으로서의 과거 텍스트는 없다〉(ED, 314). 다만 언젠가 현재했던 것으로 우리가 믿는 것은 〈우리가 뒤늦게 현재로 구성하는 것〉(ED, 314)일 뿐이다. 그리고 꿈 외에 언젠가 현재했던 더 근원적인 무의식의 텍스트, 즉 꿈의 원인이 존재하지 않는다는 점에서 사후성의 논리, 연기의 논리가 가리켜 보이는 것은 어떤 근원이 아니라 〈비근원〉이다. 〈텍스트는 현전의 원초적인 형태, 또는 현전의 변형된 형태로 생각될 수 없다. 무의식의 텍스트는 …… 어느 곳에도 현재하지 않는 텍스트, '언제나 이미' 옮겨 씌어진 문서들을 구성하는 텍스트이다. …… 현전하는 시니피에는 언제나 뒤늦게 retardement, 사후적으로, 때늦게, '대리 보충적으로' 재구성된다〉(ED, 314). 결국 근원적인 것은 무의식 안의 기억 흔적이 아니라 사후성의 논리, 즉 대리 보충의 논리 자체이다. 근원은 없고 대리 보충이 뒤늦게 그 결핍된 근원을 재구성해 주므로, 대리 보충의 논리가 원초적인 것이지 기원이 원초적인 것은 아니다. 〈근원적 대리 보충이 관건이다. …… 그것이 고전 논리에서는 결코 용납되지 않을 테지만 말이다. 근원으로서의 대리 보충이란 결핍된 근원을 대리 보충하지만 〔근원으로부터〕 파생되지 않는 그런 것이다. 이러한 대리 보충은 …… 근원에 속한다〉 (G, 442). 근원은 원래 있는 것이 아니라 이처럼 늘 뒤늦게 보충되는 것이다. 무의식은 사후에 뒤늦게 구성될 뿐이며, 이 뒤늦은 구성, 연기된 구성 이전엔 무의식 자체라고 불릴 수 있는 아무런 근원도 없다. 데리다는 대리 보충을 원(原)에크리튀르 archi-écriture,

혹은 그저 에크리튀르, 차연, 흔적 등의 여러 가지 이름으로 부르는데, 이 용어들 모두의 핵심적인 의미로서 데리다는 〈근원의 부재〉를 지목한다. 〈확실히 흔적은 의미 일반의 절대적 근원이다. 즉 이것은 의미 일반의 절대적 근원이 없음을 뜻한다〉(G, 95). 〈원에크리튀르에서 유실되는 것은 근원의 단순성에 대한 신화이다〉(G, 140). 그렇다면 프로이트의 체계에서 대리 보충의 논리를 가능케 하는 에크리튀르라고 불릴 수 있는 것은 무엇인가? 바로 무의식과 의식 사이에 맺어지는 〈관계〉 혹은 〈소통 Bahnung〉이 그런 지연과 대리 보충의 효과를 만들어내는 에크리튀르이다. 〈에크리튀르의 주체는 층들 사이의 관계들의 '시스템'이다〉(ED, 335).

중요한 것은 데리다가 자신의 에크리튀르 혹은 대리 보충의 개념을 적용해 프로이트를 분석하는 데 그치는 것이 아니라, 바로 대리 보충의 논리의 선구적 원천을 프로이트에게서 발견하고 있다는 점이다. 〈〔프로이트의 개념인〕 '사후적 nachträglich'이라는 말은 또한 '대리 보충적 supplémentaire'을 의미하기도 한다. 여기서 대리 보충에의 호소는 근원적인 것이다〉(ED, 314). 이 구절에서 데리다는 자신의 핵심 용어인 대리 보충이 프로이트의 사후성과 정확히 동일한 것임을 명시한다. 〈Nachtrag는 또한 문자의 질서에서 부록, 증보, 추신이라는 명확한 의미를 가지고 있다〉(ED, 314). 데리다는 후에 사람들이 그를 형이상학의 해체자라는 말로 평가한 것과 마찬가지로, 그 자신은 프로이트를 서구 형이상학에 미증유의 해체를 도입한 자로 평가한다. 〈현재 일반은 근원적인 것이 아니라 재구성된 것이라는 점 …… 이러한 점은 형이상학의 역사에 대해 기막힌 테마이며, 바로 프로이트가 우리에게 사유하도록 요구하는 것이다〉(ED, 314). 그러므로 우리의 과제는 당연히 프로이트의 전 사상을 통하여 이 사후성의 논리가 얼마나 핵심적이며 중심적인 역할을 수행하는가,

그리고 그것은 데리다의 차연 혹은 대리 보충의 논리와 얼마나 동일하게 작동하는가를 확인하는 문제로 연결될 수밖에 없다. 우리는 『초고』에서부터 생존 시 마지막 저작인 『인간 모세와 일신교』에 이르기까지 반세기 가까이 걸쳐 진행된 프로이트의 작업들 가운데 대표적인 것들로 평가될 수 있는 트라우마(외상), 지각 작용, 종교 현상에 관한 연구를 구체적인 예로 분석해 보려한다. 그런데 미리 밝히자면 프로이트에서 사후성의 논리는 이와 상관적인 또 다른 중요 개념인 〈잠복기〉와 더불어 탐구되어야만 한다.

2 프로이트 : 트라우마, 지각, 종교 현상에서 사후성의 논리

데리다는 〈사후성 개념과 연기 Verspätung 개념은 프로이트의 전체 사유의 우두머리이자, 그의 모든 다른 개념들을 규정하는 개념인데, 『초고』에서 이미 바로 그 이름들로 나타나고 있고, 그 이름들로 불리고 있다〉(ED, 303)고 말한다. 실제로 『초고』에는 트라우마와 관련하여 사후성의 논리를 가장 극명하게 보여주는 엠마 Emma의 예가 등장한다(GW, I, 432-436).[3] 엠마는 일종의 광장 공포증(廣場恐怖症, agoraphobia)에 시달리고 있는 부인인데, 구체적으로 그녀는 상점에 ——추정컨대 옷 가게—— 에 가는 것을 겁낸다. 그녀는 그 까닭을 열두 살 때 어떤 상점에서 점원들이 자신의 옷을 보고 웃었기 때문이라고 한다. 점원들이 웃자 그녀는 까닭도 없이 도망

---

3) 필자는 이 엠마의 예를 사후성, 트라우마 등의 개념과 더불어 다른 자리에서 이미 다룬 바 있으므로 이 자리에선 자세한 상황 설명은 생략하기로 한다(2장 「상처받을 수 있는 가능성」, 『차이와 타자 —— 현대철학과 비표상적 사유의 모험』〔문학과지성사, 2000〕, 94-100쪽, 그리고 113쪽의 주 25 참조).

갔다(이를 사건 1이라 하자). 그런데 그때 왜 도망갔는지, 그리고 지금 왜 열두 살 때의 사건을 이유로 들면서 상점에 들어가지 못하는지 도무지 설명이 되지 않는 것이다. 이와 별도로 프로이트는 그녀가 기억하지 못하는 또 다른 사건 하나를 찾아냈다. 여덟 살 때 그녀는 어떤 상점에 들어갔다가 상점 주인에게 추행을 당한 적이 있었다. 〈상점 주인이 웃으면서 옷 위로〉 그녀의 성기를 만졌던 것이다(이를 사건 2라 하자). 여덟 살은 성적 분별력이 아직 완전히 발달하지 않은 시기이다. 따라서 그 사건은 전혀 의미가 파악되지 않은 채 〈잠재되어〉 버릴 수밖에 없었다. 데리다식으로 말하면 이 사건은 그것이 일어났던 그 시점에 〈주체에게 현전하지 못하고〉 지체되어 버린 것이다(이런 까닭에 이 사건은 사후적으로, 즉 〈현재였던 적이 없는 태생적 과거〉로서만 현실화하게 된다). 이것을 〈은폐 기억 Deckerinnerung〉이라고 부르기도 한다(GW, XVI, 179). 이런 잠재된 기억은 유사한 사건이 주어지면 비로소 환기된다는 것이 프로이트의 사후성 논리의 가장 중요한 특성 가운데 하나이다. 〈결정적으로 중요한 것은, 유사한 사건이 최근에 반향됨으로써 잊혀져 있던 기억 흔적이 환기된다는 것이다〉(GW, XVI, 208). 열두 살 때의 사건은 여덟 살 때의 사건과 외형상 많은 유사점을 지닌다. 둘 다 공통적으로 상점에서 일어난 일이며, 둘 다 상점 주인이 웃었고, 둘 다 옷과 관계되어 있기 때문이다. 유사한 상황이 주어지자 잠재되어 있던 기억인 여덟 살 때의 사건이 환기되었던 것이다. 그런데 열두 살은 이미 성적 분별력이 성숙한 시기이므로 사건 1 속에서 환기된 사건 2는 〈뒤늦게〉 비로소 추행이라는 의미를 획득하게 되어 엠마에게 공포를 일으켰던 것이다. 그것이 점원들이 웃자 그녀가 까닭도 없이 도망친 이유이자, 훗날 상점에 혼자 들어가지 못하게 된 이유이다. 이처럼 여기서 광장 공포증으로 나타난 트라우마는, 하나

의 사건——그것이 여덟 살 때의 것이건 열두 살 때의 것이건——만
으로는 결코 성립하지 않으며 반드시 두 개의 사건이 갖추어져야만
가능하게 된다. 이것이 바로 〈두 개의 인자가 모여 한 병인(病因)을
완성시킨다〉(GW, XVI, 178)는 말의 의미이다. 프로이트는 말한다.
〈우리는 이전에 체험한 것인데도 불구하고 나중에는 잊어버리는
것, 신경증의 병인으로서 중요한 의미를 부여하는 인상들, 흔적들을
'트라우마'라 부른다〉(GW, XVI, 177). 〈트라우마들은 그 모두가 집
적됨을 통해서만 비로소 트라우마의 효과를 발휘한다. …… 어떤 사
례들에서는 〔그 자체로만은〕 평범한 상황이 현실적으로 〔병의 원인
으로〕 효력을 발휘하는 사건과 결합하면 …… 트라우마로서 위력을
얻게 된다〉(GW, I, 85). 이러한 기술은 엠마의 경우를 매우 적절
히 설명해 준다. 개개의 사건들은 그 자체로는 아무것도 아니며, 서
로 결합되어야만 비로소 신경증으로서 의미를 지니게 되는 것이다.[4]

 이 트라우마에서 사후성의 논리, 혹은 대리 보충의 논리는 어떻
게 작동하는가? 여덟 살 때의 사건 2는 열두 살 때의 사건 1이 없
이는 결코 아무런 의미도 지닐 수 없다. 사건 1이 발생하자 생기는
트라우마의 증상 속에 뒤늦게, 즉 〈사후적으로 첨가되는 기원〉이
사건 2이다. 즉 시간적으로는 뒤에 일어난 사건 1이 사건 2의 진정한

---

4) 약간은 혼동스러운 프로이트의 용어 사용에 대해서도 잠깐 지적해 두어야겠
다. 그는 트라우마를 적어도 두 가지 의미로 사용한다. 〈짧은 기간 내에 지나
치게 강한 자극의 증가를 마음에 가져오는 체험을 트라우마적 체험이라고 한
다〉(GW, XI, 284)라는 말에서 보듯 트라우마는 개별 사건을 가리키기도 하는
한편, 위에서 우리가 기술했듯 그 자체로는 의미 없는 개별 사건들이 모여서
만들어내는 증상을 가리키기도 한다. 그런데 1920년에 씌어진 『쾌락 원칙을
넘어서』에 와서는 후자 쪽의 의미는 무시되며, 트라우마는 그저 외부로부터
주어지는 감당하기 어려운 자극(쇼크)으로만 정의되고 있다. 〈우리는 〔자극을
막는〕 방패를 뚫고 들어오기에 충분할 만큼 강력한 외부의 자극을 '트라우마
적'이라고 기술한다〉(GW, XIII, 29).

원인이 된다. 그것이 일어났을 때는 〈아무런 현전적 의미를 가지지 못하는〉 사건 2에서부터, 이 사건 2가 비로소 작용하게 되는 사건 1까지를 프로이트는 잠복기라고 부른다. 그러므로 잠복기는 〈사고가 일어난 때부터 증후가 처음으로 나타났을 때까지의 기간〉(GW, XVI, 171)이라고 정의할 수 있겠다. 사후성의 논리는 바로 이 잠복기를 통해서만 작용할 수 있다. 사건 2는 그것이 일어났던 시점에는 주체에게 아무런 현전적 의미를 가질 수 없으며, 따라서 결코 하나의 기원이 되지 못한다. 그것은 사건 1을 통해서 트라우마 속에서만 비로소, 현재인 적이 없었던 과거(태생적 과거)로만 작용한다. 그러므로 결과의 관점에서 보았을 때 사건 2는 잠복기를 거쳤다고 말할 수 있는 것이다. 이처럼 사후성의 논리와 잠복기는 떼려야 뗄 수 없는 관계에 놓여 있다. 이제 우리는 데리다가 다음과 같은 말을 통해 의미하고자 했던 바가 무엇인지 알 수 있게 된다. 〈무의식이란 이런 박자(拍子)와 중간 휴지(休止) 없이는 아무것도 아니다. 의미는 이렇듯 차이라는 텅 빈 구멍, 즉 나타나지 않은 것의 불연속성과 비밀 엄수, 우회와 유보라는 텅 빈 구멍에서만 형성된다〉(G, 101). 여기서 〈중간 휴지〉, 〈우회〉, 〈유보〉 등은 모두 잠복기의 다른 이름들이다. 애초에 근원으로서의 무의식이 있는 것도 아니며, 그 자체로 이해될 수 있는 〈순수한〉 무의식의 원형적 의미도 존재하지 않는다. 오로지 잠복기를 거쳐, 사후적으로 트라우마라는 하나의 증상 속에 여러 사건과 뒤섞여 있는 무의식이 있을 뿐이다. 따라서 프로이트가 『초고』에서 다음과 같이 적절히 지적하듯, 기원의 자격을 가지는 것은 오로지 사후성의 논리, 지연됨의 논리, 즉 대리 보충의 논리일 뿐이지 순수한 원천으로서 무의식이 아니다. 〈어떤 사례를 보든 우리는 기억이 억압되어 있는 것을 발견한다. 이 기억은 사후적으로만 트라우마로 변한다. 그 원인은 개체의 전반적 성장에

비해 사춘기가 연기됨에 있다〉(ED, 317-318에서 재인용).[5] 요컨대
〈원인〉은 바로 〈지연됨〉에서 찾아야 한다는 것이다.

이러한 사후성의 논리는 「마술 글쓰기 판에 대한 노트」(1925)가
보여주듯 트라우마뿐 아니라 정상적인 〈지각 작용〉의 경우에도 작
동한다. 잘 알려져 있듯 글쓰기 판에서 표면을 덮고 있는 셀룰로이
드 판은 외부 자극을 방어하는 방어 조직을, 그 밑의 종이는 지각-
의식 층을 그리고 〈사실상 밀랍 판은 무의식을 나타낸다〉(ED, 332).
이 세 가지 층이 서로 접촉했을 때 글씨가 나타나며 서로 떨어지면
썼던 글씨가 다시 사라지는 글쓰기 판은 무엇의 비유일까? 물론 〈교
대로 글이 지워졌다가 보였다가 하는 것은, 지각 속에서 의식의 나
타남과 사라짐과 같은 것이다〉(ED, 332). 다시 말해 층들이 겹쳐지
면서 글쓰기 판에 나타나는 글씨는, 무의식상의 리비도가 지각-의
식 조직을 매개로 외부 세계에 투자 Besetzung되었을 때 발생하는
의식적 지각을 가리키며, 글쓰기 판의 층들이 떨어졌을 때 사라지
는 글씨는 의식상에서 지각의 소멸을 가리킨다. 즉 이 글쓰기 판의
비유는 우리의 모든 의식적 지각은 순수하게 외부로부터 주어지는
것이 아니라, 무의식상의 기억 흔적에 의해 매개되어 있다는 것을

---

5) 동물 공포증의 경우에도 우리는 이와 동일한 사후성의 논리를 발견한다. 늑
   대 인간이 유아 시절 보았던 부모의 성행위 장면은 그 자체로는 아무런 현전
   적 의미도 지니지 않는다. 즉 주체에게 현전한 적이 없는 것이다. 데리다가 다
   음과 같이 지적하듯 그것은 잠복해 있다가 뒤늦게야 동물 공포증 속에서 의미
   를 지니게 된다. 〈늑대 인간을 보라. 원초적 장면에 대한 지각 —그 지각이
   현실인가 환각인가는 별로 중요하지 않다 — 이 그것의 의미 작용에 있어서
   체험되는 것은 사후적으로 이루어진다〉(ED, 317). 그런데 들뢰즈가 자신의 사
   후성의 논리를 다루는 자리에서 늑대 인간에 대해 데리다와 똑같은 지적을 하
   고 있다는 점은 흥미롭다. 〈최초의 장면, 즉 전(前)생식기 장면(가령 늑대 인
   간의 사례에서는 1년 반에 걸친 성교의 관찰)이 그 자체로서 이해되지 않는다
   는 것은 본질적이다〉(LS, 263). 여기서 들뢰즈는 데리다와 마찬가지로 그 자체
   로서 이해될 수 있는 순수한 기원으로서의 최초의 사건을 부정한다.

표현하고 있다. 〈순수한 지각이란 존재하지 않는다. 즉 지각이 외재적인 것이든 내재적인 것이든 언제나 그 지각을 이미 감시하고 있는 우리 안의 심급에 의해서, 우리는 글을 쓰면서만 글로 씌어진다〉(ED, 335). 예를 들어보자. 우리의 지각은 순수한 것이 아니라 무의식적 기억 흔적에 의해 매개된 것이라는 점을 토마스 만 Thomas Mann보다 더 훌륭하게 설명해 낸 사람도 없을 것이다. 『마의 산 Der Zauberberg』에서 주인공 한스 카스트로프는 같은 요양원에서 식사 때마다 보게 되는 쇼샤 부인을 사랑하게 된다. 그런데 수많은 여자들 가운데 왜 유독 이 여자가 지각과 관심의 대상이 되었는가? 더구나 이 여자는 늘 식당 문을 시끄럽게 닫고 들어오는 바람에 그녀와의 첫 만남은 분노와 더불어 시작되었는데도 말이다. 그 사랑의 배경에는 주인공이 열세 살 무렵 호감을 느꼈던 히페라는 소년이 있다. 주인공은 전혀 의식하지도 기억해 내지도 못하지만, 이 소년과 닮았기 때문에 쇼샤 부인은 사랑의 대상으로 지각되었던 것이다. 데리다식으로 다시 표현하자면, 쇼샤 부인에 대한 한스 카스트로프의 지각은 순수하게 외부 대상(쇼샤 부인)으로부터 도래한 것이 아니라, 그 대상을 감시하는 내적 심급, 즉 무의식적 흔적을 이루고 있는 히페에 대한 기억에 의해 미리 씌어진 텍스트인 것이다. 히페라는 기억 흔적에 의해 매개되지 않았다면, 쇼샤 부인은 한낱 감각 인상의 다발로 시신경 위를 덧없이 흘러가 버렸지 결코 사랑의 대상으로 지각되지는 않았으리라.

그런데 이런 내면의 심급, 즉 무의식상의 기억은 어떤 식으로 우리의 지각에 개입하는 것일까? 그것은 우리의 지각을 지배하는 하나의 기원일까? 기억이 지각에 개입하는 과정 또한 철저하게 사후성의 논리를 통해 이해되어야 한다. 즉 기억은 그 자체로 의미를 지닐 수 있는 기원으로 이해되어서는 안 된다. 기억은 지각이 발생했을 때 그 지각 안에 사후적으로 과거로서 도래할 뿐이며, 애초에 순수한 의미를 가지고 있었고 언젠가 현재였던 기원으로서 존재하지는 않는다. 〈기억〉 혹은 에크리튀르는 이 나타남 자체〔즉 의식적 지각〕를 열어준다. '지각된 것'은 지각의 밑에서, 그리고 지각 이후에, 과거로만 읽힌다〉(ED, 332). 이 인용이 말하듯, 외부로부터만 도래한 순수한 지각은 없으며, 지각은 늘 무의식상의 기억에 의해 매개된다는 점에서 기억은 〈나타남(의식상의 지각)〉을 가능케 해준다고 말할 수 있다. 그렇다면 우리에게 지각된 것은 사실 외부로부터 도래한 순수하게 새로운 정보가 아니라 무의식에 각인된 기억이다. 이런 기억의 개입 때문에 지각은 현재가 아니라 〈과거로서만 읽힐 수 있다〉고 말하는 것이다. 그런데 지각 속에 도래한 이 과거는 하나의 기원으로, 즉 그 자체로 이미 존재하던 과거가 아니라 지각 속에 사후적으로, 뒤늦게 도래한 과거이다. 이 과거는 언젠가 순수한 현재로서 현전했던 과거가 아니라, 사후성의 논리를 통해 비로소 현재적 지각 속에서 과거로서 탄생한 과거이다. 다시 말해 그것은 탄생의 순간부터 숙명적으로 〈헌것〉이다. 다시 한스 카스트로프의 예로 돌아와 보자. 그는 결코 히페에 대한 체험을 〈사랑〉이었다고 이해하지 않는다. 그 사건은 그 자체로는 사랑의 체험이 아니며, 사후에 쇼샤 부인에 대한 사랑——이것만이 유일한 사랑의 텍스트이다——속에서만 기능하는 사건이다. 이런 점에서 히페 자체는 기원적 사랑(사랑의 기원적 텍스트)으로 이해될 수 없다. 결국 환원 불능의 유일한 근원, 가장 최종적인 심급에 위치하는 것은 뒤늦게 근원을 첨부해 주는 일을 하는 사후성뿐이다. 〈'지연됨〔사후성〕'의 환원 불능성, 분명 그러한 것이 프로이트의 발견이다〉(ED, 303).

프로이트는 이 사후성의 논리를, 개인의 무의식을 넘어서 집단 무의식을 다루는, 말년의 종교 인류학적 작업으로까지 확장시켜 나

86

간다. 이러한 작업은 〈집단의 경우에도 과거의 인상은 무의식적 기억 흔적 안에 보존된다〉(GW, XVI, 201)는 가정 위에서만 성립한다. 〈태고의 유산 속에 기억 흔적이 잔존하고 있다고 가정한다면, 우리는 개인 심리학과 집단 심리학 사이의 간극에 다리를 놓을 수 있다〉(GW, XVI, 207). 그런데 이런 가정은 어떤 근거에서 나오는가? 〈원초적 아버지 Urvater와의 근원적 관계가 남긴 풍습, 의식, 제도에 대한 이해와 같은 그런 무의식적인 이해가, 이후의 세대가 감정의 유산을 이어받는 것을 가능하게 해주는지도 모른다〉(GW, IX, 191). 즉 풍습과 제도 같은 것을 통해 개인 무의식과 집단 무의식은 서로 동일한 구조로 만들어질 수밖에 없다는 것이다. 데리다는 『토템과 터부 *Totem und Tabu*』 및 『인간 모세와 일신교』에서 전개된 종교 인류학적 작업들을 분석한 적은 없지만, 이 작품들의 논의를 가능케 하는 핵심도 사후성의 논리임을 명시하는 것만은 잊지 않았다. 〈프로이트는 이 발견〔근원적 사후성 논리의 발견〕을 그 최종적인 귀결에 이르기까지 전개하여, 개체의 정신 분석을 넘어선다. 프로이트에 따르면 문화의 역사는 이 발견을 틀림없이 재확인한다. 『인간 모세와 일신교』에서 지연과 사후성의 효과는 폭넓은 역사적 간격을 지배한다〉(ED, 303).

토템 숭배의 발생, 그리고 유대교와 기독교의 발생을 매우 비슷한 정신 분석학적 방식으로 해명한 『토템과 터부』 및 『인간 모세와 일신교』는 기본적으로 트라우마 분석을 통해 정립한 잠복기 이론, 즉 사후성의 이론을 그대로 집단 무의식에 적용한 것이다. 가령 잠복기의 관점에서 트라우마와 유대교가 가지는 깊은 유사성에 대해 프로이트는 이렇게 말한다. 〈두 사례 —— 트라우마적 신경증과 유대 일신교의 문제 —— 사이에는 근본적인 차이가 있음에도 불구하고 하나의 공통점, 즉 '잠복기'라고 불러야 할 특성이 있다는 것은 충격적인 일임에 틀림없다〉(GW, XVI, 171). 토템, 유대교, 기독교의 발생을 기술하는 프로이트의 작업을 한마디로 요약하자면 그것은 〈사후적 복종 nachträglichen Gehorsams〉(GW, IX, 173)의 가능성에 대한 탐구이다. 즉 증오의 대상인 원초적 아버지는 자식들에게 살해되며, 이 사건은 잠복기를 거친 후, 아버지 숭배라는 형태로 현실화된다는 것이 사후적 복종의 골자이다.

『토템과 터부』에서는 앳킨슨 J. J. Atkinson의 민족학적 자료를 기반으로 아들들에 의한 원초적 아버지 살해라는 가설로부터 출발한다. 이 살해된 아버지는 잠재되어 있다가 어느 시점에 아버지를 죽인 아들들의 죄의식과 더불어 부활한다. 아들들은 아버지에 대해 〈양면 감정 Ambivalenz〉을 가지고 있는데, 씨족의 모든 여자들을 독점한 아버지에 대한 증오의 감정과 그런 아버지를 모범으로 삼는 찬미의 감정이 그것이다(GW, IX, 172-173 ; GW, XVI, 187). 잠복기를 거쳐 되살아난 아버지는 이제 숭배의 대상이 된다. 여기에 〈옮겨 놓기 Verschiebung〉의 중요성이 자리한다. 가령 꼬마 한스가 아버지에 대한 두려움을 말에게 옮겨 놓고 말에 대한 일종의 〈동물 공포증〉을 앓듯, 원시인들은 아버지를 토템 동물에 옮겨 놓고 토템 신앙을 가지게 된다(GW, IX, 157 참조).

토테미즘의 발생에 관한 이런 식의 정신 분석학적 설명은 그대로 유대교의 경우에도 적용된다. 프로이트는 전적으로 젤린 E. Sellin의 연구에 의존해 모세가 가나안에 들어가기 전에 자신의 백성들에 의해 살해되었을 것이라는 가설을 세운다(GW, XVI, 135-136 참조). 모세가 강요한 〈고도로 정신적인 종교가 모세의 유대인들에겐 견디기 어려웠다〉(GW, XVI, 148)는 것이 살해 동기이다. 이 가설을 확립함으로써 프로이트는 야생인들의 원초적 아버지 살해가 잠복기를 거쳐 토테미즘으로 개화하는 것과 같은 방식으로, 모세 살해가 잠복기를 거쳐 유대교로 개화했다는 설명을 할 수 있게 된다. 모세를 살해함으로써, 일신교에 대한 까다로운 모세의 교리는 유대인들의 현실적 의식 속에서는 사라져 잠복기에 들어간다. 이것이 〈유대 종교사에서의 잠복 현상〉(GW, XVI, 173)이다. 그러다 가나안에 들어가 모세의 백성들이 토착인들과 합쳐 새로운 종교를 새울 무렵, 〈뛰어난 아버지상인 모세〉(GW, XVI, 195)는 유대인들에게 〈사후적 복종〉의 대상이 되고, 모세의 아버지적 면모는 야훼에게 〈옮겨 놓아진다〉. 가령 모세의 〈거만하고 과격하며 심지어 난폭하기까지 한 인물상〉(GW, XVI, 141)은 그대로 야훼에게 투사되어 잔혹한 징벌을 내리기 일쑤인 이 신의 성격이 되어버린다.

그런데 야생인들의 원초적 아버지 살해, 그리고 유대인들의 모세 살해라는 잠복 기억이 정확히 어떤 계기를 통해 일깨워지는지에 대해서는 프로이트는 분명한 설명을 제공하고 있지 못하다. 가령 그의 설명은 이런 식이다. 〈오랜 시간이 지나면, 아버지를 살해하게끔 부추긴 분노는 줄어들고, 아버지에 대한 동경이 증가한다〉(GW, IX, 179). 그렇지만 도대체 어떤 〈섬광 같은 계기〉를 통해 잠재된 아버지에 대한 기억이 회귀하는가? 위와 같은 설명은 우리가 보았던 트라우마의 공식에 비추어 보아도 만족스러운 것이 못 된다. 잠재된 기억이 되살아나기 위해서는 그와 유사한 다른 사건이 다시 주어져야만 하고, 이 두 사건이 함께 증후를 형성한다는 공식 말이다. 이러한 공식에 정확하게 입각해서 만족스럽게 해명할 수 있는 가장 좋은 예는 토템과 유대교보다는 오히려 기독교일 것이다.

훗날 유대인들 사이에서 아버지 모세 살해와 매우 유사한 사건이 다시 일어났는데, 바로 예수 살해가 그것이다. 예수와 모세 사이의 유사성은 몇 가지 사항만을 비교해 보아도 쉽게 드러난다. 둘 다 구원자라는 점(이집트에서 유대인들을 구원해 낸 모세와 스스로 메시

아임을 주장한 예수), 둘 다 유아 살해로부터 살아남은 자라는 점(파라오의 유아 살해와 헤로데의 유아 살해) 등. 이런 까닭에 〈그리스도는 모세를 대체한 사람인 것이다〉(GW, XVI, 196). 그리스도 살해라는 사건 속에서 비로소 유대인들이 저지른 아버지 살해는 사후적으로 의미를 지니게 된다. 이런 과정에서 우리는 바울로라는 천재적인 종교적 소질을 지닌 인간의 역할을 주목하지 않을 수 없다. 〈바울로의 정신 속에는 과거의 어두운 흔적들이 잠복한 채, 보다 의식적인 영역으로 뚫고 나올 준비가 되어 있었다〉(GW, XVI, 192). 두 가지 중요 사항에 주목해야 한다. 예수라는 사나이가 처형을 당하자, 바울로는 하나의 종교를 일으켰는데 이 종교는 〈우리가 신을 죽였다〉는 죄의식에 기반한다. 〈우리가 이토록 불행한 까닭은 우리가 아버지 하느님을 죽였기 때문이다〉(GW, XVI, 244). 바울로에 의해서 아버지 살해는 신의 살해라는 주제로 옮겨 놓아진다. 바울로는 잠재되어 있는 아버지 살해에 대한 죄의식을 예수의 처형이라는 계기를 통해 신의 살해라는 주제 속에서 현실화시켰다. 〈원죄〉라는 교리적 주제는 바로 잠재된 아버지 살해의 죄의식이 〈왜곡 Entstellung〉된 형태로 현실화한 것이다(GW, XVI, 244 참조).[6] 그런데 이상하게도 그 예수라는 사내는 〈신의 아들로서〉 우리를 〈구원〉하려고 죽은 것이다. 왜 그는 필연적으로 신의 아들이어야만 하며, 또 어떻게 구원의 문제가 여기에 얽혀들 수 있는가? 이 물음은 아버지 살해라는 잠재된 기억 흔적을 고려하지 않고서는 도무지 해답을 얻을 수 없다. 〈원죄란 아버지를 살해한 죄였기 때문에〔그 죄

---

6) 『토템과 터부』에서는 〈원죄〉 개념과 그것의 원천으로서 〈아버지 살해〉의 관계를 다음과 같이 보다 분명하게 설명하고 있다. 〈기독교 신화의 경우 인간의 원죄란 의심할 바 없이 아버지인 신에게 지은 죄이다. …… 우리는 인간의 원죄가 살해 행위였다고 결론 내리지 않을 수 없다. …… 속죄해야 하는 죄는 아버지 살해 죄일 수밖에 없는 것이다〉(GW, IX, 185).

의 구속(救贖)을 위한 희생양은〕 아들이 아니면 안 되었다〉(GW, X
VI, 192). 그렇기에 예수는 죽임을 당한 신인 동시에, 이 죄를 씻기
위해 죽은 아들(혹은 아들들의 대표자)이라는 심오하기 그지없는 독
특한 이중적 의미를 가질 수밖에 없는 것이다. 그리하여 〈원죄와
희생자의 〔자기〕 희생을 통한 구원은 바울로가 세운 새로운 종교의
주춧돌이 되었다〉(GW, XVI, 245). 신의 살해 또는 원죄, 그리고 신
의 아들의 희생을 통한 구원이라는 두 가지 주제는 아버지 살해 또
는 모세 살해라는 사건과 예수 살해라는 사건이 서로 합쳐져서 만
들어낸 결과물, 이렇게 표현해도 좋다면 〈종교적 트라우마〉이다. 마
치 엠마의 경우 사건 1과 사건 2가 합쳐져 광장 공포증을 만들어냈
던 것처럼 말이다. 여기서 사후성의 논리는 데리다의 차연과 정확
히 동일하게 작동한다. 〈사후적 복종〉의 대상으로서 아버지는 결코
그 자체로서 회귀하지 않는다. 그것은 결코 그 자체로서 현전할 수
없고 또 순수한 그 자체의 모습을 지니지도 않으며, 오로지 죄의식
과 구원이라는 새로운 종교의 교리 속에 굴절된 형태로, 과거로서,
사후적으로 첨가될 뿐이다. 유일한 근원은 이런 사후적 첨가를 가
능케 해주는 잠복기일 뿐이다.

이렇게 사후성의 논리 또는 잠복기의 논리는 프로이트 정신 분석
학의 모든 주제를 떠받치고 있는 가장 근본적인 장치이다. 데리다
가 차연 개념을 통해 프로이트에서 사후성의 논리 또는 잠복기의
근원성을 밝혀내기 이전부터, 프로이트 스스로 그 근원성을 다음과
같이 명시하고 있었다. 〈기간상의 거리 Entlegenheit der Zeit는 진정
으로 결정적 요소로 인식된다〉(GW, XVI, 235). 오로지 기간상의 거
리, 즉 잠복기만이 가장 〈결정적인〉 것이다. 이제 우리는 프로이트
의 정신 분석학이 데리다의 차연 이론에 끼친 적지 않은 영향을 확
신할 수 있다. 데리다 스스로 이 점을 다음과 같이 인정하고 있다.

〈'대리 보충'이란 말〔의 의미〕의 탐색은 바로 정신 분석학적인 것이
다〉(G, 228).[7] 데리다의 차연은 프로이트가 발견해 낸 〈연기되는 효
력 Verspätete Wirkung〉(GW, XVI, 170)의 또 다른 이름이라고 할
수 있는 것이다. 그런데 데리다의 차연 개념만큼이나 프로이트의
사후성의 논리에 빚지고 있는 현대 철학의 개념이 있으니, 바로 들
뢰즈의 〈차이 자체〉가 그것이다.

3 들뢰즈 : 공명과 사후성의 논리

데리다의 작업은 경험 혹은 현상성의 근원에는 그것의 근거로서
차연이 자리 잡고 있다는 말로 요약된다. 이와 동일하게 들뢰즈의
모든 작업은 경험의 근원에는 그것의 선험적 근거로서 차이 자체가
자리 잡고 있다는 말로 요약될 수 있다. 모든 것에 선행하는 데리
다의 차연과 마찬가지로 들뢰즈의 〈차이는 궁극적 단위〉(DR, 79)이
다. 다시 말해 우리 경험 가운데 있는 대상들을 규정하는 개념들인
유사성, 동일성, 유비성, 대립 등의 가능 근거는 바로 이 모든 것의
배후에 자리 잡은 궁극적 차이라는 것이다. 〈유사성, 동일성, 유비,
대립 등은, 근원적 차이 혹은 차이의 근원적 체계의 결과나 생산물
로서 외에는 더 이상 다른 것으로 고려되지 않는다〉(DR, 154).
그런데 차이 자체의 이러한 선험적 근거로서의 위상을 정립함에
있어서 들뢰즈는 프로이트로부터 도움을 얻고 있는 것으로 보인다.
들뢰즈도, 앞서 우리가 연기 혹은 잠복기에 관한 대표적인 이론으

---

7) 물론 데리다는 정신 분석학이 —— 하나의 개별 과학으로서 —— 형이상학의 역
　사에 귀속될 수 있는 한에서는, 이것을 〈평범한 정신 분석〉이라 부르며, 대리
　보충의 논리와 구별한다(G, 230-231 참조).

로서 살펴본 트라우마론에 주목한다. 〈우선 '트라우마'론은 시간적
으로 분리된, 적어도 두 개의 독립적인 사건, 즉 유아기와 사춘기
이후의 사건이 존재한다는 점을 보여주는 데서 성립한다. 이 둘 사
이에서 일종의 공명 résonance이 생산된다〉(LS, 263). 앞 장(章)에서
자세히 다루었듯, 들뢰즈는 이질적인 두 개 이상의 항들 사이의 조
화를 공명이라 부른다. 엠마의 경우 사건 1과 사건 2의 조화의 산물
인 광장 공포증, 예수의 죽음과 모세의 죽음의 조화의 산물인 기독
교 교리 등이 바로 이질적인 두 항 사이의 공명 효과인 것이다.[8] 데
리다가 그렇듯 들뢰즈 또한 트라우마에서 지체 현상, 즉 사후성의
논리에 주목한다. 〈계열의 최초 항 série[9]이 문제가 되고 있는 사건
의 '이해'를 함축하지 않는 까닭은 …… 두 항 전체를 공명하게 만드
는 한에서의 환각만이 그러한 이해에 도달하기 때문이다〉(LS,
263-264). 첫번째 사건은 어떤 식으로도 그 자체로 의미를 지닐 수
없다. 즉 어떤 식으로도 그 자체의 순수한 모습대로 현전할 수 없
다. 그렇기에 아무런 이해도 함축하지 않는다고 말하는 것이다. 두
번째 사건과 공명할 때에만 그것은 뒤늦게 이해될 수 있다. 그런데
들뢰즈는 두 사건이 공명할 수 있는 근거는 둘 사이의 유사성이 아
니라 〈차이〉라고 말한다. 〈두 항이 아무리 비슷하다고 해도, 그들이

---

8) 공명이 이질적인 두 항 사이의 조화로 정의된다는 것은 사실이다. 위의 예들
   을 통해 우리는 공명을 유아기의 사건과 성인기의 사건 사이에서 일어나는 조
   화로 기술하였다. 그러나 들뢰즈의 독창성은 이러한 조화 내지 공명이 가능하
   기 위한 근거에 관한 물음을 던지고, 그 근거로서 〈차이 자체〉를 발견했다는
   것이다. 이제 보겠지만 두 항의 공명을 가능케 해주는 이 차이 자체는 〈세번
   째 항〉으로 나타나며, 따라서 들뢰즈는 데리다나 프로이트와는 달리 〈삼항 구
   조〉를 통해 사후성의 논리를 이해하려 한다.
9) 들뢰즈는 〈série〉라는 말을 이중적으로 사용하는데, 그것은 계열을 의미하기
   도 하지만, 계열을 이루는 〈항〉을 의미하기도 한다. 따라서 여기서는 문맥에
   따라 이 단어를 계열 또는 항으로 번역할 것이다.

공명하는 것은 절대로 유사성에 '의해서가' 아니며 반대로 그들의 차이에 '의해서'이다〉(LS, 266). 유사성은 공명의 조건이기는커녕 차이에 근거한 공명의 결과물이라는 것이다. 〈어떤 경우이건 유사성은 [차이로부터의] 효과, 기능적 생산물, 외적 결과이다〉(DR, 158). 유사성뿐 아니라 이미 인용했듯 경험을 구성하는 모든 개념들 —— 동일성, 차이성, 유비성, 대립 —— 이 경험의 선험적 조건으로서의 차이 자체로부터 발생한다. 〈일단 이질적인 항들[서로 다른 시기의 두 사건] 사이에 소통이 생기면, 모든 종류의 결과물들이 이 체계 안에서 나온다〉(DR, 155). 여기에서는 여러 가지 가운데 〈유사성〉이라는 개념이 어떻게 차이의 결과물인지만을 살펴보려 한다. 유사성에 대한 탐구가 중요한 까닭은, 그것이 〈경험 구성적 개념의 최종 근거로서 차이 자체〉라는 들뢰즈의 근본 주장에 대한 예시이기 때문만이 아니다. 그것이 중요한 것은 들뢰즈가 이 탐구를 통해 프로이트의 사후성의 논리를 계승하면서도, 프로이트와 정반대되는 방향으로 자신의 연구를 이끌어가는 모습을 확인할 수 있기 때문이기도 하다. 우리가 보았듯 프로이트에서는 〈사후적 회귀〉의 조건이 두 항 사이의 유사성이었던 데 반해, 들뢰즈에서는 차이에 의해서 비로소 두 항간의 유사성과 공명이 결과물로서 생산된다.[10]

들뢰즈는 공명 효과를 만들어내는 차이 자체를 루이스 캐럴, 루셀 Reymond Roussel, 조이스, 프루스트 등의 예를 통해 설명한다. 그런데 이 가운데 프로이트의 사후성 논리의 계승자로서의 차이 자체, 그리고 데리다의 차연의 특성이기도 한 〈연기〉 개념을 본질로 삼고 있는 것으로서의 차이 자체의 면모를 보여주고 있는 예는 프루스트밖에 없다.[11] 사후성 논리의 특성은 〈지체 현상〉, 〈거꾸로 된

---

10) 유사성 외의 〈동일성〉을 비롯한 다른 경험 구성적 개념들의 생산에 대해선 1장 5절 참조.

인과성〉, 〈연기〉, 〈사후적 첨가〉, 〈결코 그 자체로 현전한 적이 없었던 과거〉 등으로 표현될 수 있는데, 이런 특성은 사후성의 논리만이 지닌 독특한 시간성에 근거하고 있다. 들뢰즈가 다룬 예들 가운데 프루스트에서의 차이 자체가 사후성의 논리의 좋은 예가 될 수밖에 없는 까닭은 프루스트의 작품에서만 차이 자체가 철저히 〈시간적 차원〉에서 기능하기 때문이다. 따라서 차이 자체가 프로이트의 사후성 논리의 계승자이며, 데리다의 차연과 매우 동일하게 기능한다는 점을 밝혀내기 위해선 프루스트의 경우를 모범으로 삼아야만 한다.

들뢰즈 자신이 직접 프로이트의 이론으로부터 출발해 차이 자체의 개념을 정립하고 다시 그것을 프루스트에 적용하고 있다. 들뢰즈는 이렇게 말한다. 〈프로이트는 '환상'은 적어도 두 개의 계열, 즉 유아적·전생식기적 계열과 성기적·후사춘기적 계열을 기반으로 구성된다는 것을 보였다. …… 우리는 다음과 같은 질문을 제기한다. 어떻게 '연기 retard' 현상을 설명할 것인가? 즉 근원적이라고 가정되는 유아의 장면이 그것의 결과를, 거리를 두고서, 그 유아기의 장면과 유사한 성인기의 장면 속에서만 얻을 수 있도록 하는 그런 필연적 시간〔잠복기의 시간〕을 어떻게 설명할 것인가? …… 그것은 참으로 두 항 사이의 공명의 문제이다〉(DR, 162). 들뢰즈가 매우 독특한 방식으로 프로이트의 사후성 논리를 해석하고 있으므로, 여기서 서로 공명하는 항들이 무엇들인지, 그리고 이 공명을 가능케 해주는 차이 자체가 무엇인지 매우 주의해야 한다. 〈어린 시절의 사건은 두 개의 실재 항들 가운데 하나가 아니다. 오히려 그것은 기본 항

---

11) 들뢰즈의 〈차이 자체〉에는 프로이트적인 〈사후성〉 외에 〈감성에서의 비개념적 차이〉를 함축하기도 하는데, 우리는 이미 1장 1절 「감성에서의 내적 차이와 강도 이론」에서 이것을 다루었다.

들 사이의 소통을 가능케 하는 어두운 전조 sombre précurseur이다.
이 기본 항들이란, 하나는 우리가 어릴 적에 알게 된 성인기의 항
이며, 다른 하나는 우리가 다른 성인들과 어린이들 사이에서 알게
된 성인기의 항이다〉(DR, 162-163). 여기서 세 개의 항이 분류되고
있다. 서로 공명하는 항은 성인기의 두 항이며, 이 두 항을 공명하게
하는 차이 자체, 〈어두운 전조〉라고 불리는 것이 바로 잠재되어 있
던 어린 시절의 사건이다(들뢰즈가 어두운 전조라고 일컫는 차이 자
체는 또 〈볼 수 없고 감각되지 않는 '전조'〉[DR, 156]라고 불리기도
한다). 다시 말해 여기서 공명하는 것은 유아기의 사건과 성인기의
사건이 아니라 성인기의 두 사건이며, 유아기의 사건은 성인기의
두 사건이 공명하게 해주는 차이 자체로 역할한다. 차이 자체와 잠
복기에 대한 이러한 설명을 도대체 어떻게 이해해야 할까?

우선 이 잠복기 이론 또는 연기 이론이 프루스트의 소설에서 세
가지 중요한 사랑의 사건을 통해 어떻게 예시되는지 볼 필요가 있
다. 〈그것은 『잃어버린 시간을 찾아서 A la Recherche du Temps Perdu』
의 주인공의 경우에서와 같다. 어머니에 대한 주인공의 유아기의
사랑은 성인기의 두 항, 즉 오데트에 대한 스완의 사랑과 성인이
된 주인공의 알베르틴에 대한 사랑이 소통하기 위한 동인 agent이
다. …… 확실히 어린 시절의 사건은 오로지 연기와 더불어서만 작
동한다. 그것은 연기로서 '존재한다 Il est ce retard.' 그러나 이 연기 자
체는, 이전과 이후가 공존하게 하는 시간의 순수 형식이다〉(DR, 163).
〈이전〉이란 스완과 오데트의 사랑을 말하며, 〈이후〉란 주인공 스스
로가 겪은 알베르틴과의 사랑이다. 이 두 개의 성인기 항을 서로
유사하게 만들고, 그리하여 하나의 사랑의 계열이 형성되도록 해주
는 것이 바로 주인공이 유아기에 겪은 사건, 즉 어머니의 키스 거
부라는 실패한 사랑의 사건이다. 이 유아기의 사건이 있기 때문에

두 개의 실패한 사랑의 사건(스완-오데트, 주인공-알베르틴)은 유사한 것으로서 서로 공명하게 되는 것이다. 이 예로부터 우리는 다음과 같은 세 가지 핵심적 논점 —— ① 사후성, ② 차이 자체의 초월적 transzendental 지위, ③ 프로이트의 집단 심리학의 영향 —— 을 이해해야만 한다.

① 프로이트와 데리다를 통해 설명했듯 잠재된 과거는 주체에게 단 한번도 현전했던 적이 없던 과거로서 사후적으로 현재의 사건 속에서만 의미를 지니는데, 이 연기의 논리를 들뢰즈는 자기 나름의 독창적인 방식으로 해석한다. 비현전적 과거(유아기의 사건)는 〈연기〉된 채 잠복기를 거쳐, 두 개의 사건, 즉 스완의 사랑과 주인공의 사랑을 서로 유사하게 만들어주는 〈근거〉로서 사후적으로 기능한다. 이런 구조에 맞추어 엠마의 사례를 다시 분석해 보면 그것의 의미가 훨씬 더 잘 드러난다. 엠마는 자신이 상점에 들어가지 못하는 이유를 열두 살 때 옷 가게 점원들이 자신을 보고 웃었기 때문이라고 말한다. 이 두 사건을 연관시켜 주는 것이 무엇인가? 바로 어린 시절(여덟 살 때)의 추행 사건이다. 여덟 살 때의 사건은 이처럼 사후적으로, 두 사건을 연관시켜 주는 기능을 한다. 잠재된 사건, 연기된 사건의 사후적 효력을 통해서만 비로소 〈경험 세계의 인과 법칙이 구성〉되는 것이다. 즉 엠마는 점원이 옷을 보고 웃었기 〈때문에〉 광장 공포증을 가지게 되었다고 경험을 인과율적으로 구성할 수 있게 된다. 프루스트의 주인공도 마찬가지다. 그에게 알베르틴과의 사랑의 실패는 오데트에 대한 스완의 사랑의 실패의 반복으로 이해된다(〈결국, 곰곰이 생각해 보니, 내 경험의 재료는 스완에게서 비롯되었다〉[12]). 두 사건 사이의 이런 경험적 연관 혹은 〈경험

---

12) M. Proust, *À la recherche du temps perdu*(Paris : Gallimard, Pléiade 문고, 1987), t. Ⅲ, 915쪽.

적 유사 관계〉를 가능케 해주는 것이 바로 사후적으로 효력을 발휘하는 유아기의 잠재된 사건이며, 이런 뜻에서 그것은 경험을 가능케 해주는 근거로서의 지위를 가지는 것이다.

② 그런데 들뢰즈는 이 사후적으로 기능하는 유아기의 사건을 가리켜 바로 〈차이 자체〉라고 부른다. 마치 차이가 어떤 실체적인 것인 양, 유아기의 사건 자체를 가리켜 차이라고 부르는 데서 우리는 이해의 어려움을 느낄 수도 있다. 왜냐하면 보통 차이란 말은 두 항 사이에서 성립하는 것으로 이해되지 하나의 항 자체를 일컫는 말로 사용되지는 않기 때문이다. 그런데 사실 들뢰즈의 차이 자체도 바로 이런 이해와 다르지 않다. 우리의 경험 가운데 현전하는 것은 오로지 성인기의 두 항이다. 그리고 공명이란 앞서 정의했듯이 이질적인 두 항 사이의 조화이다. 즉 공명은 정의상 〈동일한 것으로 환원되지 않는 독립적인 두 항〉을 필요로 한다. 성인기의 두 사건(스완의 사랑과 주인공의 사랑)은 어떻게 이런 서로 다른(차이를 지닌) 독립된 두 항으로서 〈경험 가운데〉 현전하는가? 바로 사후적으로 도래한 유아기의 사건(어머니의 저녁 키스 거부)에 의해서이다. 유아기의 사건은 지금 주체에게 현전하는 것이 아니라 성인기의 두 항이 서로 차이를 지닌 채 주체에게 현전하도록 해주는 조건이다. 이런 점에서, 즉 그 자체는 현전하지 않으나 다른 두 항의 현전의 조건이라는 점에서, 그것은 〈볼 수 없고 감각되지도 않는〉 전조라 불리는 것이다. 그리고 바로 그 사후적으로 도래한 유아기의 사건으로 인하여 성인기의 두 항이 주체의 경험 속에서 서로 다른(즉 차이를 지닌) 두 항으로 주어지게 됨으로, 그것은 경험의 〈초월적 근거〉인 것이다. 즉 〈〔유아기의 사건에서의〕 어머니는 …… 우리의 경험이 시작하는 방식 …… 으로서 나타난다〉(PS, 113). 어머니의 저녁 키스 거부는 주인공의 성인기 경험을 구성해 주는 근거의 자격

을 가진다. 이렇듯 경험상에서 성인기의 두 사건이 차이를 지닌 채 주어지도록 해준다는 점에서, 초월적 차원에 놓여 있는 유아기의 사건은 이 경험적 사건들이 주어지는 양태를 결정하는 〈차이 자체〉라 불린다. 경험적 관점에서 그것은 유아기에 겪은 하나의 사건이지만, 초월적 관점에선 경험적 항들간의 차이이다.

  그런데 차이 자체로 인하여 출현한 두 항이 일으키는 경험상의 실재적 효과는 바로 공명이며, 그 공명이란 개념적으로 표현하면 〈유사성〉의 생산이다. 가령 플라톤이라면 경험적 항들의 유사성은 초월적 층위에 있는 이데아적 〈동일성〉을 근거로 삼는다고 말할 것이다. 그러나 들뢰즈에게선 모든 것이 정반대이다. 유사성은 항들의 독립성 혹은 항들의 다수성을 전제한다. 그런데 경험적 층위에서 항들이 〈다수〉일 수 있는 까닭은 초월적 층위의 사건이 경험적 항들간의 차이로 기능하기 때문이다(당연하게도 다수는 본성상 그 다수를 구성하는 항들간의 차이를 전제한다). 이런 점에서 차이 자체는 유사성 개념의 탄생 근거로 일컬어지는 것이다. 경험적 유사성의 근거로 (이데아의) 동일성을 내세웠던 플라톤주의에 맞서, 차이를 경험적 유사성의 근거로 정초시키고자 하는 들뢰즈의 의도는 다음 구절에 잘 나타나 있다. 〈확실히 공명하는 항들 사이에는 언제나 유사성이 존재한다. 그러나 문제는 이것이 아니다. 오히려 문제는 이 유사성의 지위, 위치 속에 존재한다. 다음의 두 정식을 살펴보자. '오직 유사한 것만이 다르다.' '오직 차이들만이 서로 유사하다.' 이 둘 가운데 하나는 상사성이나 전제된 동일성에서 출발해 차이를 사고할 수 있도록 해주는 반면 다른 하나는 상사성이나 동일성을 근본적인 차이 disparité의 산물로 사고할 수 있도록 해주는 한에서, 세계에 관한 이런 두 종류의 독법이 쟁점이 된다. …… 유사성이란 내적 차이의 산물 외에 다른 것이 될 수 없다〉(LS, 302). 이처럼 차이 자체는 경험으로 환원되지 않으면서 경험적 개념, 즉 유사성을 가능케 해주는 근거이기에 〈궁극적 차이〉(PS, 72)라 불리기도 하는 것이다. 플라톤에서 근거로서의 동일성(이데아)이 궁극적이라 불렸던 것과 정반대로 말이다.

우리가 위의 ①과 ② ── 즉 〈유아기 사건의 지연성〉과 이 사건의 〈차이 자체로서의 성격〉 ── 와 관련해 주목해야 할 핵심은, 들뢰즈가 자신의 〈궁극적 차이〉를 스스로 데리다의 〈차연〉과 동일시하고 있다는 점이다. 들뢰즈는 『차이와 반복』에서 단 한번 데리다를 인용하는데, 〈차이가 유일한 근원이다〉(DR, 164)라는 자신의 주장을 데리다의 차연 개념을 통해 뒷받침하기 위해서이다. 〈원초적인 것은 연기이다. …… 차연이 근원적이라고 말하는 것, 그것은 그와 동시에 현재적 기원의 신화를 지워버리는 것이다. 이런 까닭에 '말소를 위해 그은 선 아래로' '근원적'이라는 말을 이해해야 한다. 그렇지 못할 경우 우리는 차연은 충족적인 근원으로부터 파생되었다고 잘못 이해할 것이다. 결국 비-기원이 근원적이다〉(ED, 302-303 ; DR, 164). 데리다의 차연은 현전하는 것에 대해 이차적이거나 파생적인 것이 아니라 바로 그 경험적 현전 자체를 가능케 해주는 근원적인 것이며, 바로 이런 뜻에서 들뢰즈의 차이도 이와 같은 식의 근원성을 가진다. 아울러 사후성의 논리로서 차연과 차이는 뒤늦게 기원을 첨부한다는 의미에서, 이데아와 같은 초월적 실재성을 가지지 않는, 〈비-근원적 근원〉인 것이다.

③ 마지막으로, 어머니에 대한 유아기의 사랑이 하나의 궁극적 근거로서 스완의 사랑과 주인공의 사랑을 유사성 개념을 통해 엮어준다는 것, 즉 하나의 초개인적 계열로 만들어준다는 것은 무엇을 의미하는가? 〈각각의 사랑이 모여 하나의 특정 계열을 형성할 뿐만 아니라, 다른 한편으로 사랑의 계열은 우리의 경험을 초월하고 다른 경

100

험들과 연결되며, 주관을 초월해 있는 실재를 향해 열린다〉(PS, 112). 개인적 주관을 초월해 있는 실재란 인류의 본성을 말한다. 〈궁극적으로 사랑의 경험은 인류 전체를 경험하는 것이다. 여기에는 개체를 넘어 전체를 관류하는 어떤 유전적인 흐름이 있다〉(PS, 113-114). 유아기의 사건이 만들어내는 공명 활동을 통해 주인공은 〈스완이 주인공의 선배 역할을 한다〉(PS, 112)는 것, 즉 알베르틴에 대한 자신의 사랑의 실패는 스완의 사랑의 반복이라는 것을 깨닫는다. 다른 말로 하면, 개인을 넘어서 전 인류의 보편적 경험으로서의 사랑, 즉 실패로 귀결될 수밖에 없는 사랑의 본질을 이해하는 것이다. 여기서 다시 우리는 프로이트의 그림자와 만난다. 『토템과 터부』 및 『인간 모세와 일신교』를 통해 프로이트가 말하려고 했던 바는 바로 무의식이란 개인에 한정되지 않는 〈유전적 흐름〉 같은 것으로서 잠복기를 거치면서 인류의 전 역사를 통해 끊임없이 반복된다는 것이다. 프로이트는 이렇게 말한다. 〈진정 무의식의 내용물은 어떤 경우든 인류의 집단적·보편적 재산이다. …… 결국 우리는 태곳적의 심적 침전물은 〔계속〕 새로운 세대로 전달되는 유산 같은 것이 되었다는 것, 획득의 대상이 아니라 각성의 대상이라는 가정을 받아들여야 했다〉(GW, XVI, 241). 무의식은 개인적인 것이 아니라 인류 전체의 보편적·집단적인 것이며, 수많은 세대를 매개로 잠복기를 거치며 반복적으로 각성되는 것이다. 들뢰즈가 말하는 사랑의 경험도 마찬가지다. 사랑은 초개인적인 것으로서 세대들(스완, 주인공)을 가로지르며 반복해서 각성된다. 동떨어진 개인의 경험들을 인류 공통의 사랑의 계열로 연결시켜 주는 것이 바로 사후적으로 작용하는 차이 자체(유아기의 사건)의 역할이다.

이처럼 〈연기〉, 〈잠복기〉, 〈사후성〉의 논리를 그 본질로 삼고 있다는 점에서 데리다의 차연과 들뢰즈의 차이 자체는 매우 유사하다. 그리고 우리가 보았듯 이 모든 개념들의 배후에는 바로 프로이트가 선구자로서 자리 잡고 있는 것이다. 그런데 우리는 오로지 『앙띠 오이디푸스』(1972) 이전의 들뢰즈와 관련해서만 이러한 비교를 할 수 있다는 것도 알아두어야겠다(이 장의 주 1 참조). 이미 보았듯 잠복기는 연기의 논리의 불가결한 조건이다. 잠복기가 없다면 기억 흔적은 사후적으로 도래하여 효과를 발휘할 수 없는 까닭이다. 그런데 『차이와 반복』(1968)에서는 프루스트의 유년기 체험, 즉 어머니의 저녁 키스 거부를, 잠복기를 거쳐 성년기의 두 사건을 공명시키는 기억 흔적, 즉 사후적으로만 효력을 발휘하는 차이 자체로 기술했으면서도, 『앙띠 오이디푸스』에 와서 들뢰즈는 잠복기의 논리를 정면으로 이렇게 부정한다. 〈확실히 이 잠복기는 정신 분석의 가장 큰 속임수이다〉(A, 95). 잠복기에 대한 부정은 곧 사후성의 논리 자체에 대한 부정이다.

잠복기를 부정한다는 것은 무슨 뜻인가? 잠복기 이론에 대한 들뢰즈의 비판은 잠복기 개념에 힘입어 형성된 프로이트의 수많은 이론 가운데 거의 오이디푸스론에 제한되며, 따라서 잠복기를 부정한다는 말 또한 이런 배경 아래서 이해되어야 한다. 다음 장에서 자세히 다루겠지만, 그것은 잠복기를 오이디푸스 형성의 본질적 계기로 이해하고 오이디푸스를 — 니체적 의미에서 — 힘(욕망)의 반응적 형태, 즉 힘이 억압되고 왜곡된 결과로 이해한다는 뜻이다. 잠복기와 그 결과로서 갖게 되는 오이디푸스는 정상적인 인간 욕망이라면 피할 수 없이 겪어야 하는 운명이 아니라, 욕망을 억압하는 파시스트적 기제라는 것이다. 가령 우리는 『인간 모세와 일신교』에서, 프로이트의 잠복기 이론이 어떤 점에서 오이디푸스와 관련을 가지며 또 왜 파시스트적인지 드러내주는 진술들을 집어낼 수 있다.

모세는 〈위대한 인간〉이다. 〈위대한 인간이란 그의 인격과 그가 내세우는 이념이라는 두 가지 방법으로 추종자들에게 영향을 끼치는 자〉라고 정의된다(GW, XVI, 216 참조). 발생적 측면에서 보자면, 위대한 인간은 아버지의 변형이다. 즉 〈우리가 위대한 인간에게 부여하는 모든 특성은 아버지의 특성〉(GW, XVI, 217)이다. 이미 본 대로 이 위대한 인간에 대한 증오와 살해, 기억 흔적으로 잠재되어 버리는 살해 사건, 잠복기 동안의 가책과 죄의식, 그리고 궁극적인 사후적 복종이 프로이트가 서술한 집단 욕망의 오이디푸스적 형성 과정이다. 그러므로 원초적 아버지의 유사 개념 또는 상관 개념이라 할 수 있는 위대한 인간은 그 개념을 상정하지 않고는 욕망의 오이디푸스적 형성을 기술할 수 없다는 점에서 프로이트 이론에서 공리적(公理的) 지위를 차지한다.

그렇다면 이토록 근본적인 개념인 위대한 인간은 어떤 근거에서 정당화되는가? 프로이트는 말한다. 〈우리는 위대한 인간이 왜 그렇게 중요한 것인가 의문을 품을 만큼 몽매하지는 않다. 우리는 인간 집단에는 숭배될 수 있는 권력자에 대한 강렬한 욕구가 있다는 것을 알고 있다. 사람들은 그 앞에서 고개를 숙이고, 그것에게 지배를 받든 학대를 받든 간에 강력한 권력자를 필요로 한다〉(GW, XVI, 216-217). 민중의 욕망이 그 본성상 한 사람의 〈위대한 개인〉에 대해 예속적이라는 주장을 손꼽히는 학자가 아무런 수치심도 느끼지 못하고 이처럼 뻔뻔스럽게 내세운 경우도 인류 역사상 드물 것이다. 학대든 지배든 가리지 않고 권력에의 예속을 갈망한다는 것을 욕망의 본성으로 보고 있다는 점에서 프로이트는 분명 파시스트 이데올로그라는 혐의에서 자유로울 수 없다. 『인간 모세와 일신교』에서 프로이트의 잠복기 이론이 이론으로 성립할 수 있기 위해 불가결하게 요구되는 개념인 위대한 인간은, 이처럼 인간의 욕망이 예속적 본성을 가지고 있음을 상정하지 않고는 인정될 수 없는 개념이다. 이 저작에서 잠복기 이론은 온통 두 개의 핵심축, 즉 〈위대한 인간 Der große Man〉과 그에 예속되고자 하는 〈이스라엘 백성 Das Volk Israel〉이라는 두 개념에 기대고 있는 것이다. 들뢰즈가 말하는 〈역사와 정치에 있어서 정신 분석의 수치스러운 점〉(A, 121), 즉 〈위대한 인간과 대중을 등장시키는 수법〉(A, 121)의 원형이 바로 여기서 발견된다. 프로이트를 응용한 역사 이론은 〈역사는 이 두 요소, 두 꼭두각시, 즉 위대한 갑각류 동물과 미친 무척추 동물과 더불어 이루어진다〉(A, 121)라고 말한다. 히틀러와 독일 국민의 만남, 또는 루터와 16세기 기독교도들의 만남 같은 것 말이다(A, 121-122 참조). 결국 위대한 독재자와 그에 대한 복종을 갈망하는 민중을 등장시키는 이러한 응용 정신 분석학을 통해 역사 법칙은 체제 순응적인 이데올로기가 되어버리고 마는 것이다.

사실 잠복기, 사후성, 사라지지 않는 무의식 속의 기억 흔적 등에 관한 비판은 이미 『니체와 철학』(1962)에서부터 예고되고 있었다. 니체와 더불어 들뢰즈는 〈무의식 체계 속의 영속적이며 변함없기까지 한 흔적〉(NP, 128)을 비판한다. 니체의 관점에서 볼 때, 사후적으로 효과를 발휘하는 프로이트의 기억 흔적 혹은 트라우마는 〈적극적〉 힘과 반대되는 〈반응적〉인 것이다. 〈니체는 어떤 것을 잊지 못하는 무능력, 아무것도 잊을 수 없는 이 능력, 그리고 이 능력의 근본적인 반응적 본성을 강조한다〉(NP, 132). 구체적으로 잠복기를 거친 기억 흔적의 사후적 도래는 니체적 의미의 〈원한〉 개념을 특징짓는다. 〈원한의 인간을 특징짓는 것은, 기억 흔적이 의식에 침입하는 것, 기억이 의식 자체에 떠오르는 것이다〉(NP, 131). 그리하여 이제 들뢰즈는 사라지지 않는 흔적, 트라우마와 대립하여, 적극적 힘인 〈망각 능력〉을 찬양한다(〈이 초의식적인 적극적 능력은 망각 능력이다〉〔NP, 129〕). 초기에 씌어진 니체에 관한 이러한 페이지들은 훗날 들뢰즈가 잠복기와 사후성의 논리를 완전히 폐기하고, 적극적 힘과 망각의 관점에서 〈고통〉, 〈상처〉 혹은 트라우마의 문제를 새롭게 다룰 것임을 암시하고 있다. 매우 흥미로운 탐구 대상이 될 것이 분명한 이 주제는 다음 장의 일부를 이룰 것이다.

3 일의성의 존재론, 그리고 오이디푸스 비판
들뢰즈의 니체적 배경

첫 저작을 내놓은 후 들뢰즈는 9년간의 긴 휴지기에 들어간다. 많은 사람들이 의아하게 생각하는 이 유명한 기간 동안 그는 몇 편의 서평, 짧은 글들, 아주 적은 수의 논문 외에는 아무것도 쓰지 않았다. 그 자신이 표현하듯 〈어떻게 벽을 뚫고 나감으로써 머리를 그만 부딪히게 할 것인가〉(P, 189)라는 암중모색이 9년간의 공백을 휩쓸고 지나갔다. 때로 독창적인 사상의 탄생은 칸트의 11년과도 같은 긴 침묵을 요구하는 것이다. 그러고 나서, 9년 동안 이 노름꾼의 손안에서 은밀히 데워진 주사위가 비로소 책의 형태로 철학의 테이블 위에 던져졌는데, 놀랍게도 그것은 적어도 겉보기에는 철학적 파괴력을 지닌 독창적인 〈물건〉이라기보다는 한 선배 철학자를 꼼꼼히 연구한 겸손한 해설서에 지나지 않았다. 그러나 세상과 철학을 수술할 비판의 칼들은 그 안에 이미 다 들어 있었으니 그것이 『니체와 철학』이다.

들뢰즈 철학은 어떤 의미에서, 그리고 얼마만큼 니체의 가르침에 빚지고 있는가? 들뢰즈가 니체에게 받은 영향은 공개적이면서 지속적이고 또 전면적이다. 공개적이라 하는 까닭은 들뢰즈 자신의 이름을 고유 상표로 붙인 이론들과 개념들(가령 〈차이〉와 〈반복〉)이 니체 사상을 연구하는 가운데 탄생했다는 사실을 『니체와 철학』이 소상히 기록하고 있기 때문이다. 또 지속적이고 전면적이라 하는 까닭은 『차이와 반복』, 『의미의 논리』 등을 거쳐 뒷날의 『앙띠 오이디푸스』에 이르기까지 그의 철학적 경력 전체를 통해 출현한 다양한 사상들이 『니체와 철학』에서 이루어진 니체 해석 속에서 이미 완성된 형태로 발견되기 때문이다. 들뢰즈는 이후 자신의 주요 저서들을 통해 써내려 갈 모든 독창적인 주장들을 이미 니체의 이름으로 기록하고 있다. 그러므로 들뢰즈가 어떤 의미에서, 그리고 얼마만큼 니체의 영향을 받았는가에 관한 탐구는 다음 두 가지 질문을 단계적으로 풀어나가는 방식으로 이루어져야 할 것이다. 〈들뢰즈는 니체의 텍스트를, 그러므로 니체의 고유한 개념들과 이론들을 어떻게 해석하는가?〉 그리고 〈니체에 대한 그 해석은 이른바 들뢰즈 자신의 철학이라는 것과 어떤 연관을 맺고 있는가?〉 이 장에서 우리는 들뢰즈 철학의 가장 비옥한 영토를 이룬다고 생각되는 대표적인 두 영역에서 니체가 뿌리고 들뢰즈가 거두어들인 수확을 살펴보려 한다. 차이와 반복, 그리고 일의성(一義性, univocité)의 이론이라고 요약될 수 있는 〈존재론〉과 자본주의 및 식민주의를 포괄적으로 사냥하는 〈오이디푸스 비판〉이 그 두 가지이다. 들뢰즈가 이 두 광야를 가로지르며 니체라는 나침반을 들고 어떻게 길을 찾아나가는지 보게 될 것이다. 백 년 전에 사라진 니체의 목소리는 한 창조적인 계승자의 텍스트 속에서 다시 무섭게 천둥 친다.

1 들뢰즈의 존재론과 니체 : 차이와 반복, 존재의 일의성

1 존재자들의 차이와 반복

우리가 보게 될 것은 들뢰즈 존재론의 핵심 개념인 존재 l'Être의 〈일의성〉 및 개별자(존재자 l'étant)들의 〈차이〉와 〈반복〉이, 니체의 〈힘의 의지〉와 〈영원 회귀〉에 대한 연구로부터 탄생했다는 점이다. 『차이와 반복』에 제한된 논의가 되겠지만 들뢰즈가 이런 존재론적 개념들을 확립하는 데에는 그의 또 다른 중요한 스승인 스피노자조차도 니체만큼 관여하지는 못했다(이 점은 후에 스피노자의 일의성 개념이 니체에 의해 어떻게 극복되고 완성되는지 살펴보면서 확인하게 될 것이다).

(1) 개념적 차이와 개념 없는 차이

들뢰즈가 자신의 존재론을 통해 하고자 했던 유일한 작업이란, 철학사 구석구석을 뒤지며 어떻게 서양 철학의 대표적 사유 모델들이 〈차이 자체〉를 은폐하여 한낱 〈개념적 차이〉로 만들었는가를 추적하는 것이라고 해도 과언이 아니다. 가령 동일성과 유사성 개념은 차이를 동일자에 귀속된 것으로 표상하기 위한 개념적 장치 역할을 해왔다. 플라톤 형이상학의 세 가지 항인 이데아, 모사물 copie, 시뮬라크르 simulacre의 경우를 보자. 모든 개별자들의 모형(母型)이자 원인인 이데아는 저 스스로는 규정을 받지 않는 〈동일적인 것〉이다. 개별적 존재자들은, 그것들을 규정해 주면서 저 스스로는 규정에서 벗어나 있는 그런 동일자에 종속될 때 이성적 사유의 대상이 된다. 이데아에 종속됨으로써 이성적 사유의 대상이 되는 개별자를 〈모사물〉이라 일컫는다. 그런데 동일적인 것(이데아)에 대한 개별자의 종속은 무엇을 통해서 보장받는가? 바로 〈유사성〉이다 (DR, 342 참조). 이성적 사유의 대상이 되는 개별자는 이데아를 나 눠받음〔分有〕으로써 어떻게든 이데아와 유사한 면모를 가지고 있 어야만 한다. 유사성은 개별자를 동일자에 종속시키는 매개 역할을 해왔으며 이런 뜻에서 언제나 동일성 개념은 유사성 개념과 상보적 이다. 플라톤의 변증법은 개별자들을 유사 개념의 매개에 따라 동 일성 또는 전체성에 귀속시키는 운동인 것이다.[1] 반면에 널리 알려 진 대로 이데아와 유사 관계를 맺지 못하는 것들, 즉 이데아의 적 자(嫡子) 자리를 차지하지 못하는 것들이 있으니 그것이 바로 시뮬 라크르이다. 〈모사물은 〔이데아와〕 유사성을 지닌 이미지이며 시뮬 라크르는 유사성을 지니지 못한 이미지이다〉(LS, 297). 모사물이 이 데아에 대해 가지는 차이, 혹은 모사물들 사이의 차이는 이데아와의 유사성이라는 〈개념적 표상을 매개로 한 차이〉이며, 이런 뜻에서 동일적인 개념(이데아)에 귀속되어 있는 차이, 즉 〈개념적 차이〉라 부른다. 반면에 원인이자 근거로서의 동일성(개별자의 근거로서의 이 데아)과, 이 동일적인 개념에의 개별자의 귀속을 표현해 주는 유사성 에 의해 매개되지 않은 존재자들(시뮬라크르들) 사이의 차이는 〈차이 자체〉, 〈개념 없는 차이, 매개되지 않은 차이〉(DR, 38)라 부른다.

그러므로 들뢰즈 존재론은 〈서로 다른 두 가지 차이〉의 대립에 서 출발하고 있다고 말할 수 있다. 비판적인 의도에서 그는 〈우리 가 차이를 개념적 차이로 규정한다면, 우리는 차이의 개념을 충분 히 명확하게 한 것이다〉(DR, 40-41)라고 말한다. 다시 말해 차이를

---

1) 플라톤의 변증법에 대해선 『심포지엄』, 210a-211c 참조. 이 텍스트는 하나의 아름다운 육체(개별자)에서 아름다운 것 자체(동일적인 것, 이데아)로 상승하 는 변증법적 과정을 그리고 있는데 이 과정이 〈유사 관계〉에 의해 지탱되고 있음을 잘 보여주고 있다.

오로지 개념적 차이로 보고자 한다면 플라톤, 헤겔 등 고전 철학의 많은 사유 모델들이 보여준, 표상에 의해 매개된 차이만으로 만족할 수 있는 것이다. 그러나 그런 식으로 〈우리가 차이를 개념 일반에 집어넣는 한, 우리는 차이(만)의 독특한 관념을 가지지 못하고 표상에 의해 이미 매개된 차이의 요소와 더불어 머물게 된다〉(DR, 41). 이와 반대로 들뢰즈 존재론의 기획 전체는 바로 이런 표상적 사유의 대상이 되지 않는 차이, 표상을 매개로 삼지 않는 차이, 〈개념적 차이가 아니라 개념 없는 차이〉가 어떻게 가능한가를 사유하는 것이다.

들뢰즈 존재론을 결산하고 있는 『차이와 반복』은 〈차이 자체〉를 표상으로, 즉 개념적 차이로 환원하는 장치들을, 동일성, 유사성, 대립(부정), 유비의 네 가지로 정리하고 나서, 이들과 결별해 〈차이 자체〉를 사유할 수 있는 길을 열어주고 있는데, 이러한 작업 전체의 뼈대는 바로 그가 니체의 철학을 공부하면서 얻게 된 것이다(단 『니체와 철학』에선 〈차이 자체〉를 〈개념적 차이〉와 구별하는 등의 세심한 개념상의 손질은 아직 이루어지고 있지 않다). 『니체와 철학』에서는 네 가지 개념적 장치가 다 다루어지는 것은 아니고, 〈대립(모순 혹은 부정)〉 개념만이 주된 비판의 표적이 된다. 그러니까 들뢰즈는 니체가 어떻게 대립이라는 개념적 장치로부터 벗어나 차이 자체를 사유할 수 있는 길을 열어주는지 배우고 있는 것이다. 차이를 동일자에 종속시키는 장치로서의 대립은 물론 변증법적 개념으로서의 대립을 말한다. 〈변증법이 저지른 긴 왜곡의 역사는 헤겔에서 정점에 이른다. 그 왜곡이란 차이의 놀이를 부정성(否定性)의 노동으로 대체하는 데서 성립한다〉(DR, 269). 변증법은 처음에는 서로 차이 나는 것들, 즉 대립적인 것을 제시하지만 결국엔 부정의 부정, 정반합의 운동을 통해 차이를 동일적인 것, 전체성에 종속시키는 작업이라는 것이 들뢰즈의 생각이다. 〈헤겔에서의 모순은…… 차이를 동일성으로 되돌아오게 한다. 그리하여 동일성을, 차이가 존재하고 사유되기 위한 충분〔조건〕으로 만든다〉(DR, 338). 들뢰즈의 니체 연구에서 가장 기본적인 뼈대란, 궁극적으로 차이를 동일자에 종속시키는 변증법의 〈부정의 부정〉에 대항해, 차이가 차이 그 자체로서 계속 반복되게끔 하는 니체의 〈긍정의 긍정 l'affirmation de l'affirmation〉 개념을 확립시켜 보자는 것이다. 따라서 당연하게도 니체의 유명한 〈긍정〉 개념은 많은 경우 변증법의 부정 개념과의 대립 구도 속에서만 제대로 이해될 수 있다.[2]

(2) 힘의 의지

그런데 차이 자체의 의미를 복원하고자 하는 들뢰즈의 이러한 기획은 구체적으로 니체의 두 가지 핵심 개념인 〈힘의 의지〉와 〈영원 회귀〉의 의미에 대해 철저히 물어나감으로써 달성된다. 힘의 의지란 무엇인가? 다른 철학자들도 마찬가지겠지만 니체의 경우 개념들을 명확하게 정의해 주는 일은 특히 중요한데, 왜냐하면 니체가 사용하는 많은 개념들의 뜻이 그 말의 일상적 용법과는 큰 거리를 가지기 때문이다(따라서 이 글의 논의를 따라가기 위해서는 다음 몇 문단을 통해 정의되는 다소 추상적인 개념들을 잘 새겨두고 있어야 한다). 흔히 〈권력 의지〉라고도 번역되는 힘의 의지 개념은 〈권력의 표상〉(NP, 11)을 추구하는 의지로 오해되어서는 안 된다. 권력의 표상이란 기존 사회에서 모든 사람이 권력으로 인식하고 있는 것,

---

2) 〈만일 우리가 니체 철학이 누구와 대립하고 있는지 발견하지 못한다면, 그의 철학 전체가 추상적이고 잘 이해할 수 없는 것으로 남는다. …… 반헤겔주의가 공격의 칼날처럼 니체의 작품을 가로지르고 있다. …… 니체는 부정, 대립, 모순이라는 사변적 요소를 긍정과 향유의 대상인 '차이'라는 실천적 요소로 대체한다〉(NP, 9-10).

즉 〈주어진 사회에서 통용되는 가치들(돈, 명예, 권력, 명성)〉(NP, 92)
을 말한다. 의지가 이런 권력의 표상을 추구할 때 그것은 〈미리 전
제된 기존 가치들의 존재〉에 순응하는 일, 즉 니체 철학의 주요 과
업인 새로운 가치의 창조에 전적으로 반대되는 〈순응주의 confor-
misme〉(NP, 93) 속에 안주하는 일이다. 〈힘의 의지는 마치 의지가
어떤 동기로 인해서 권력을 원하기나 하는 것처럼 심리학적으로 해
석되어서는 안 된다〉(NP, 168). 그러므로 우선 지적할 수 있는 것
은 힘의 의지는 권력을 지향하는 의지가 아니라 〈각각의 힘 안에
있는 의지〉 혹은 〈힘이 지닌 한 측면〉이라는 점이다.

　니체 철학에서 하나의 힘은 결코 고립된 채로 고려될 수 없다.
언제나 〈힘의 개념은 다른 힘과 관계 맺고 있는 어떤 힘의 개념이
다〉(NP, 7). 힘의 의지는 〈이런 힘들을 발생하게(생겨나게) 하는 동
시에 이 힘들간의 관계를 결정해 주는 요소〉라고 정의된다. 『니체
와 철학』에서 이 정의는 다음처럼 수도 없이 되풀이된다. 〈힘의 의
지는 힘과 힘의 관계를 규정하고 힘의 성질을 생산해 내는, 〔힘들 사
이의〕 차이를 만들어내는 요소, 〔힘들의〕 발생론적 요소이다〉(NP, 69).
〈힘의 의지는 〔한 힘을 다른 힘과〕 차이 나게 해주는 동시에 발생하
게 해주는 발생론적 요소이다〉(NP, 56). 〈힘의 의지는 힘의 발생적
요소, 다시 말해 힘들간의 관계 속에서 각각의 힘에 귀결되는 성질
을 생산해 내는 요소이다〉(NP, 59). 또한 힘의 의지는 각각의 힘이
가지고 있는 힘의 한 측면, 혹은 이렇게 말해도 좋다면 힘의 한 기
능이라는 점에서 〈힘을 생성하는 내적 요소〉(NP, 58)라 불리기도
한다. 요컨대 힘에 내재하는 의지(힘의 의지) 때문에 힘이 생겨나며,
동시에 다른 힘과 〈차이가 나는〉 저만의 힘의 〈양〉과 그 양에 상응
하는 저만의 〈질〉을 가진 것으로서 생겨난다.

(3) 적극적-반응적, 긍정적-부정적, 〈법〉의 의미

그런데 앞의 기술은 전적으로 긍정하는 힘의 의지를 묘사한 것일 뿐이다. 힘의 의지가 항상 긍정적인 것은 아니다. 즉 어떤 힘 안에 들어 있는 힘의 의지는 긍정적affirmatif이거나 부정적négatif이며, 힘의 의지가 긍정적일 때 그 힘은 적극적actif이고, 부정적일 때 그 힘은 반응적réactif이다. 〈적극적이거나 지배하는 힘들 속에서와 마찬가지로, 반응적이거나 지배받는 힘들 속에도 힘의 의지가 있다〉 (NP, 60). 즉 적극적과 반응적은 힘의 성질이며 긍정과 부정은 힘의 의지의 활동이다(NP, 60 참조). 〈반응적〉은 어떤 힘이 할 수 있는 바로부터 그 힘이 분리되었을 때의 힘의 상태를 가리키며, 〈적극적〉은 그 힘이 할 수 있는 바가 온전히 유지되었을 때의 힘의 상태를 가리킨다. 의지의 긍정은 힘의 본래적인 모습이 계속 유지되게끔 하며 부정은 힘의 본모습을 왜곡시킨다.

그러면 왜 의지가 힘의 본모습을 부정하는 일이 생기는가? 힘에 대해서 외부적인 〈법loi〉이 힘의 의지를 억압하기 때문이다. 힘을 그 힘이 할 수 있는 바로부터 분리시키는 것 일반을 통틀어 들뢰즈는 〈법〉이라 부른다(NP, 66 참조). 힘을 왜곡시키는 〈법〉에 대한 비판은 들뢰즈 철학의 가장 핵심적인 주제 가운데 하나인데, 그는 사법적 의미의 법, 도덕법, 화학이나 물리학의 법칙 등 여러 다른 맥락의 다양한 법들이 각 분야에서 어떻게 힘의 의지를 억압하여, 그 의지가 힘을 부정하게 하는가, 그리하여 반응적인 힘으로 만드는가를 추적한다.[3] 가령 변증법이라는 사변적 〈법칙〉에서 힘들은 상호 〈부정〉을 통해 각각의 힘들이 할 수 있는 바에서 분리되어 결국 하나의 동일자나 전체성으로 합치되는 결과에 이르게 된다. 변증법만

---

3) 들뢰즈의 법 개념 비판에 대해선 필자의 책, 『차이와 타자 —— 현대철학과 비표상적 사유의 모험』(문학과지성사, 2000), 6장 참조.

이 아니다. 정신 분석의 영역에서 힘의 일종인 욕망을 고려했을 경우, 힘을 그 힘이 할 수 있는 바로부터 분리시키는 법의 개념은 더욱 분명해진다. 프로이트의 분석에 따르면 욕망(힘)을 억압함으로써 그 욕망에 인격적인 형태(아이)를 부여하는 것은 바로 아버지라는 〈법〉이다(뒤에서 자세히 보겠지만 이 법은 근친상간 금지라는 현행법과 공모하고 있다). 그러므로 니체적 견지에서 보자면, 오이디푸스라는 법의 출현을 통해 가족 관계 속에 인격적인 형태로 억압된 욕망은 반응적으로 되어버린 힘에 불과하다. 우리는 벌써 『앙띠 오이디푸스』에서 수행된 들뢰즈의 오이디푸스 비판이 반응적 힘에 대한 니체의 비판에 기반을 두고 있음을 눈치 챌 수 있다. 들뢰즈가 『앙띠 오이디푸스』에서 욕망이라 부르는 것은 사실 욕망을 〈결여 manque〉로 보는 현대 정신 분석학의 어떤 욕망 개념과도 양립할 수 없으며, 오히려 니체의 힘의 의지 개념과 동일한 것이다.[4] 〈니체는 욕망을 힘의 의지라 부른다〉(D, 109)는 말을 통해 들뢰즈는 이 점을 명시한다. 뒤에 자세히 다루겠지만, 니체가 〈긍정하는 힘의 의지〉가 〈부정하는 능력〉이 되는 것을 비판하듯 들뢰즈는 욕망이 오이디푸스라는 억압 장치 때문에 스스로를 부정하게 되는 일을 비판하는 것이다.

(4) 적극적 힘과 차이

그러므로 힘의 의지가 〈긍정〉을 할 때의 힘, 곧 적극적 힘이란 그 힘을 제약하는 법, 즉 그 힘을 그 힘이 할 수 있는 바로부터 분리시키는 법으로부터 독립해 있는 힘이다. 니체는 이렇게 말한다. 〈법은 없다. 모든 힘은 매 순간 뒤에 그것의 결과를 낳는다.〉[5] 〈나는 화

---

4) 우리는 4장에서 보다 구체적으로 들뢰즈의 욕망 개념이 결여로서의 욕망 개념과 어떻게 대립하는지 살펴볼 것이다.

학 법칙[법]에 관해 언급하는 것을 경계한다. 그 말은 도덕적 풍미를 띠고 있다. 오히려 절대적인 방식으로 힘의 관계들을 확증하는 것이 중요하다〉(WM, §630). 억압을 통해 힘에 형태를 부여하는 〈법〉에서 독립해서 힘들이 형성하는 관계를 포착하는 것이 니체의 목적이다. 물론 그러한 힘의 관계는 각각의 힘들 안에 있는 의지가 긍정할 때 나타날 수 있다. 〈요컨대 법은 외부적 강제로서 힘들 사이의 관계를 규정하며, 의지의 긍정은 힘의 내적 요소로서 힘들 사이의 관계를 자발적으로 발생시킨다.〉 즉 〈법〉과 〈긍정하는 힘의 의지〉 둘 다 힘들 사이의 관계를 만들어내는 것이지만, 전자는 힘에 대해 외래적·억압적인 것이며, 후자는 힘 자체로부터 나오는 자발적·발생적인 것이다.[6]

그런데 앞서 보았듯 어떤 힘의 의지가 긍정하는 바는, 그 힘과 다른 힘 사이의 양적 차이 및 그에 상응하는 질적 차이, 즉 〈양자 사이의 관계로서의 차이〉이다. 그러므로 힘들 사이의 〈차이는 긍정 자체의 본질이다〉(NP, 216). 힘이 지닌 의지의 긍정은 본질적으로 힘들 사이의 차이만을 만들어내며, 이처럼 힘의 의지가 긍정일 때의 힘을 적극적 힘이라 부른다. 〈적극적 힘만이 긍정된다. 그것은

---

5) F. Nietzsche, *Der Wille zur Macht*(Leipzig : Alfred Kröner Verlag, 1930), §634(약호 WM). 이 인용의 경우와 같이 니체 사후에 남겨진 조각글을 인용할 때를 제외하곤, 니체 저작에서의 모든 인용은 F. Nietzsche, *Kritische Gesamtausgabe*(Giorgio Colli & Mazzino Montinari hrsg.〔Berlin/ New York : Walter de Gruyter, 1967〕 이하)를 따른다. 따라서 이후 니체 저작의 인용 시 이 전집을 다시 지시하지 않고 원래 저작명과 절 번호(§) 및 그 저작을 수록하고 있는 전집의 권수만을 써준다.

6) 그러므로 니체의 철학 전체를 〈비판 철학〉이라고 특징지었을 때 그 비판의 대상이 무엇인지는 너무나도 분명하다. 그 표적이 되는 바는 모든 종류의 적극적 힘을 반응적 힘으로 만드는 각종 법이며, 비판의 목적은 적극적 힘들의 회복이라고 할 수 있다. 니체의 비판 철학의 본성, 그리고 그것이 칸트류의 비판 철학과는 어떻게 구별되는지는 이 장의 마지막에 보게 될 것이다.

자신의 차이를 긍정하며 자신의 차이를 향유와 긍정의 대상으로 삼는다〉(NP, 63). 힘의 의지의 긍정에서 유래하는, 힘들간의 차이는 어떤 표상적 개념이나 법에 종속된 차이가 아니다. 플라톤에서 개별자들 사이의 차이는 동일자의 개념(이데아) 및 그 동일자와 개별자의 모사 관계를 보증해 주는 유사성 개념에 종속된 개념적 차이였다. 그 차이는 한낱 〈동일성의 개념을 전제한 구별〉에 지나지 않았다. 변증법에서 힘들 사이의 차이는 변증법적 법칙에 따라 상위의 동일자로 귀결되기 위한 과정으로서의 대립이자 모순이었다. 바로 이런 식의 개념적 장치나 법에 종속되는 일 없이, 힘들이 각각의 힘에 내재된 요소(즉 긍정하는 힘의 의지)에 따라 형성하는 관계가 〈차이 자체〉이며, 위에서 니체가 화학의 예를 들며 개념이나 법(법칙)에 의존함 없이 확증하고자 했던 힘들 사이의 관계이다.

그러므로 차이와 반복의 문제는 힘의 차원에서 제기되는 문제임을 먼저 밝혀두어야겠다. 들뢰즈에 있어서 무엇이 서로 차이 나는가, 무엇이 반복되는가라고 물으면 우리는 〈힘〉이라고 대답해야 할 것이다. 〈왜냐하면 대상이란 그 자체 외관이 아니라, 힘의 출현이기 때문이다〉(NP, 7). 물론 이때 대상이란 동일성을 전제하지 않는, 즉 이데아와 같은 동일적인 것에 대해 유사 관계를 가지지 않는 존재자들, 곧 시뮬라크르를 말한다. 이런 맥락에서 때로 들뢰즈는 힘의 의지를 〈시뮬라크르 안의 기능〉(LS, 306)이라 일컫기도 한다. 시뮬라크르(존재자)들이 서로 차이 나게 해주고 그 차이 나는 상태가 반복되도록 해주는 기능을 하는 것은 그 안에 들어 있는 힘이다. 그러므로 존재자들의 차이와 반복은 그 존재자들 안의 힘들의 차이와 반복에서 유래한다고 말해야 한다. 존재자는 힘의 〈출현〉, 힘이 쓰고 있는 〈가면〉에 불과할 뿐이다.

(5) 반복의 의미, 이접적 종합

차이란 힘의 〈내적인〉 요소인 의지의 긍정을 통해 생겨난 힘과 힘 사이의 관계임을 보았다. 그것은 힘에 대해 〈외적인〉 어떤 개념이나 법에도 의존하지 않으므로 〈차이 자체〉, 〈개념 없는 차이〉라 불릴 만하다. 그러면 반복이란 무엇인가? 들뢰즈의 반복 개념은 더하고 뺄 것도 없이 니체의 영원 회귀와 정확하게 동일한 개념이다. 들뢰즈가 니체의 영원 회귀 개념에서 영향을 받아 반복 개념을 만든 정도가 아니라, 문자 그대로 〈영원 회귀는 반복이다〉.[7] 즉 영원 회귀는 니체의 개념인 동시에 이제 들뢰즈 자신의 개념인 것이다. 우선 반복 혹은 영원 회귀로 오인될 수 있는 것이 무엇인지 살펴보자. 영원 회귀가 의미하는 바는 〈계절들의 순환을 일반화한 것에 지나지 않는 평범한 자연적 진리〉(LS, 305) 같은 것이 아니다. 또 〈영원 회귀는 동일적인 것 l'Identique의 되돌아옴을 의미할 수 없다〉(DR, 59). 다시 말해 죽은 사람, 망가진 물건, 지나간 역사상의 시대 등 동일성(정체성)을 가지고 있는 것이 되돌아옴을 의미하지 않는다. 들뢰즈는 영원 회귀를 이렇게 정의하고 있다. 〈영원 회귀는 다양 그 자체의 재생산의 원리, 차이의 반복의 원리이다〉(NP, 52). 풀어서 설명해 보자. 가령 헤겔 변증법의 경우 존재자들 사이의 차이(모순, 대립)는 상위의 전체성에 귀속되기 위한 중간 과정으로서만 존재한다. 또 플라톤의 경우 모든 개별적 모사물들은 궁극 목적으로서 하나의 동일자, 선의 이데아를 지향한다. 이처럼 고전 철학 일반의 사유 모델이란 〈특정한 것으로부터 규칙적인 것으로, 특별한 것으로부터 일반적인 것으로〉(LS, 94), 즉 궁극 목적으로서의 전체성을 향해 가는 개별자들의 운동을 기술하고 있다. 고전 철학의

---

7) G. Deleuze, *Nietzsche*(Paris : PUF, 1965), 40쪽.

존재론이 공유하는 이런 〈위계적 모델〉을 가리켜 들뢰즈는 〈양식
(良識, bon sens)〉이라 부른다. 반면 〈우리는 근원에 있는 전체성도,
목적으로서의 전체성도 더 이상 믿지 않는다. 우리는 변증법적 발
전이라고 하는 김빠진 무미건조함을 더 이상 믿지 않는다〉(A, 50).
들뢰즈에서 존재자들 사이의 차이(개념 없는 차이)는 상위의 동일성
을 향한 목적론적 운동 속에서 지양되지 않는다. 변증법적 운동과
는 반대로, 의지의 긍정이 힘들 사이의 차이에 대한 긍정인 이상
그 힘들 사이의 차이가 영원히 〈반복〉해서 생산될 뿐이다. 의지의
긍정이 생산하는 것은 존재자들(힘들의 겉모습) 사이의 차이 자체이
고 의지의 긍정이 계속되는 한 존재자들 사이엔 차이 나는 상태만
이 계속 반복될 뿐이다. 이런 까닭에 〈반복은 차이를 통해서만 가
능하다〉. 즉 반복은 차이 자체로부터 생산되며 따라서 〈반복은 개
념 없는 차이로 정의된다〉(DR, 24).[8]

그런데 재미있게도 들뢰즈는 이런 반복을 힘들의 〈종합〉이라고
일컫는다. 어떻게 힘들의 차이의 반복을 힘들의 종합이라 말하는
가? 〈차이〉와 〈종합〉은 서로 양립할 수 없는 말이 아닌가? 그러나
그가 종합이라고 말할 때 이것은 〈분리(이접 disjonction)〉, 혹은 〈이
접적 종합 synthèse disjonctive〉을 뜻한다. 서로 차이 나는 상태로만,
서로 이접된(분리된) 형태로만 관계 맺는 힘들은 서로 이접적 종합
을 이루고 있다고 말할 수 있다.[9] 결국 〈종합〉이란 〈차이로 맺어진

---

8) 이런 반(反)변증법적인 차이의 존재론에서도 여전히 어떤 〈동일성〉을 이야기
하고자 한다면, 우리는 존재자들 사이에 계속 차이가 반복되는 그런 상태만이
동일하다고 이야기해야 한다. 즉 〈영원 회귀 속의 동일성은 …… 차이 나는 것
[서로 차이 나는 존재자]을 위해 되돌아오는 사실[상태]을 가리킨다〉(NP, 55).
이것이 동일성 개념에 부여된 새로운 의미인데, 우리는 뒤에 이것을 존재 개
념의 의미와 더불어 보다 자세히 다루게 될 것이다.
9) 이접적 종합의 개념을 가장 쉽게 설명할 수 있는 예는 스피노자의 평행론일

관계〉를 뜻한다. 그런데 존재자들 사이의 차이가 반복되게 하는 것은 그 존재자들의 힘의 의지의 긍정하는 활동이므로 결국 〈영원 회귀는 힘의 의지가 그 원리인 종합이다〉(NP, 56). 〈니체는 힘들의 종합을 영원 회귀로 이해했다〉(NP, 59). 그러므로 니체의 두 핵심 개념인 힘의 의지와 영원 회귀의 관계는 다음과 같이 정립된다. 〈힘의 의지는 힘의 발생적 요소〔힘들을 차이 나는 것으로 발생하게 하는 요소〕인 동시에 힘들의 종합〔이접적 종합〕의 원리이다. …… 이 종합이 영원 회귀를 형성한다〉(NP, 58). 결론적으로 우리는 〈힘의 의지가 수행하는 긍정이 존재자들의 차이를 지속적으로 생산하며, 이러한 차이의 지속적 생산이 영원 회귀, 즉 반복을 형성한다〉고 정리할 수 있다. 이것이 들뢰즈 존재론에서 차이와 반복이 갖는 의미이다.

2 존재의 일의성

(1) 일의성의 의미와 스피노자

그렇다면 〈존재자들의 차이와 반복〉은 〈존재의 일의성〉과 어떤 관련을 갖고 있는가? 존재의 일의성이 뜻하는 바는 존재는 오로지 하나의 의미로만 말해진다는 것이다(DR, 52). 그러므로 일의성의 철학은 아리스토텔레스 이래 서양 철학에서 큰 힘을 행사해 온 〈존재의 유비〉에, 즉 〈존재는 여러 의미로 말해지며 그 의미들 사이엔 유비적 관계밖에 없다〉는 사상에 도전하고 있다. 존재는 항상 하나의 동일한 의미로 말해진다는 주장의 뜻을 쉽게 설명하기 위해서 들

것이다. 인간 존재는 연장의 양태와 사유의 양태로 구성되어 있다. 그런데 둘 사이에는 아무런 인과적인 관련도 없으며, 하나가 다른 하나에 대해서 우월하지도 않고, 서로에게로 환원되지도 않는다. 그러나 오로지 이 둘의 종합만이 인간 존재를 구성한다. 둘 사이의 인과 관계가 부재하는 이러한 종합을 이접적 종합이라 부른다. 이 개념은 다음 장에서 보다 자세히 살펴보게 될 것이다.

뢰즈는 뜻과 지시체를 구별하기 위해 흔히 사용되곤 하는 〈샛별-저녁별〉의 예를 들기도 한다(DR, 52). 샛별과 저녁별은 의미상 서로 다르지만 그 두 가지는 동일한 존재인 금성만을 가리킨다. 즉 샛별도 〈존재하고〉 저녁별도 〈존재한다〉고 말할 때 여기서 〈존재〉라는 말은 오직 동일한 의미(금성)로만 말해진다는 것이다. 〈야곱-이스라엘〉의 예도 마찬가지이다(SPE, 52 참조).[10] 성서 속의 이 인물은 그의 형 에사오와의 관계 속에서는 야곱이라 불리지만 족장으로서는 이스라엘이라 불린다. 여기서 분명 야곱과 이스라엘은 그 의미가 서로 다르다. 그러나 야곱이 〈존재하고〉 이스라엘이 〈존재한다〉고 했을 때 그 〈존재함〉이란 오로지 동일한 한 인물의 존재만을 의미한다. 그러므로 일의성의 철학은, 존재는 늘 한 가지 의미이며, 그 존재가 말해지는 대상(야곱, 이스라엘 등)은 다의적 équivoque이라고 요약할 수 있다.[11] 〈존재가 말해지는 대상은 다의적인 반면 존재 자체는 일의적이다. 이것이 일의성이 의미하는 바이다〉(DR, 388).

들뢰즈의 일의성의 철학이 스피노자를 거쳐 니체에게서 비로소 자신의 완성된 모습을 발견하고 있으므로 당연히 우리의 탐구도 스피노자로부터 출발해야 한다. 스피노자에서 〈신은 자신의 속성들 속에서 스스로를 표현하고, 속성들은 그 속성들에 의존하는 양태들 속에서 스스로를 표현한다. …… 그러므로 신의 유일한 표현적 이름

---

10) 이 예는 원래 스피노자가 드 브리스 De Vries에게 보낸 편지(1663년 2월경으로 추정)에서 온 것이다.

11) 우리가 살펴본 이 예들은 존재의 일의성에 대한 이해를 쉽게 해주지만, 오해를 일으킬 소지도 있다. 금성이라는 존재가 가진 〈이름들〉인 샛별과 저녁별의 서로 다른 의미는, 금성을 샛별로, 아니면 저녁별로 이해하는 인식 주관에 의존하고 있다. 그러나 존재의 일의성에서 중요한 점 가운데 하나는 이름들의 다의성이 결코 인식 주관에 의존하지 않고 〈실재적으로〉 존재에 귀속한다는 것이다. 즉 존재의 일의성은 어떤 〈관념론적 혹은 주지주의적 해석〉도 거부한다(SPE, 52).

들, 신의 유일한 표현들은 속성들이다. 즉 실체와 양태들에 대해 말해지는 공통 형식은 속성들이다〉(SPE, 49). 속성들(연장과 사유)은 서로 〈실질[재]적으로 réellement〉 구별된다. 즉 연장과 사유는 질적으로 qualitativement 서로 다르다. 그러나 이 속성들은 모두 유일한 실체(신)의 표현들, 서로 다른 이름들이다(서로 다른 의미의 야곱과 이스라엘이 유일한 한 인물의 이름들이듯이 말이다). 그런 뜻에서 속성들 각각은 서로 다른 실체들로 구별되는 것이 아니라, 동일한 존재의 서로 다른 이름들로서 형식적으로 구별된다. 그러므로 속성들 사이의 구별은 실질적 구별인 동시에 형식적 구별이다. 즉 속성들은 존재에 있어서 동일하며 형식에 있어서 질적으로 서로 다르다. 〈존재론적으로 일자(一者)이며 형식적으로는 다수라는 것, 이것이 속성들의 지위이다〉(SPE, 56). 그러므로 서로 다른 의미들을 지닌 속성들에게 존재는 오로지 한 가지 의미만을 지닌다. 그런데 이미 말했던 것처럼 양태들(개별자들)은 속성들의 표현이며, 따라서 양태들에게도 존재는 하나의 유일한 실체만을 의미한다. 따라서 우리는 다음과 같이 결론지을 수 있을 것이다. 〈속성들은 실질적으로, 질적으로 차이 나는 의미들처럼 작동한다. 이 속성들은 하나의 동일한 지시체와 관련되듯 실체와 관련된다. 그리고 실체는 그 실체를 표현하는 양태들과 관련해서, 존재론적으로 유일한 의미로서 작동한다〉(DR, 58-59). 속성들은 질적으로 여럿이고 양태들은 수적으로 여럿이지만 그 존재에 있어선 오로지 하나인 것이다. 속성들은 유일한 실체(존재)의 표현이고 양태들은 이 속성에 의존해서만 존재하기 때문이다. 이것이 스피노자의 일의성의 철학이다.

이러한 스피노자의 존재론으로부터 들뢰즈는 존재의 일의성의 의미에 대해 많은 것을 배우고 있다. 그러나 이제 보겠지만 적어도 『차이와 반복』에서 피력된 일의성의 존재론은 니체의 일의성의 철학과만 정확하게 동일시될 수 있을 것 같다.

   (2) 니체의 코페르니쿠스적 혁명, 긍정의 긍정

   어떤 문제점 때문에 스피노자의 일의성의 철학은 니체의 철학을
통해 극복되고 완성되어야만 하는가? 들뢰즈는 스피노자의 문제점
을 다음과 같이 지적한다. 〈〔스피노자의 철학에는〕 실체와 양태들
사이에 어떤 무관심이 존재한다. 즉 스피노자의 실체는 양태들에
대해 독립적으로 나타나는 반면, 양태들은 실체에 의존적이다. 그런
데 양태들은 자신들과 다른 어떤 것에 대해 의존하고 있듯이 실체에
의존하고 있다. 실체 그 자체는 양태들에 '대해서' 그리고 오로지 양태
들에 '대해서만' 말해져야 한다〉(DR, 59). 양태들이 자신들과 다른 것
에 의존하듯 실체에 의존한다는 것은 양태와 실체가 서로 〈다르게〉
존재한다는 것을 의미한다. 실체는 양태들의 존재에 의존하지 않고,
즉 양태들의 존재에 대해 〈무관심하게〉 스스로 존재한다. 이 점을
스피노자는 이렇게 명시하고 있다. 〈존재하는 모든 것은 자기 자신
안에 존재하거나 다른 것 안에 존재한다〉(『에티카』, Ⅰ, 공리 1). 존
재가 그 자신 안에 존재할 때 그것은 실체를 일컫고, 존재가 다른
것 안에 존재할 때 그것은 양태를 일컫는다(SPP, 118). 이처럼 실체
와 양태가 서로 다르게 존재함에도 스피노자의 철학에서 존재의 일
의성을 이야기할 수 있는 까닭은 속성들이 실체와 양태들에 대해서
동일한 의미로 말해지기 때문이다. 〈비록 존재하는 것(존재에 대해
말해지는 것)이 결코 동일하지 않다고 하더라도(실체 혹은 양태들),
존재(속성들)의 일의성이 존재한다〉(SPP, 119). 속성들은 실체의 본
질 essence, 실재성 réalité, 그리고 무엇보다 〈존재 être〉를 표현한다
(SPE, 9 ; 『에티카』, Ⅰ, 정리 10의 주 참조). 이런 까닭에 바로 앞의
인용에서 들뢰즈는, 속성들은 〈존재의 표현〉이라는 뜻으로 〈존재

〈속성들〉)라고 썼던 것이다. 속성들이 실체의 〈존재〉의 표현이고 개별자들(양태들)이 이 속성들에 의존해서만 존재한다면, 당연히 존재는 늘 일의적이다. 그러나 이처럼 존재의 일의성이 손상되지는 않더라도 양태들이 존재하고 〈그와 별도로〉 양태들에 대해 무관심하게 실체가 존재하는 일은 피할 수 없다. 이와 반대로 들뢰즈의 일의성의 철학은 존재가 (실체 자신에 대해서가 아니라) 오로지 양태들에 대해서만 말해질 수 있어야 한다고, 다시 말해 그 자체로 고려된 실체로서의 존재란 한낱 〈환영(幻影)〉에 불과해야 한다고 스피노자에게 요구하는 것이다.[12]

이런 까닭에 들뢰즈의 일의성의 존재론은 〈니체적 코페르니쿠스적 혁명〉이라 불리는 사고방식의 전환을 통해서 비로소 만족스러운 형태로 완성될 수 있다. 이 사고방식의 전환이란 한마디로 양태들(존재자들)의 반복되는 생성, 즉 영원 회귀 자체를 〈존재〉로 이해하는 것이다. 들뢰즈는 이렇게 말한다. 〈이런 조건〔실체(존재)는 양태들에 대해서만 말해져야 한다는 조건〕은 보다 일반적인 범주적 역전, 즉 그에 따라 존재가 생성에 대해, 동일성이 차이 나는 것에 대해, 일자가 다수에 대해 말해지는 그런 범주적 역전에 의해서 충족될 수 있다. 동일성은 제1원리가 아니다. 동일성은 이차적 원리로서, '파생된' 원리로서 존재한다. …… 이런 것이 차이가, 동일적인 것으로

---

12) 그러나 들뢰즈의 이런 요구를 스피노자가 충족시켜 주지 못했기 때문에 그가 스피노자와는 결별하고 니체주의자로만 남았다고 성급히 결론지어서는 안 된다. 들뢰즈의 후기 저작에서 나타나는 스피노자 해석은 위에서 설명한 것과는 뚜렷한 차이점을 보이는데, 여기서는 양태에 대해 무관심하게 존재하는 실체는 긍정되지 않는다. 양태들의 변용에 중심을 두고 스피노자를 이해해 보려는 것이 들뢰즈의 스피노자 해석의 또 다른 면모이다. 우리는 들뢰즈의 이러한 스피노자 해석을 그의 말년 저작을 중심으로 이 책의 「에필로그」에서 다루게 될 것이다.

이미 상정된 어떤 개념 일반의 지배 아래 머무르는 대신, 자기 고유의 개념을 가질 수 있는 가능성을 열어주는 코페르니쿠스적 혁명의 본성이다. 니체가 영원 회귀라는 개념을 통해 의미했던 바가 바로 이것이다. …… 회귀하는 것은 존재이긴 하지만 오직 생성이라는 존재이다. 영원 회귀는 '동일자'를 다시 오게 하는 것이 아니다. 회귀함은 오로지 생성함이라는 동일자를 구성할 뿐이다. …… 차이에 의해 생산되는 그런 동일성은 '반복'으로 규정된다〉(DR, 59). 종래에는 양태로서의 개별적인 존재자들의 생성은 동일성의 원천으로서의 존재(실체)에 의존했다. 그러나 니체의 코페르니쿠스적 혁명은 그것을 거꾸로 세운다. 양태들의 생성이 실체적인 존재에 의존하는 것이 아니라 이제 존재가 생성에 의존한다. 양태들과 〈별개인〉 동일적인 실체로서의 존재란 없다. 오직 양태들로서의 개별자들, 시뮬라크르들의 차이 나는 생성만이 있고, 존재란 이 생성이 계속되는 〈동일한 상태〉를 일컫는다. 생성의 계속됨이 〈반복〉이며 이런 반복이 곧 동일자이고 존재인 것이다. 〈니체는 영원 회귀에서의 반복을 존재로 이해한다〉(DR, 14). 생성의 계속되는 반복을 존재 자체로 이해하고자 했던 니체의 의도는 다음 구절에 명확하게 표현되어 있다. 〈모든 것이 되돌아온다는 것[영원 회귀]은 생성의 세계와 존재의 세계를 최고로 화해시키는 것이다〉(WM, § 617). 생성의 반복이 존재이며 생성과 별도로 어떤 실체적인 존재가 있는 것이 아니다. 〈존재란 없으며 모든 것은 생성 가운데 있다. [혹은] …… 존재는 생성 그 자체라는 존재이다〉(NP, 27).[13]

변증법의 〈그 유명한 부정의 부정에 대항하는 긍정의 긍정〉(225),

---

13) 들뢰즈 텍스트에서 이러한 주장은 수없이 강조된다. 〈생성 외에는 다른 것이 아닌 존재만이 있다〉(NP, 216), 〈영원 회귀[반복]가 존재이다〉(NP, 226), 〈존재로서의 영원 회귀〉(NP, 28) 등.

즉 〈이중의 긍정〉이 의미하는 바도 이런 것이다. 첫번째 긍정은 우리가 살펴본 대로 차이 나는 개별자들의 계속되는 생성을 가능케 하는 힘의 의지의 긍정이다. 그러므로 첫번째 긍정의 결과물은 생성이다. 두번째 긍정은 이 생성을 대상으로 하는 긍정이다. 즉 별도의 동일성을 가진 존재가 있는 것이 아니라 이 생성만이 존재임을 긍정하는 것이다. 〈긍정의 대상으로서의 긍정, 이것이 존재이다. …… 최초의 긍정(생성)은 존재이지만 그것은 두번째 긍정의 대상으로서만 존재이다〉(NP, 214). 이런 뜻에서 존재는 개별자들의 생성이라는 일차적 원리에 뒤따라오는 〈이차적 원리〉일 뿐이다.

(3) 환영으로서의 존재

결국 우리는 들뢰즈의 존재의 일의성 개념을 이렇게 요약할 수 있을 것이다. 〈수많은 목소리를 내는 모든 다수를 위한 단 하나의 동일한 목소리, 모든 물방울을 위한 단 하나의 동일한 대양(大洋), 모든 존재자들 les étants을 위한 존재 l'Être의 단 하나의 함성〉(DR, 388-389). 들뢰즈가 적절히 비유하고 있듯 존재는 〈다수〉의 물방울들(존재자들) 모두로 이루어진 바다이다. 모든 물방울들의 생성 자체가 바다를 이룰 뿐이며 물방울들과 별도로 바다가 존재하는 것이 아니듯, 별도의 실체로서 존재가 있는 것이 아니라 존재자(시뮬라크르)들의 생성 자체가 곧 존재이다. 즉 존재는 모든 존재자들에 대한 하나의 〈환영 fantôme〉(LS, 211), 〈환각 phantasme〉(LS, 306)일 뿐이다. 다양한 의미의 존재자들은 하나의 동일한 존재의 서로 다른 이름들일 뿐이지만, 이 존재는 동일성을 지닌 실체적인 것이 아니라 존재자들이 차이를 지니며 생성되는 상태, 곧 반복을 의미할 뿐이다. 따라서 다양한 서로 다른 의미의 존재자들에 붙는 술어 〈존재한다〉는 결국 〈모든 것은 생성 가운데 있다〉라는 〈단 하나의 동일한 의미〉를 지닌다. 이것이 들뢰즈 일의성의 존재론의 근본 주장이다. 그리고 우리가 보았듯 이러한 존재론적 주장들은 모두 니체에 대한 해석으로부터 탄생했던 것이다. 들뢰즈의 니체 해석과 별개인 들뢰즈 자신만의 철학을 구별하는 일은 불가능하다고 할 만큼 들뢰즈의 뼈와 살과 피에 니체가 스며들어 있다. 우리는 들뢰즈의 오이디푸스 비판에서도 이러한 점을 확인하게 될 것이다.

2 들뢰즈의 오이디푸스 비판과 니체 : 가책 혹은 내면의 식민지

오이디푸스 콤플렉스가 자본주의, 파시즘, 식민주의 등과 맺고 있는 공모 관계를 폭로한 『앙띠 오이디푸스』는 그 새로움과 비판적 파괴력에도 불구하고 기본적으로 니체의 『도덕의 계보학』을 패러디한 작품이다. 니체가 가책 schlechtes Gewissen/mouvaise conscience 이 어떻게 발생하게 되었는가를 기술하고 있다면 동일한 방식으로 들뢰즈는 오이디푸스가 어떻게 발생하게 되었는가를 기술하고 있다. 한마디로 니체의 가책 비판은 들뢰즈의 오이디푸스 비판의 밑그림이요 원천이다. 우선 기본적으로 다음과 같은 지적을 할 수 있을 것이다. 가책은 신 때문에 생겨나고 오이디푸스는 아버지 때문에 생겨나는데, 들뢰즈는 『앙띠 오이디푸스』의 곳곳에서 신의 문제와 아버지의 문제는 동일한 차원에서 접근해야 한다는 점을 명시하고 있다. 가령 다음과 같은 구절들을 보라. 〈아버지의 문제는 신의 문제와 같다〉(A, 128). 〈신, 그건 아빠다〉(A, 143). 〈오이디푸스, 그것은 신과 같다. 아버지는 신과 같다〉(A, 97). 〈신이 죽는지 죽지 않는지, 아버지가 죽는지 죽지 않는지는 결국 같은 것이다〉(A, 126).[14] 그러므로 들뢰즈가 신과 아버지로 인하여 각각 생겨나는 가책과 오이디푸스를 다음처럼 명시적으로 동일시하는 것도 결코 놀랄 일이 아니다. 〈'가책,' 그것을 오이디푸스라 이해하자〉(A, 254).[15]

그런데 신과 아버지는 힘을 반응적으로 만드는 한낱 〈허구〉에 지나지 않는다. 그것이 허구인 까닭은 〈신이나 아버지는 결코 존재한 적이 없었고〉(A, 127), 〈무의식은 언제나 고아였기〉(A, 128) 때문이다. 들뢰즈가 니체를 언급하며 말하듯 신에 대한 신앙(기독교)과 아버지에 대한 신앙(정신 분석학)은 힘을 반응적인 것으로 굴복시키기 위한 허구적인 구조인 것이다(A, 128 참조). 궁금증으로 날을 지새우게 하는 질문들이 솟구치는 것은 바로 이 지점에서이다. 신(기독교)과 아버지가 허구라고 할 때 그것은 어떤 의미에서인가? 그것들이 한낱 허구인데도 적극적 힘은 왜 그것에 굴복하여 반응적 힘(가책과 오이디푸스)이 될 수밖에 없었는가? 그리고 다음과 같은 가장 중요한 질문을 피해 갈 수 없으리라. 어떤 의미에서 오이디푸스는 하나의 〈폭력〉, 보다 정확히는 〈식민지화〉인가? 들뢰즈는 〈오이디푸스는 내면의 식민지 colonie intérieure〉(A, 200)라고 단언하는데,

---

14) 『토템과 터부』에서 프로이트 자신이 이미 신과 아버지의 긴밀한 관계를 지적하고 있다. 〈정신 분석학이 주목받을 만한 것이라 할 때 …… 신의 이념 안에 아버지적 요소가 들어 있다는 점이 가장 중요한 것이다〉(S. Freud, *Gesammelte Werke*, Ⅸ〔Frankfurt: S. Fischer Verlag, 1946〕, 178쪽). (약호 GW. 이 약호 표시 뒤에 로마 숫자로 권수, 아라비아 숫자로 쪽수를 차례로 써준다.)

15) 이런 까닭에 정신 분석학은 기본적으로 하나의 신학이다. 물론 프로이트가 무신론자였다고 반박하는 것은 순진한 생각에 지나지 않는다. 들뢰즈가 마르크스를 인용하며 말하듯 〈신을 부인하는 사람은 '부수적인 일'밖에 하고 있지 않은데, 왜냐하면 그는 …… 인간을 신의 자리에 올려놓기 위해 신을 부인하고 있기 때문이다〉(A, 68). 〈사람들은 〔신의〕 자리와 속성을 지키면서 성스러움과 신성함을 보존한다〉(NP, 197). 신성(神性)은 신에게 있다기보다는 신의 자리에 있다. 그리하여 프로이트의 가짜 무신론에서 〈신의 자리〉는 전복되기는커녕 아버지에 의해 계승된다.

식민지란 다만 가족주의가 욕망을 지배하고 마음에 가책을 심어주는 일을 비유하는 것이 아니다. 오이디푸스가 내면의 식민지라고 할 때 이는 결코 은유가 아니며, 오히려 가족주의를 통한 욕망의 지배와 실재하는 경제 형태로서의 식민지의 공모 관계를 표현하고 있다. 물론 오이디푸스는 유럽인 자신들에게 있어서도 하나의 억압 장치, 마음속 깊이 형성된 식민지이지만(A, 200, 316), 이 글에서는 유럽 자체보다는 비유럽 지역이 유럽인들의 오이디푸스화 작업에 의해 어떻게 식민지화되는지에 중점을 두고자 한다.

1 니체의 가책 비판과 들뢰즈의 오이디푸스 비판

(1) 가책의 정의

가책이란 반응적 힘의 일종으로서, 앞에서 이미 그 정의를 소개한 바 있다. 힘이 그것이 할 수 있는 바로부터 분리되었을 때 그 힘은 반응적이 되는데, 이러한 설명은 곧 가책에 대한 정의이기도 하다. 〈만약 적극적 힘이 그것이 할 수 있는 것에서 허구적으로 분리되는 것이 사실이라면 그 허구fiction의 결과로 어떤 일이 실재로 일어나는 것도 분명 사실이다〉(NP, 146). 어떤 일이 실재로 일어나는가? 여기서 〈허구〉라고 불린 것, 힘을 그 힘이 할 수 있는 바로부터 분리시키는 것은 넓은 의미에서의 각종 억압적인 〈법〉이다. 구체적으로 니체의 가책의 경우를 고려했을 때 그 허구적인 억압 기제는 기독교의 〈원죄〉 개념이요, 그 결과 〈실재로 일어나는 어떤 일〉이란 〈힘이 자신을 배신하는 일〉(NP, 146), 즉 인간 내면으로의 힘의 방향 전환, 바로 내면적 고통, 죄의식으로서 가책의 발생이다. 〈먼저 내재화되는 것, 그것은 적극적 힘이다. 그러나 내재화된 힘은 고통의 생산자가 된다〉(NP, 148). 그러므로 〈가책의 첫째가는 정의는

128

'힘의 내재화에 의한, 내부로의 힘의 투사에 의한 고통의 증대'이다〉
(NP, 147).[16] 이것이 힘의 방향 전환이라는 〈역학적 측면〉에서 내린
가책의 정의라면 〈고통의 유형의 측면〉에서도 가책을 정의할 수 있
다. 가책의 고통은 원죄라는 허구적 장치 때문에 인간이 자신의 현
존 자체에 대해 죄의식을 느끼는 고통이다. 〈너는 원죄를 범했기
때문에 너의 고통을 생산했다〉(NP, 148)고 종교는 말한다. 그러므로
고통의 유형의 측면에서 정의하자면 가책은 〈죄의식의 느낌으로서의
가책〉(NP, 148), 〈잘못의 느낌으로서의 가책〉(GM, Ⅲ, §20)이다.

가책에 대한 이러한 설명은, 가책의 대척지에는 억압되지 않은, 〈외
재화〉되어 있는 힘, 내적 고통이 아니라, 〈외적 고통〉, 죄의식이 아
니라 〈해방〉이 자리 잡고 있음을 암시해 준다. 이러한 적극적 힘의
모습이 어떤 것인지, 그리고 어떻게 해서 이 적극적 힘은 가책으로
변질되는지 그 발생 과정에 대한 자세한 기술은 아래에서 하기로
하고, 이 가책의 정의가 얼마나 오이디푸스의 정의와 정확하게 들
어맞는지부터 보기로 하자.

(2) 프로이트의 오류 추리

우리는 들뢰즈의 다음과 같은 프로이트 비판에서부터 시작해야
할 것이다. 프로이트는 『토템과 터부』에서 이렇게 주장한다. 〈법은
인간들이 자신들의 본능들 중 몇몇 것들의 압력 아래 할 수 있는
것만을 금지한다. 따라서 법이 근친상간을 금지하고 있다는 사실로
부터, 우리를 근친상간으로 몰아가는 자연적 본능이 존재한다는 결
론을 이끌어내야만 한다〉(A, 135에서 재인용). 여기서 근친상간이
가리키는 바는 물론 오이디푸스의 존재이다. 당연한 얘기겠지만 〈나

---

16) F. Nietzsche, *Zur Genealogie der Moral*, Ⅱ, §16 참조(약호 GM ; 전집 15권).

는 내 어머니를 욕망했고 내 아버지를 죽이기를 원했다〉(A, 399)는 두 가지 욕망은 결국 같은 것이기에 어머니와의 근친상간과 아버지에 대한 죄의식은 동전의 양면을 이루며 오이디푸스를 구성한다. 그런데 근친상간을 금지하는 법이 있다는 사실로부터 근친상간이 자연적 본능이라고 결론짓는 프로이트의 주장은 한낱 〈오류 추리〉에 불과하다. 프로이트는 〈마치 억제로부터 억제된 것의 본성을, 또 금지로부터 금지되고 있는 것의 본성을 직접 결론지을 수 있는 듯이 추리하는데〉(A, 136) 여기에는 하나의 속임수가 숨겨져 있다. 들뢰즈가 〈옮겨 놓기 déplacement〉라고 이름 붙인 이 속임수는 이렇게 작동한다. 〈법이 욕망 혹은 ‘본능들’의 영역에서 완전히 허구적인 어떤 것을 금지하고는 자신의 백성들〔본능들〕이 이 허구에 대응하는 의도를 가지고 있었다고 그들을 설득하는 일이 생긴다〉(A, 136). 근친상간을 원하는 것이 욕망의 본질이기 때문에 법이 그것을 금하는 것이 아니라, 있지도 않은 근친상간을 법으로 금함으로써 근친상간에 대해 죄의식을 가지는 욕망이 태어난다. 말하자면 〈억제가 욕망에게 가면을 만들어주고 이 가면을 욕망에게 씌운다〉(A, 138). 법이 욕망에게 〈네가 본래 원했던 것은 네 어머니야〉라고 설득함으로써 이제 욕망은 스스로를 근친상간에 대한 욕망으로 이해하게 되는 것이다. 말하자면 근친상간과는 관계가 없던 처음의 욕망은 사라지고 그 대신 벌받을 준비가 된 욕망이 생겨난다(A, 137). 이와 같이 오이디푸스 콤플렉스는 허구적인 법이 욕망을 변질시킴으로써(옮겨 놓음으로써) 생겨난 것이기에, 〈욕망의 덫〉(A, 195)이며 〈멍에〉(A, 200)이자 〈날조된 이미지〉(A, 137)이고 〈올가미 혹은 왜곡된 이미지〉(A, 137-138)이다.[17]

---

17) 이와 달리 〈〔본래적인〕 욕망은 결코 ‘법’과 관련을 맺지 않는다〉(D, 108). 그런데 왜 법은 욕망을 이처럼 변질시키는 조작을 해야만 하는 걸까? 〈사회적

이처럼 들뢰즈는 니체의 가책에 관한 이론을 그대로 적용해 자신의 오이디푸스 비판의 밑그림을 마련하고 있다. 니체의 가책과 들뢰즈의 오이디푸스는 모두 허구적인 장치들을 통해 〈적극적 힘-욕망〉이 〈반응적 힘-죄의식〉으로 변질된 모습들이다. 들뢰즈는 니체의 가책에 대해서는 〈힘이 자신을 배신하는 일〉이라고 묘사하고, 오이디푸스에 대해서는 〈욕망이 옮겨 놓인다〉라고 말하는데, 이 두 가지 기술은 모두 〈힘이 자신이 할 수 있는 바에서 분리되는 것〉이라는 반응적 힘의 정의를 다시 표현한 것들이다. 원죄의 개념이 마음에 가책을 심어주듯 오이디푸스는 욕망에 죄의식을 심어주며, 이 두 가지 허구는 인간의 본래적인 현존과 죄를 결코 뗄 수 없는 것으로 서로 비끄러매 놓는다. 결국 종교와 정신 분석학에서 동일한 일이 일어나고 있는 것이다.

(3) 오이디푸스 비판은 언제부터 기획되었는가?

들뢰즈 철학의 발전사적 측면에서 다음과 같은 사실을 지적해 두는 것도 중요하다. 들뢰즈가 니체의 이론에 기반을 두어 오이디푸스를 비판해 보고자 한 것은 결코 우연한 착상이 아니다. 그것은 1972년 『앙띠 오이디푸스』를 써낼 무렵에 갑자기 떠오른 생각이 아니다. 이미 들뢰즈는 1962년 『니체와 철학』을 쓸 때부터 프로이트의 오이디푸스가 니체의 가책과 같은 종류의 허구임을 잘 알고 있었다. 『니체와 철학』의 다음 구절은 이 점을 분명하게 보여주면서

생산의 관점에서 볼 때 그러한 조작의 이익은 분명하다. 사회적 생산은 욕망이 가진 반항과 혁명의 힘을 다른 식으로는 쫓아버릴 수 없다. 욕망에다가 근친상간의 왜곡된 거울을 들이댐으로써('아하, 이것이 네가 원했던 거지?') 사람들은 문명이라는 우위의 이익들을 내세우며, 욕망을 부끄러운 것이 되게 하고 …… 출구 없는 상황에 집어넣으며 욕망이 '자기 자신'을 포기하도록 욕망을 쉽게 설득한다〉(A, 142).

『앙띠 오이디푸스』의 전체 주제를 예고하고 있다. 〈반응적 힘들이 승리하는 매 순간에 상응하는 메커니즘들은 프로이트주의 전체와 비교 confronter되어야 하는 무의식의 이론을 형성한다〉(NP, 168). 이 구절은 명시적으로 프로이트의 이론을, 가책과 동일한 종류의 반응적 힘(오이디푸스 콤플렉스)을 정당화하는 메커니즘으로 기술하고 있다. 요컨대 들뢰즈는 이미 『니체와 철학』을 쓸 무렵부터 10년 뒤 『앙띠 오이디푸스』에 씌어야 될 것이 무엇인지를 잘 알고 있었다. 바로 이런 이유에서 우리는 이 글 첫머리에서부터, 들뢰즈는 『니체와 철학』에서 이후 자신의 주요 저서들을 통해 써내려 갈 모든 독창적인 주장들을 이미 니체의 이름으로 기록하고 있다고 말했던 것이다.

2 니체와 들뢰즈의 민족학 ── 부채 이론 : 해방으로서의 고통과 가
　 책으로서의 고통

(1) 정신 분석학은 왜 비난받아야 하는가?

지금껏 보아왔듯 힘을 그것이 할 수 있는 바에서 분리시키는 법은 여러 얼굴을 지니고 있다. 존재론에서 법은, 서로의 차이를 긍정하는 적극적 힘들을, 서로 지양되고 부정되어야 할 〈모순〉인 반응적 힘으로 만드는 변증법이었다. 가책의 경우엔 그 법은 기독교의 교리요, 오이디푸스의 경우엔 근친상간의 금지였다. 그런데 근친상간에 대한 법을 제정한 것은 기존의 사회이지 프로이트 개인이나 정신 분석학이 아니다. 달리 말하면 〈오이디푸스를 발명한 것은 정신 분석이 아니다〉(A, 321). 〈우리는 정신 분석이 오이디푸스를 발명했다고 말할 생각은 전혀 없었다〉(A, 144). 신, 원죄 등이 어느 개인의 발명품이 아니듯 당연히 오이디푸스 또한 프로이트 개인의 발명품이 아니다. 그런데 정신 분석학의 불미스러운 점은, 욕망을

길들이게끔 고안된 허구적인 장치들에 대항하는 비판으로 나가기는
커녕, 오히려 자본주의 사회 질서에 순응하도록 〈옮겨 놓인〉 욕망
에 오이디푸스라는 이름을 주고 그것을 당연한 인간의 본성으로서
〈정당화〉했다는 점이다. 따라서 프로이트가 비난받아야 하는 까닭
은 오이디푸스를 욕망의 본질로 승인함으로써 체제 순응적인 〈이데
올로기〉(A, 140 참조), 하나의 〈관변 형이상학〉을 꾸며냈다는 데 있
다. 그는 이데올로기 비판의 싸움터가 되어야 할 무의식을 아빠—
엄마—아이가 공연하는 부르주아의 가족 극장으로 만들어버렸다.

따라서 오이디푸스를 〈허구〉라고 하는 것은 그것이 욕망의 본성
에서 유래하지 않는 한낱 이데올로기라는 뜻이지 오이디푸스가 존
재하지 않는다는 뜻이 아니다. 우리가 가책을 느낀다는 사실, 근친
상간에의 죄의식이 있다는 사실을 어떻게 부인하겠는가? 기독교의
역사가 있는 곳엔 가책이 존재하고 자본주의가 있는 곳엔 오이디푸
스가 존재한다. 이런 맥락에서 들뢰즈는 니체의 가책에 대해 이렇
게 말한다. 〈반응적 힘들의 승리는……'세계사'의 원리와 의미이다〉
(NP, 159). 그리고 이와 똑같은 의미로 오이디푸스에 대해 이렇게
말한다. 〈오이디푸스 개념은 실로 세계사의 결과이며, 이는 자본주
의가 이미 세계사의 결과라고 하는 특정한 의미에서이다〉(A, 319).
그러므로 프로이트와 정신 분석학이 있기 전에 자본주의는 이미 세
계사적 산물로서의 오이디푸스를 알고 있었으며, 자본주의적 형태를
유지하기 위해 그것을 〈어떻게 이용해야 하는지〉도 알고 있었다.[18]

---

18) 다른 체제나 다른 시대가 아니라 자본주의만이 오이디푸스를 가지고 있다는
　　들뢰즈의 거듭되는 강조 또한 이런 맥락에서 이해할 수 있다. 근친상간 금지
　　는 자본주의만이 가지고 있는 법이 아니다. 그러나 자본주의만이 그것을 오이
　　디푸스라는 모습으로 이데올로기화하고, 또 체제 유지에 이용할 수 있었다는
　　점에서 자본주의만이 오이디푸스를 가지고 있다고 말해야 한다. 뒤에 보겠지
　　만 〈오로지 자본주의적 형태 속에서만 오이디푸스라는 극한이 할 일을 가지게

(2) 민족학적 연구의 필요성

따라서 가책이 힘의 본성이 아니고 오이디푸스가 〈욕망의 본성이 아니라는 점〉을 증명하기 위해서는 실증적인 학문에 의존할 필요가 있다. 유럽과 유럽의 침략에 의해 변질된 세계들의 역사 안에, 즉 세계사 안에 가책과 오이디푸스가 존재하는 것이 사실이라면, 도대체 어디서 가책 아닌 힘과 오이디푸스 아닌 욕망을 찾아낼 수 있을 것인가? 역사 이전의 인류의 마음속에서만 그럴 수 있을 것이다. 그러므로 가책과 오이디푸스의 발생에 대한 탐구는 필연적으로 〈민족학 ethnologie〉에 의존할 수밖에 없다. 민족학만이 유럽의 역사에 오염되지 않은 인류의 마음에 대한 정보를 제공할 수 있을 것이기 때문이다. 또 같은 얘기겠지만 민족학만이 어떻게 비유럽적인 지역에 유럽의 역사가 침입해 들어감으로써 오이디푸스를 탄생시키는지, 즉 식민지화와 오이디푸스화가 어떻게 함께 이루어지는지를 〈실증적이며 발생적으로〉 기술해 줄 수 있을 것이다. 그런데 놀랍게도 들뢰즈는 오이디푸스의 탄생을 민족학적 관점에서 기술하기 위해, 가책의 탄생에 대한 니체의 기술을 고스란히 모방하고 있다. 그것이 니체의 부채(負債) 이론이다.

(3) 니체의 부채 이론

가책이란 신에 대한 일종의 부채 의식인데, 이러한 면모는 〈대속(代贖)〉 개념에서 가장 분명하게 나타난다. 〈기독교가 '대속'이라 부르는 것을 살펴보라. 더 이상 부채로부터 해방되는 것이 문제가 아니라 부채의 심화가 문제이다. 이제는 사람들이 그것을 겪음으로

될 뿐 아니라 체험되며 생활화된다〉(A, 318). 다른 체제, 가령 전제 군주제는 오이디푸스가 만들어지기 위한 〈부품들〉만을 가지고 있었으며(A, 255 참조), 후에 전제 군주의 상징을 오이디푸스에 〈환원〉시킨 것은 자본주의였다(A, 319).

134

써 부채를 갚게 되는 그런 고통이 문제가 아니라, 사람들이 자신을 그것에 묶고, 영원히 자신을 채무자로 느끼는 고통이 문제이다〉(NP, 162). 신에 대한 부채의 특징은, 갚아줌으로써 해방되는 데 있지 않고 영원히 갚을 수 없는 것이라는 데 있다. 기독교에서 인간의 죄는 오직 신이 스스로를 십자가에 매닮으로써만 씻어진다. 즉 인간이 신에게 진 부채는 인간 스스로는 갚을 수 없고 채권자인 신만이 갚아줄 수 있다(GM, II, 21 참조). 빚을 받아야 할 채권자가 오히려 스스로를 십자가에 매달아 희생함으로써 채무자의 빚을 갚아주는 일, 이는 채무자 스스로 빚을 갚을 수 있는 기회를 영원히 박탈하는 동시에 씻을 수 없는 죄의식인 가책을 채무자의 마음에 심어주기에 충분한 일이 아닌가? 그리하여 〈부채에 대한 책임은 죄의식의 느낌이 된다〉(NP, 163). 채무자는 벗어날 수 없는 부채 관계 속에서 영원히 죄의식에 묶여버린다.

그러므로 가책이 마음의 본성에서 유래하는 정서가 아님을 밝히기 위해선, 채무자에게 죄의식의 올가미를 씌우기보다는 오히려 〈채무자를 해방시키는 부채〉가 있다는 점을 증명할 수 있어야 할 것이다. 더불어 고통은 잘못의 느낌이 아니라 〈해방의 느낌〉일 수 있어야 할 것이다. 니체는 그러한 가능성을 축제로서의 고대 형벌 제도에서 찾는다. 고대 형벌 제도에서, 채무자가 빚을 갚지 못했을 경우 채권자는 채무자의 육체에 직접적인 고통을 가한다. 〈채권자는 채무자의 육체에 모든 종류의 모욕과 고문을 가할 수 있었다. …… 채권자는 손해에 대한 배상을 직접적으로 받는 대신에(즉 …… 어떤 소유물을 배상으로 받는 대신) 〔채무자에게 고통을 주는 데서 오는〕 일종의 쾌감을 얻음으로써 빚을 상환받고 배상받았던 것이다〉(GM, II, § 5). 중요한 것은 이런 형벌 제도가 목적으로 하는 것은 죄의식의 증대가 아니라 채권자와 채무자 모두의 해방이라는 점이다. 〈채권자는 주인의 권리 속에 참여하기 때문에 해방되고, 채무자는 자신의 육체와 고통을 값으로 치르고 해방된다. 둘 다 해방되고, 훈련 과정 속에서 자유로워진다〉(NP, 157). 책임이란 해방이라는 목적을 이루고 나면 사라지는 〈수단〉에 불과하며(NP, 157-158), 이런 처벌 속에서는 채무 관계에서 생기는 어떤 가책도 찾아볼 수 없다. 가책이 내면의 죄의식, 내면으로 향한 〈내적 고통〉인 데 반해, 부채를 갚기 위한 신체형에서의 고통은 오로지 〈외적 의미〉만을 가진다. 가책과 대립하는 〈고통의 적극적 의미는 '외적 의미'로서 나타난다. …… 즉 누군가를 즐겁게 해주는 것, 그〔고통받는 자〕를 모욕하거나 그를 바라보는 자에게 쾌락을 주는 것이다〉(NP, 148). 형벌을 받는 이의 고통이 신체를 통해 〈외면화〉되어 형벌을 주는 이가 그것을 보고 즐기는 것이 고통의 목적일 경우, 그 고통은 외적 의미, 적극적 의미를 지닌다고 말한다. 그리스인들은 이미 이러한 고통의 외적 의미에 대해 잘 알고 있었다. 〈모든 불행〔재난, 악〕은 어떤 신이 그것을 바라보기를 즐길 때 정당한 것이 된다. …… 트로이 전쟁과 다른 비극적인 잔악한 사건이 결국 어떤 궁극적인 의미를 가지고 있었는가? 의심의 여지없이 그것은 신들의 〔즐거움을 위한〕 축제였다〉(GM, Ⅱ, §7). 처벌의 본성은 결코 고통받는 자가 내면으로 죄의식을 느끼게 하는 데 있지 않고 〈그 고통을 보는 자의 눈을 즐겁게 하는 데〉 있다. 처벌이 애초부터 죄의식의 생산과 무관하다는 점은, 감옥에 갇힌 범죄자들이 참된 죄책감을 느끼는 일이 드물다는 점을 통해서도 뒷받침된다(GM, Ⅱ, §14). 결국 고통은 본래 채무자가 자기 마음 안에 생산해 내는 가책이 아니라 처벌의 활동을 통해 채권자의 눈이 얻어내는 〈잉여 가치〉인 셈이고, 이런 의미에서 채무자의 고통은 채권자의 손해를 보상해 줄 수 있는 등가물인 것이다. 그러므로 〈처벌은 하나의 진정한 축제〉(GM, Ⅱ, §6)이다. 〈채무자에게는 부채로부터 해방되는 축제이고 채권자에게는 그의 눈이 고통을 보고 즐김으로써 손해를 돌려받는 축제이다.〉 이와 같이 고대 인류는, 고통의 참 의미는, 그것을 내적으로 느끼는 데 있지 않고 남이 보고 즐기는 데 있다는 점을 잘 알고 있었다. 도저히 갚을 길 없는 부채의 개념과 그 부채로 인한 내면의 고통(죄의식으로서 가책)을 탄생시킨 것은 기독교가 가져온 원죄와 대속 개념 같은 교리였던 것이다.

(4) 교환주의에 반대해서

들뢰즈는 오이디푸스가 욕망의 본질이 아니라는 점을 밝히기 위해 이러한 니체의 부채 이론을 응용한다. 그 분석 과정을 살피기에 앞서 들뢰즈가 니체의 이론을 어떤 종류의 경제 형태로 해석하는지 지적해 두는 것은 매우 중요하다. 처벌로 인해 창출된 고통이 채권자가 누리는 〈가치〉, 손해에 대한 배상이라는 점에서 니체의 형벌 이론은 분명 경제 이론이다. 니체의 이론이 경제 이론이라는 점을 자각했을 때 우리는 마르셀 모스 Marcel Mauss가 답하지 못하고 남긴 다음과 같은 문제와 맞닥뜨린다. 〈부채는 교환보다 근원적인가, 아니면 교환의 한 양식, 혹은 교환을 보조하는 수단인가?〉(A, 219) 다시 말해 부채는 보편적인 교환의 간접적인 수단인가, 아니면 교환과는 전혀 다른 어떤 것인가? 물론 들뢰즈는 부채를 교환 가치의 일종으로 보는 구조 인류학의 기본 관점을 절대적으로 거부한다. 부채의 근저에는 교환이 있지 않다. 이제 보게 되겠지만 원시 사회에서 거래는 합의된 정당한 교환과는 전혀 관계없이 〈선물을 주거나 도둑맞는 식으로〉 진행된다는 것이 들뢰즈의 생각이다.[19]

---

19) 『앙띠 오이디푸스』에서 매우 중요하게 부각되는 이런 반(反)교환주의적 관점을 들뢰즈는 이미 『니체와 철학』에서 니체의 이름으로 이렇게 정립해 놓고 있

들뢰즈가 부채를 교환 가치로 보지 않을 때, 즉 사회 조직의 원형을 교환이 아닌 부채 위에 정초할 때 그 숨은 뜻은 무엇인가? 바로 원시 경제 안에는 애초부터 시장 경제로 발전할 수 있는 미약한 싹조차 없다는 것을 명시하려는 것이다. 〈[원시 경제에서] 교환은 추방되고 제한되고 엄격하게 한정되어야만 하는 것으로 알려져 있다. 이는 어떤 유통 가치도 교환 가치로 발전하지 못하도록 하기 위해서이다. 교환 가치는 시장 경제라는 악몽을 끌어들인다〉(A, 220). 부채의 근저에 교환이 있다고 할 때, 부채의 운명이란 교환 가치를 대변하는 추상적인 〈화폐〉로 변하는 길밖에 없는 것이다. 이런 관점에서 들뢰즈는 레비스트로스의 입장, 즉 〈부채는 하나의 상부 구조, 즉 교환이라는 무의식적인 사회적 현실이 돈으로 바뀌는 의식적 형태〉(A, 219)라는 입장을 비판한다. 원시 경제가 〈자본주의와 유사한 어떤 미약한 싹조차 가지고 있지 않다는 점〉을 증명하는 일이 들뢰즈에게 더할 나위 없이 중요하다는 것은 두말할 필요가 없다. 왜냐하면 자본주의만이 오이디푸스를 가지고 있다면, 그리고 원시 사회에는 오이디푸스가 없다면 원시 사회의 부채 관계는 자본주의적 형태 —— 설령 그것이 단지 자본주의와 유사한 원시적인 싹에 불과할지라도 —— 로 해석될 수 없어야 하기 때문이다. 욕망은 애초에 자본주의를 알지 못한다. 〈욕망은 교환에 대해선 무지하다. '욕망은 도둑질과 선물[증여]하기밖에 모른다'〉(A, 219).

(5) 들뢰즈의 부채 이론

들뢰즈는 니체의 이론을 이용해 갖가지 민족학적 자료들을 비교 환적 부채의 관점에서 분석해 나가는데 그 가운데 하나가 아프리카

다. 〈니체는 교환 속에서가 아니라 신용 속에서 사회 조직의 원형을 본다〉(NP, 155).

의 〈구르망체족의 여자 성년식〉이다(여러 가지 사정에 입각해 볼 때 그것은 혼인에 상당하는 의식으로 보인다). 니체가 〈고대 게르만 법률과 약간의 힌두 법률 등 빈약한 자료〉(A, 224-225)만을 가지고 작업했던 데 반해 들뢰즈는 풍부한 현대의 민족학적 자료들을 동원해 니체가 도출해 낸 주장들에 놀랄 만한 생동감을 불어넣는 데 성공한다. 〈구르망체족의 이데올로기에서는 여자가 선물되거나 ······ 혹은 강탈·탈취될 수 있거나, 따라서 도둑맞는 식으로 모든 일이 진행된다.〉[20] 놀랍게도 이 성년식에서는 니체가 도출해 낸 〈야기된 손실=감수해야 하는 고통〉(A, 226)이라는 등식이 그대로 발견된다. 구르망체족에게 성년식이란 바로 이 손해(다른 씨족의 남편에게 도둑맞은 여자)를, 고통을 끼침으로써 상쇄하는 의식이다. 의식은 다음과 같이 진행된다. 젊은 여자의 몸에 할례 때 쓰이는 조롱박을 붙이는데 이것은 남편 쪽에서 제공한 것이어야 한다. 여자의 몸과 그 조롱박에 모종의 기호를 새겨 넣는 것은 반드시 여자 쪽 집안의 성원이 해야 하는 일이다. 이러한 과정을 통해 부족간의 〈결연 alliance〉이 이루어지고 그 여자는 성인으로 변모하는 것이다(A, 223 참조). 그런데 여기서 남편의 가계를 대표하는 조롱박과 여자의 몸에 기호를 새겨 넣는다는 것은 무슨 의미인가? 들뢰즈는 니체의 견해를 그대로 좇아 이것을 부채(도둑맞은 여자)를 보상하는 고통으로 해석한다. 낙인을 찍음으로써 여자가 겪는 고통 —— 혹은 채무자인 남편 쪽 집안을 대표하는 조롱박이 상징적으로 겪는 고통 —— 은 그 여자를 잃은 씨족 집단의 눈이 즐기는 보상이라는 것이다. 〈그는 흔적을 새기는 행위를 가만히 받아들이고 기호를 찍는 일을 감내한다. 그의 고통은 그것을 지켜보는 눈에게는 즐거움이 아니겠는가. ······ 고통

20) M. Cartry, "Clans, lignages et groupements familiaux chez les Gour-mantché," *L'Homme*(avril, 1966), 74쪽(A, 219에서 재인용).

은 눈이 끌어내는 잉여 가치와 같은 것이다〉(A, 224). 들뢰즈의 이와 같은 분석이 말해 주는 결론은 니체가 얻었던 결론과 매우 동일하다. 본래적인 처벌과 고통은 죄의식, 곧 오이디푸스와는 상관이 없으며 오로지 남이 보고 즐기는 데에만 그 의미가 있다는 것이다. 부채는 영원한 가책으로 이어지지 않고, 해방의 의식이자 부족간의 결연인 처벌의 축제로 승화된다.

(6) 잠복기에 대한 비판과 니체적 트라우마

이러한 외적 상처와 해방으로서의 고통은 프로이트적인 트라우마와 정면으로 대립하는 것이다. 잠깐 상기시키자면, 우리는 앞 장의 끝에서 들뢰즈가 니체의 〈망각〉 개념을 프로이트의 사라지지 않는 〈기억 흔적〉에 대립시킨다는 점을 지적하고, 니체에게는 프로이트와는 전혀 다른 트라우마론이 있음을 암시했다. 그런데 우리가 지금 다룬, 망각 개념에 기초한 니체의 외적 상처가 바로 프로이트와 정반대의 트라우마, 즉 죄의식으로부터 해방되기 위한 트라우마인 것이다.

니체적 관점에서 보자면, 영원히 사라지지 않으며 잠복기를 거쳐 출현하는 프로이트의 기억 흔적은 반응적 힘의 일종이다(NP, 132 참조). 잠복기를 통해 탄생하는 이 반응적 힘은 원한이며, 가책, 죄의식이다. 앞에서 이미 보았듯 프로이트에서 기억 흔적의 사후적 도래는 그가 다룬 수많은 주제들에 공통적으로 나타나는 핵심적인 이론이다. 아버지 살해에 대한 죄의식이 잠복기를 거쳐 나타난 것인 토템 신앙, 모세 살해에 대한 죄의식이 잠복기를 거친 뒤 예수 살해라는 유사한 사건을 계기로 도래한 것인 기독교 등은 모두 잠복기가 반응적 힘으로서의 오이디푸스 또는 죄의식의 핵심을 이루고 있다는 것을 보여준다. 〈잠복기는 …… 오이디푸스가 우리들의 미래

의 아이들에게까지 전파되고 이행할 수 있게 되는 시간이 아닌가?〉
(A, 371) 원초적 아버지 살해라는, 조상이 저지른 죄가 훗날의 유대
민족을 아버지에 대한 가책에 기반을 둔 종교에 순응하게끔 만들었
다는 점에서, 잠복기는 오이디푸스가 미래의 아이들에게까지 전파
되도록 하는 시간이라 불려 마땅한 것이다. 앞 장에서 사도 바울로
의 경우를 통해 자세히 보았듯, 〈성직자의 심리학〉(A, 320)은 잠복
기 동안 잠재되어 있던 아버지에 대한 죄의식을 일깨워, 이 죄의식
을 초석으로 삼아 신앙을 정초하는 것이다. 이와 동일한 수법으로,
정신 활동의 모든 영역이 본질적으로 아버지에 대한 잠재된 죄의식
위에 설립되어 있다고 주장한다는 점에서,[21] 프로이트의 오이디푸스
콤플렉스는 성직자의 심리학의 현대적 형태이다. 〈정신 분석은 새
로운 유형의 성직자들, 즉 양심의 가책에 활기를 불어넣는 사람들
을 형성하게 된다〉(A, 397). 〈사제의 가장 최근 형상은 정신 분석가〉
이다(MP1, 162).[22]

  그러나 이제 니체의 망각이, 잠복기를 통해 가책의 형태로 도래
할 기회를 노리는 프로이트의 기억 흔적을 대체한다. 니체적 트라
우마, 즉 남이 보고 즐기기 위한 외적 상처는 부채에 대한 책임으
로부터 자유로워지기 위한 고통, 즉 부채에 대한 기억을 망각하기
위한 고통인 것이다. 이 고통 속에서 부채에 대한 책임은 결코 채
권자에 대한 죄의식으로 발전하는 법이 없다.

---

21) 〈결론적으로 …… 나는 종교, 도덕, 사회, 예술의 기원이 오이디푸스 콤플렉스
   로 수렴된다고 주장하려 한다〉(GW, IX, 188).
22) 이 책의 한국어 번역본으로는 필자가 사용한 판본 외에도 『천 개의 고원』(김
   재인 옮김, 새물결, 2001)이 있다.

(7) 니체의 상징들과 역사관

들뢰즈는 오이디푸스를 탄생시키는 파괴적인 요소가 원시 사회에 어떻게 개입하는가라는 문제도, 전적으로 니체의 역사관에 의존해 해명하고 있다. 이미 말했듯 가책은 교회의 등장과 더불어 탄생한다. 그런데 니체는 교회를 국가의 일종으로 규정하므로 가책의 원인은 국가에 있다고 말해도 좋을 것이다(〈교회? 그것은 국가의 일종이다. …… 위선적인 개여! …… 국가는 너 같은 위선적인 개다. 너처럼 국가도 연기를 뿜고 으르렁거리며 말하길 좋아한다〉[23]). 여기서 묘사된 〈불개〉, 그리고 또 다른 텍스트에 나오는 〈한 무리의 금발의 야수, 어떤 정복자, 지배자 종족〉(GM, Ⅱ, §17) 등은 모두 국가 혹은 국가의 창설자를 나타내는 니체의 상징들이다. 중요한 것은 니체가 이 금발의 야수들, 불개, 즉 국가의 출현을 전적인 〈우연〉으로 기술하고 있다는 점이다. 〈이들은 운명처럼 들이닥치며 거기에는 아무런 원인도 이유도 고려도 구실도 없다. 이들은 번개처럼 와 있는 것이다. 너무나 무섭고 너무나 갑작스럽고 너무나 확실하며 너무나 ‘다르기’ 때문에 심지어 증오할 수도 없을 정도이다〉(GM, Ⅱ, §17). 어떤 역사적 필연성이 국가를 탄생하게 한 것이 아니며, 합목적성이나 합법칙성 없이 역사는 우연에 의해 지배된다는 것이 니체의 역사관이다.

마찬가지로 들뢰즈 역시, 원시 사회로부터 교회-국가-법이 출현하게 된 것은 전적으로 우연이라고 본다. 그도 니체의 역사관을 이어받아 원시 사회의 몰락과 국가의 등장을 어떤 내적 필연성에도 의존하지 않는 우연의 역사로 기술하고 있다.[24] 〈금발의

---

23) F. Nietzsche, *Also sprach Zarathustra*, Ⅱ, 「거대한 사건들」(전집 15권).
24) 어떤 합법칙적 목적론적 요소도 인정하지 않는, 전적으로 우연에 입각한 역사관은 들뢰즈 사상의 가장 특색 있는 면모 가운데 하나이다. 〈우연적인 것

야수들〉, 〈불개〉 등 니체의 상징들도 함께 이어받고 있는 것은
물론이다. 니체의 원작, 즉 유럽에서 국가-교회가 가책을 탄생시
켰던 드라마의 무대를 아프리카로 옮겨 식민 자본주의가 오이디
푸스를 탄생시키는 드라마로 각색하고, 〈금발의 야수〉라는 상징
에다 〈유럽에서 침입한 식민 지배자〉라는 보다 구체적인 정치·
사회적 위상을 부여한다. 〈'이들〔금발의 야수들〕은 운명처럼 들이
닥친다 ……. 이들은 번개처럼 와 있는 것이다. 너무나 무섭고 너
무나 갑작스럽게 …….' 이것은 원시적 체계의 죽음이 언제나 밖으
로부터 오며, 역사가 우연한 사건들과 우연한 만남들의 역사이기 때
문이다. 광야로부터 오는 구름처럼 정복자가 들이닥친다〉(A, 230-
231). 원시 사회 자체는 국가의 등장이나 자본주의의 탄생을 준비
하고 있는 아무런 내적·필연적 요소도 가지고 있지 않고, 또 그
것들과 융화할 수 있는 형태를 지니고 있지도 못하다. 그렇기에
국가, 자본주의, 그리고 이와 함께 선교사들이 끌어들인 기독교는
유럽인들이 몰고 온 일종의 고약한 질병으로서, 전통 사회의 〈어
느 것과도 양립하지 않고〉 철저히 파괴적인 기능만을 할 뿐이다.
무슨 일이 일어나고 있는지 알지도 못하는 사이에 〈너무나 무섭
고 너무나 갑작스럽게〉 모든 것이 황폐화된다. 이제 식민지 백성
이 된 야생인 앞에 〈엄마는 선교사와 춤을 추고 아버지는 세금
징수인에게 남색을 당하고 나는 백인에게 얻어맞는〉(A, 114) 악
몽이 출현한다. 아프리카의 가장 오래된 신화들마저도 유럽의 이
파괴자들에 대한 두려움을 기록하고 있다. 〈아프리카의 가장 오
래된 신화들조차 이 금발의 사나이들에 대한 이야기를 우리에게
하고 있다. 그들은 '국가의 창설자들'이다. …… '지금까지 오로지

이외엔 어떤 제대로 된 이유도 있을 수 없으며, 우연으로부터 생겨나지 않고
는 그 어떤 세계사도 있을 수 없다〉(QP, 90).

하나의 국가만이 존재해 왔다.' '연기를 뿜고 으르렁거리며 말하는' 개-국가 말이다〉(A, 227).

(8) 오이디푸스화, 자본주의화, 식민지화

이제 금발의 야수들에 의한 자본주의 창설과 더불어 무슨 일이 일어나는가? 구르망체족의 성년식이 극명하게 보여주듯 혼인에 의한 씨족간의 결연은, 여자들의 순환을 통한 노동력의 재분배라는 사회적 생산의 의미를 지닌다. 다른 말로 하면 여자에 대한 욕망은 개인적인 의미(어머니의 대용품으로 다른 여자를 욕망하는 것)를 지니는 것이 아니라 늘 사회적 생산과 연결되어 있다. 즉 가족적 재생산(결혼, 아이의 탄생)과 사회적 재생산(노동력의 분배)은 서로 성격을 달리하지 않는다(A, 196 참조). 나의 성적 욕망은 사적(私的)인 인물들, 즉 아버지, 어머니를 통해 제한되어 있지 않고 사회적 생산과 연결되어 있다는 말이다. 이런 뜻에서 가족의 성원들은 사회 경제적 체제로부터 고립되어 있는 사적인 인물들이 아니다. 그런데 국가의 창설자들이 가져온 자본주의는 오이디푸스와 공모하여 가족에 대해 사적인 의미를 부여하고 욕망을 변질시킨다. 자본주의는 욕망을 사회·경제적 체제로부터 〈고립시켜〉 사적인 인물들, 즉 아버지-어머니-아이라는 삼각형 속에 갇혀 어쩔 줄 모르는 가족비극의 출연자로 만들어버린다. 이러한 욕망의 가족화 혹은 가족이란 단위의 사회 체제로부터의 고립은 두 가지 측면에서 설명되어야한다.

① 들뢰즈는 우선 이 고립을 아리스토텔레스의 질료-형상 개념을 도입해 설명한다. 〈아리스토텔레스처럼 말하면 가족은 이제 경제적 재생산의 자율적인 사회적 형태에 종속하고 이 사회적 형태가 할당해 주는 장소에 있게 되는, 인간의 질료 혹은 재료의

144

형태에 지나지 않는다〉(A, 314). 욕망이 사회적·경제적 형태의 창출에 직접 참여하지 못하고 미리 할당되어 있는 자본주의 체제의 한 장소, 자본주의가 마련해 준 한 〈형상〉을 채워주는 질료에 불과하게 되었다는 말이다. 전통 사회에서는 가령 족장이 단지 개인의 아버지가 아니라 사회적 생산(노동력의 분배, 결연 등)의 한 항으로서 기능한다는 것은 자명하다. 그런데 어느 날 들이닥친 금발의 야수들은 족장을 개인의 아버지로 사밀화(私密化)시켜 버린다. 〈식민 지배자는 이렇게 말한다. 네 아버지, 그는 네 아버지이지 다른 아무것도 아니다. 네 외할아버지도 마찬가지이다. 이들을 족장으로 생각하지 마라……. 네 가족, 그것은 네 가족일 뿐 다른 아무것도 아니다. 사회적 재생산은 더 이상 네 가족을 경유하지 않는다〉(A, 199). 자본주의가 사회적 생산을 떠맡고 이제 가족은 이 생산으로부터 소외된다. 마치 밭이 자본주의의 유통 구조에 농산물을 제공하듯, 가족은 자본주의라는 형상을 채우기 위해 인간을 질료로 제공할 뿐이다. 〈이렇게 하여 쫓겨난 야생인들을 위한 오이디푸스의 틀이 윤곽을 드러내는 것이다. 빈민촌의 오이디푸스 말이다〉(A, 199). 원시의 대지엔 자본이 들어서고 사회적 생산으로부터 소외된 야생인들은 아프리카의 그 끝없이 절망적인 빈민촌을 형성한다. 이제 〈족장〉은 빈민촌에 들어와 〈아버지〉가 된다. 이 빈민촌에서 욕망(아이)은 사회적 생산 과정에 전혀 참여할 수 없는 욕망, 〈아버지를 죽이고 어머니를 가지고 싶어할 뿐인 사적인 욕망〉, 오이디푸스라는 폐쇄 회로 안에 고립된 욕망으로 탄생할 뿐이다. 그리고 이 〈질료〉로서의 아이는 자라나, 자본이 들어선 대지로 가서 노동자의 〈형상〉을 입는다. 〈아프리카인 오이디푸스를 만들려는 식민 지배자의 노력〉(A, 321)은 이렇게 해서 사회 하층민을 가지게 된다. 〈오이디푸스화가 있으면 이는 곧 식민지화가 사실로 존재한다는 뜻이다〉(A, 199). 이제 빈민촌의 하층민이 된 야생인들에게는 알코올 중독과 질병만이 모욕처럼 주어진다(A, 210).

②그런데 가족화한, 혹은 사유화한 욕망은 어떻게 그렇게 순순히 자본주의의 하층 계급의 〈형상〉을 제 모습으로 받아들이는가? 가족적 고립의 두번째 측면을 고려하지 않는다면 이 문제는 해답을 얻을 수 없을 것이다. 가족이 사회 체제의 〈외부에〉 놓여 오이디푸스화하는 일은 가족 체제와 사회 체제가 〈들어맞게〉 되는 일과 함께 진행된다. 가족 체제와 사회 체제가 〈포개진다〉 혹은 〈들어맞는다 s'appliquer〉(A, 314, 315, 321)고 하는 것은 자본주의의 항들과 가족의 항들이 〈일치〉한다는 것, 서로 〈대응하는〉 대우주와 소우주의 관계를 형성한다는 뜻이다. 〈가족은 모든 사회적 규정이 자리 잡고 반향하는 장소가 된다……. 이제 어디를 둘러보아도 어디서나 아버지, 어머니밖에는 볼 수 없다〉(A, 321). 〈그리하여 아버지, 어머니, 아이는 자본의 이미지의 환영('자본 씨, 대지 부인,' 그리고 이 둘의 아이인 노동자)이 된다〉(A, 315). 자본주의 체제 전체가 〈확대된 가족 무대〉가 되는 것이다. 여기서 소우주로서의 가족과 대우주로서의 가족(자본주의 사회)을 일치시키는 일을 정당화하고 조장하는 것이 정신 분석이 하는 일이다. 정신 분석은 모든 사회적 욕망의 대상에 대해 〈그래 그건 네 아버지였어, 그래 그건 네 어머니였어〉(A, 120)라고 말한다. 어떤 사회적 맥락에 처하든 욕망은 아버지, 어머니만을 다시 만나게 될 뿐이다. 모든 욕망의 대상은 그것이 지닌 사회적 함의가 제거되어 버린 채 가족적인 것으로 〈환원〉되고 만다(P, 29).[25]

─────────

25) 그러나 어느 경우든 하나의 이데올로기로서 정신 분석학이 해낼 수 있었던 일을 과대평가해서는 안 될 것이다. 오이디푸스화는 정신 분석이라는 이데올

146

욕망의 이런 가족화가 함축하는 바는 실로 무서운 것이 아닐 수 없다. 오이디푸스가 욕망의 본질로 고려되는 한, 가족 무대로서의 자본주의 또한 〈욕망의 본질에 합당한 형태〉로서 정당화되는 것이다. 나의 욕망이 영원히 아버지 아래에서 억제와 금지를 통해 가책의 고통에 시달려야 하는 것이 당연한 일이라면, 마찬가지로 노동자(아이)로서 나는 영원히 자본주의 체제(아버지 자본 씨) 아래에서 각종 억압과 금지를 통해 가책을 겪을 수밖에 없는 〈운명〉이다. 아버지를 죽여서는 안 되는 것이 내 욕망이 감내해야 하는 숙명이라면 자본주의의 빗장을 부서버려서는 안 되는 것도 내 욕망의 숙명이다. 그리하여 모든 억압을 부수어버릴 혁명의 가능성은 사라지고, 금지된 것을 넘어서지 않으려고 노심초사하는 죄의식만이 남는다. 야생인들의 해방을 가능케 했던 형벌의 고통은 이제 축제이기를 그치고, 노동자의 내면의 가책으로, 오이디푸스의 고통으로 바뀐다. 〈이때부터 해방의 전망은 일시에 비관주의의 안개 속에 사라질 것이다. 희망을 잃은 눈초리는 강철 같은 불가능성 앞에서 절망할 것이다〉(A, 227). 니체가 기술했던 상황, 채무자에게 해방을 주던 형벌의 고통이, 가책이라는 내면의 고통으로 변질되는 상황이 오이디푸스를 통해 다시 한번 자본주의 세계에서 일어나고 있는 것이다. 이와 같이 모든 면에서 니체의 가책 비판은 들뢰즈의 오이디푸스 비판의

로기의 작품이기 이전에 각종 파괴의 양상을 띠는 실제적인 식민화와 자본주의화의 산물이다. 그러나 또한 정신 분석의 힘을 과소평가해서도 안 될 것이다. 왜냐하면 정신 분석에 직접 종사하는 사람의 수나 영향력과 관계없이, 대중의 삶에 막강한 힘을 행사하는 담론들이 이미 정신 분석의 역할을, 그러니까 오이디푸스화를 수행하고 있기 때문이다. 지식과 예술이 정신 분석을 돕는다. 들뢰즈가 고발하듯 심지어 가장 위대한 작가들마저 오이디푸스라는 〈문학의 위조지폐〉를 찍어내고 있다(A, 472 참조).

밑그림이자 교과서이다.[26]

3 거꾸로 선 비판을 두 발로 서게 하기

들뢰즈 철학의 모든 영역에서 이루어지는 일을 한마디로 요약하자면, 그것은 〈표상에 대한 비판〉이라고 하겠다. 존재론의 영역에서 비판되었던 표상은 모든 실체적인 것, 동일적인 것, 유사 개념 등이며, 욕망 이론의 영역에서 비판되었던 것은 오이디푸스라는 〈가족적 표상〉(A, 353)이다. 이 표상 비판 프로그램 전체를 주관하는 최고의 원리가 있으니, 그것이 바로 〈니체가 수행하는, 새로운 가치들의 창조와 이미 건립되어 있는 가치들을 다시 알아보는 일〔재인식 récognition〕 사이를 가르는 구별〉(DR, 177)이다. 들뢰즈가 쓰는 〈재인식〉이라는 말은 〈정당화 justification〉라는 개념과 다르지 않다. 오늘날에도 많은 사람들이 철학의 과제를 정당화라고 생각하고 있는데, 칸트의 비판 철학은 정당화의 핵심 정신이

---

26) 〈금욕적 이상과 오이디푸스〉 오이디푸스 비판은 니체의 또 다른 개념인 〈금욕적 이상〉과도 비교되어야 할 것이다. 들뢰즈는 이렇게 말한다. 〈정신 분석은 '금욕적 이상'의 새로운 화신 같은 것이다〉(A, 321). 금욕적 이상이란 〈가책의 고통을 조직하고 파급하는 수단〉으로 정의된다(NP, 167 참조). 이 니체적 정의를 정신 분석의 용어로 다시 바꾸어 쓰자면, 〈금욕적 이상〉이란 바로 근친상간에의 죄의식을 조직하고 파급하는 오이디푸스 이론이다. 〈금욕적 이상은 모든 고통을 '죄'라는 관점에서 보았다〉(GM, Ⅲ, §28)는 니체의 말은 또한 들뢰즈의 오이디푸스 비판을 요약하는 말이기도 하다. 이 말을 우리는 〈오이디푸스 이론은 무의식과 관련된 모든 마음의 고통을 근친상간이라는 죄의 관점에서 보았다〉로 바꾸어 쓸 수 있다. 들뢰즈는 『니체와 철학』에서 〈금욕적인 성직자는 …… 의사이다〉(NP, 167)라고 말했는데, 결국 10년 뒤 『앙띠 오이디푸스』에서 그 의사란 바로 오이디푸스 이론을 써먹는 정신 분석가로 밝혀진 것이다.

무엇인지 잘 보여주고 있다. 칸트는 인식 자체(가령 당시의 물리학
적 법칙들)나 도덕 자체에 대해서 의심하지 않았다. 그가 의심했던
것은 이성의 사용이 합법적인가 비합법적인가 하는 것이었다. 그
리하여 칸트의 비판의 칼날은 인식과 도덕 자체에 가 닿지 않고
인식과 도덕에 관여하는 마음의 능력들의 〈사용〉에 가 닿는다(NP,
102). 이성 사용의 범위와 한계를 정해 주려는 이러한 비판 작업은
결국 무엇이었는가? 정당화를 통해 견고한 지반 위에서 기존의 인
식과 도덕을 〈다시 알아보는 일〉, 즉 〈재인식〉하는 일이었다. 결국
칸트의 비판은 비판과 관련된 대상을 미리 믿으면서 시작된 비판,
이 대상으로 다시 돌아오기 위한 비판이었다. 니체의 철학은 과연
비판이 이런 것이어도 좋을 것인가에 대한 의구심으로부터 출발
한다. 비판이 한낱 기존의 표상들, 기존의 가치들을 〈정당화〉하는
것이라면 철학자란 결국 〈현행 가치들의 수집가, 역사의 공무원〉
(NP, 122), 〈국가 교수〉(DR, 14)일 뿐이지 않겠는가? 만일 철학이
그런 것이 아니라면, 철학은 이 〈거꾸로 선 비판〉을 두 발로 서게
해서(NP, 101), 비판의 칼날을 오히려 기존의 표상들과 현행 가치
들 쪽으로 돌려야 하지 않겠는가? 그리하여 기존의 가치들에 거
짓이 있다면 새로운 가치들을 수립하는 것이 철학이 궁극적으로
떠맡아야 할 과제가 아니겠는가? 이것이 니체의 비판 철학의 이
념이다.

　들뢰즈의 전 프로그램이 이러한 니체의 비판 개념에 의존하고
있다는 점에서 그는 철저히 니체의 후계자다. 그는 기존의 표상들
을 정당화하는 대신 그것들을 전복시키고 거기서 무엇이 솟아오
르는지를 보고자 한다. 그리하여 동일적인 것, 그것에 종속된 개념
적 차이, 모든 실체적인 것이 부서진 자리에서는 힘들의 차이와
반복, 생성으로서의 존재, 일의성의 개념 등이 태어난다. 또한 오

이디푸스라는 바위를 드러내자 자본주의와 식민주의의 모든 파시
스트적 술책, 죄의식의 메커니즘이 폭로된다. 그러나 또 우리는 보
다 근본적인 물음을 던져야 할 것이다. 누가 비판을 수행하는가?
〈비판의 최종 심급〉은 무엇인가? 칸트의 이성의 법정을 대신할
만한 견고한 비판의 사령부가 니체에게도 있는가? 물론이다. 니체
에게 〈비판의 심급은 힘의 의지이고 비판적 관점은 힘의 의지의
관점이다〉(NP, 107).

그런데 욕망 혹은 힘의 의지(이미 보았듯 힘의 의지가 곧 욕망이
다)란 〈목적도 없고 원인도 없는 욕망〉(A, 454)이다. 비판의 최종
심급에 이런 맹목적인 욕망이 자리하고 있다는 것은 참을 수 없는
일이 아닌가? 니체와 들뢰즈는 철학을 극도로 상스럽게 만들고 있
지 않은가? 고작 맹목적인 욕망을 사회에 풀어놓는 일이 철학의 소
명이란 말인가? 그러나 이러한 우려는 보류되어야 할 것이다. 들뢰
즈가 평가하듯 니체의 모든 비판 프로그램의 심층에는 칸트의 정언
명법을 능가하는 강한 윤리성이 자리 잡고 있다(DR, 15). 영원 회
귀(반복), 즉 생성이라는 우주의 질서를 가능케 하는 것은 힘의 의
지가 가지고 있는 다음과 같은 시금석이다. 〈네가 하기를 원하는 모
든 것에 있어서 '내가 무수히 계속 그것을 하길 원하는가?'라고 자
문하면서 시작한다면, 이는 네게 가장 굳건한 무게 중심이 될 것이
다.〉[27] 비판의 최종 심급에서 힘의 의지(욕망)는 무엇인가를 욕망할
때마다 그 욕망하는 일이 무한히 계속 반복(영원 회귀)되어도 좋은
지 매 순간 물어나간다. 따라서 우주의 질서로서 영원 회귀 자체가
힘의 의지의 〈윤리적 선택〉의 귀결이나 다름없다. 니체와 들뢰즈의
비판 철학의 최종 심급에는 이러한 신중한 욕망, 미친 폭군들에게

---

27) F. Nietzsche, *Nietzsche's Werke*(Leipzig : Druck und Verlag von K. G.
Naumann, 1901), Bd. XII, § 117(64-65쪽).

시달린 세계사에 다시 반복되어서는 절대로 안 될 것이 무엇인지를 고뇌하는 의지가 자리 잡고 있다.[28]

28) 이 장의 후반부 전체를 통해 우리는, 니체의 조명을 받으면서 들뢰즈가 어떻게 욕망을 반응적 힘으로 변질시키는 기제들을 비판의 칼날 앞으로 이끌어내는지를 살펴보았다. 그러나 근본적으로 욕망은 모든 억압적 기제에 맞서는 해방의 힘이라는 점을 충분히 규명하지는 않았다는 점에서 우리의 탐구는 절반밖에 미치지 못하였다. 들뢰즈가 오이디푸스를 비판하는 데 그치지 않고, 적극적으로 새로운 욕망 이론을 구성하였다는 것은 물론이다. 따라서 〈비판〉과 〈새로운 이론의 구성〉을 들뢰즈 욕망 이론의 두 가지 과제로 이해한다면, 우리는 아직 전자밖에 다루지 않은 것이다. 반응적 힘이 아닌 욕망, 오이디푸스화하지 않는 해방의 힘으로서의 욕망이란 어떤 것인가? 이러한 새로운 욕망 이론의 정체는 라캉과 스피노자를 배경으로 할 때 효과적으로 드러날 수 있다는 것이 우리의 생각이다. 과연 동시대의 뛰어난 욕망 이론가인 라캉을 들뢰즈는 어떻게 자신의 욕망 이론 속에 수용했는가? 무엇을 취하고 무엇을 버렸는가? 그리고 모든 억압적 기제들에 대항해, 스스로를 해방시키는 파괴적 힘으로서의 욕망을 드러내기 위해 스피노자의 이론들을 어떤 식으로 계승했는가? 우리는 다음 장에서 이 물음들에 대해 숙고할 것이다.

4 새로운 욕망 이론을 향하여
들뢰즈의 스피노자적 욕망 이론과 라캉

> 우리가 인식할 수 있는 요소는 실재계밖에 없으며,
> 상상계와 상징계는 거짓된 범주로 보인다.
> ── 질 들뢰즈(P, 198)

1 그토록 큰 차이에도 불구하고……

들뢰즈의 욕망 이론이 라캉의 공식 초상화와 전면적으로 대립하고 있다는 교과서적 견해는, 라캉 정신 분석학의 핵심 사항들을 겨냥하고 있는 들뢰즈의 비판적 진술들을 몇 가지 뽑아보는 것으로 쉽게 정당화된다. 가령 〈아버지의 이름〉이라는 법[1]을 통한 〈근친상간 금지〉는 어머니에 대한 아이의 욕망을 좌절시키고, 결코 만족하지 못하는 〈결여 manque〉된 욕망을 본성으로 하는 주체를 탄생시킨다는 점에서 정신 분석학의 가장 핵심적인 전제 가운데 하나이다. 그러나 들뢰즈는 아예 근친상간 자체의 존재를 인정하지 않는다. 〈근친상간에 대해서는, 문자 그대로 그것은 존재하지 않으며 존

---

1) 〈'아버지의 이름' 속에서 우리는 …… 인물로서의 아버지와 법을 동일시하는 상징적 기능을 떠받치고 있는 자를 알아보아야 한다〉(E, 278).

재할 수도 없다고 결론지어야 한다〉(A, 189). 따라서 성관계가 가능한 상대를 선택하는 문제도 근친상간 금지라는 법에 의해 좌우되지 않는다.

라캉에게 그토록 중요한 〈시니피앙〉의 경우는 어떤가? 라캉은 시니피앙의 중요성을 이렇게 역설한다. 〈이제부터 시니피앙에의 열중은 새로운 차원의 인간 조건이 된다. 인간이 말을 하는 한에서뿐 아니라, 인간 안에서 또 인간을 통해서 그것이 말을 하는 ça parle 한에서 그렇다. 그리고 언어 구조가 내재해 있는 효력들을 통해 인간 본성이 형성되고, 또 인간이 언어 구조를 채우는 질료가 되는 한에서 그렇다〉(E, 688-689). 반면 『앙띠 오이디푸스』에서 들뢰즈와 가타리가 열중한 것은 바로 이 시니피앙을 비판에 부치는 것이다. 〈시니피앙은 (문자의 시대에) 거대한 전제 군주의 기호일 것이다. 그것이 물러나면 최소한의 요소들과 그 요소들 사이의 일정한 관계로 분해될 수 있는 넓은 해변이 남게 될 것이다. 이러한 가정은 최소한 시니피앙의 압제적이고 폭력적이고 거세적인 성격을 해명해 준다〉(P, 35).

대립은 여기서 그치지 않는다. 라캉 정신 분석학의 가장 중요한 요소 가운데 하나로 누구나 〈분열된 주체〉 개념을 내세울 것이다. 분열된 주체는 여러 관점에서 이야기할 수 있겠는데, 가령 그것은 언표 행위의 주체 sujet de l'énonciation와 언표의 주체 sujet de l'énoncé의 분열로 표현되곤 한다. 라캉은 〈주체의 분열은 특히 언표 활동의 주체에서부터 언표의 주체까지, 즉 시니피앙의 전적인 간섭에서 작용한다〉(E, 770)고 말한다. 이러한 주체의 분열에 대해서도 역시 들뢰즈는 라캉과 대립한다. 〈단지 인물들의 이미지의 두 차원일 뿐인 언표 행위의 주체와 언표의 주체로 쪼개진 거세된 사적 주체를…… 집단적 동인들〔집단적 동작주 agents collectifs〕로 대체하는 것 …… 이런 것이 모두 분열자-분석 schizo-analysis의 과제이다〉(A, 323-324).
언표의 주체와 언표 행위의 주체의 분열 속에서 욕망을 파악하는
것은 욕망을 주체 개념의 여러 요소들(인격성, 성별 등)을 통해 이
해하려는 인격주의적 해석인 반면, 들뢰즈가 노리는 것은 이러한
인격주의적 해석의 체제 순응적인 면모를 밝히고 이로부터 욕망을
해방시켜 그것의 비인격성 혹은 비인물성을 드러내는 것이다(뒤에
보겠지만, 집단적 동작주란 흔히 욕망하는 기계들이라 불리는 비인물
적·비주체적 욕망들을 가리키는 말이다).

　이러한 명백한 대립에도 불구하고 우리는 여전히 들뢰즈의 욕망
이론이 라캉에게 무엇인가 빚지고 있다고 말할 수 있을 것인가? 그
빚의 무게는 아마도 실재계에 접근하기 위한 라캉의 장치들 —— 대
상 *a*(objet petit *a*), 부분 충동 pulsion partielle 등 ——과 들뢰즈의
핵심 개념들을 대질시킴으로써 가늠할 수 있으리라. 왜 오로지 실
재계인가? 들뢰즈는 라캉의 위상학에서 실재계만을 받아들이며 상
징계와 상상계는 허구적인 것으로 거부해 버린다. 〈무의식은 구조
적인 것도 아니요, 상징계도 아니다. 왜냐하면 그것의 현실성은 실
재계 le Réel의 현실성이기 때문이다〉(A, 371). 그렇다면 우리는 어
떻게 실재계만으로 구성된 욕망 이론이 가능한지 물어야 하리라.
구체적으로 그 질문은 한 인격체 전체를 통일적으로 지배하는 것
이 아니라, 유기체적 통일을 이루지 않는 서로 분리된 disjonctive
다수의 부분적 욕망들, 인격성을 전혀 형성하지 않는 이른바 욕망
하는 기계들의 가능성에 대한 물음이다. 뒤에 보겠지만, 이러한 들
뢰즈 욕망 이론은 그가 현대적으로 복원하고 싶어하는 몇 세기 전
의 놀라운 철학, 바로 스피노자의 틀 속에서 바라보았을 때에만 비
로소 명확히 모습을 드러낸다. 다시 말해 〈어떤 측면에서 보자면〉
들뢰즈의 욕망 이론은 〈스피노자의 개념 틀을 통해 해석된 라캉의

실재계〉라고 할 수 있다. 우리는 들뢰즈 욕망 이론의 한 정점을 이루는 『앙띠 오이디푸스』를 중심으로 이 해석의 궤적을 따라가 보려 한다. 『앙띠 오이디푸스』의 세 가지 핵심 개념인 〈욕망하는 기계 machine désirante〉, 〈기관들 없는 신체 corps sans organes〉, 〈독신 (獨身) 기계 machine célibataire〉를 차례로 구성해 가면서, 각 국면마다 스피노자적 기원을 밝히고, 어떻게 스피노자 철학의 인도 아래 라캉의 욕망 이론이 들뢰즈적 개념들의 성립에 개입하는지 추적할 것이다. 그러나 우리는 또 들뢰즈에게서 〈많은 문헌들과 텍스트들이 제 의미대로 혹은 반대로 사용되고 있다〉(P, 34)는 점을 알기에, 마지막엔 들뢰즈의 해석으로 환원될 수 없는 라캉의 면모가 무엇인지 기록해 두는 일도 잊어서는 안 될 것이다.

2 라캉의 충동 이론

① 부분 충동

들뢰즈의 〈욕망하는 기계〉 개념은 라캉의 〈부분 충동〉개념과 많은 유사성을 보인다. 들뢰즈 자신이 밝히듯 〈충동들은 오로지 욕망하는 기계들 자체일 뿐이다〉(A, 42). 그러므로 라캉의 충동 개념과 들뢰즈의 욕망 개념을 대질시킬 때에만 비로소 들뢰즈와 라캉 사이의 친화적인 관계가 드러난다. 반면 겉으로 드러나 있는 〈욕망〉이란 단어에 속아서 라캉의 욕망 개념과 들뢰즈의 욕망 개념을 비교한다면 둘 사이의 극단적인 대립만을 확인하게 될 것이다.

그러면 충동이란 무엇인가? 〈궁극적으로 충동은 실재계에 대한 주요한 이론적 접근 양식 가운데 하나이다.〉[2] 라캉은 『세미나 11권

Seminar XI』(13-15장)에서 프로이트의 「충동과 그 변이들 Tribe und Triebschicksale」을 해설하면서 충동 개념을 다루는데, 프로이트의 충실한 해설자로 머물기를 자처하는 그의 겸손한 외양과 반대로, 실상 라캉의 충동 개념은 근본적인 지점에서 프로이트의 그것과는 다른 면모를 지닌다. 프로이트와 라캉에게서 공통적으로 〈충동은 …… 어떤 항상적인 힘으로서 작용한다〉(GW, X, 212).[3] 그런데 라캉의 충동 이론에서 가장 중요한 것은 성적 충동들이란 결코 통일적인 하나를 이룰 수 없는 여러 조각의 〈부분〉 충동들이라는 주장인데, 이러한 견해는 프로이트에게서는 찾아볼 수 없었던 것이다. 프로이트는 〈성적 충동은 …… 처음에는 서로 독립적으로 활동하지만 나중에는 어느 정도 완전하게 통합된다〉(GW, X, 218)고 생각하는 반면, 라캉은 〈심리적 실재의 과정 속에 나타난 충동은 〔언제나〕 부분 충동들이다〉(S, 160)라고 말한다. 충동들은 오로지 파편적인 부분들일 뿐 서로 통합되어 하나의 전체를 이루는 법이 없다. 〈하나의 부분 충동과 다른 부분 충동 사이에는 어떤 생성 관계도 없다. …… 〔가령〕 구순 충동으로부터 항문 충동으로 이행하는 어떤 자연적 변형도 일어나지 않는다〉(S, 164). 개개의 충동이 하나의 전체로 통합된다는 유기체적 모델에 반대하여, 그것들의 〈파편적 성격〉을 강조하기 위해 라캉은 충동들을 〈몽타주〉(E, 846, 853 ; S, 160), 〈초현실주의 콜라주〉(S, 154)에 비유하기도 한다. 앞으로 보겠지만, 서로 〈실질〔재〕적으로 réellement 구별〉되며, 하나로 통일되지 않는 충동들의 면모는 들뢰즈의 욕망하는 기계의 가장 중요한 성격이기도 하다. 들뢰즈는

---

2) R. Chemama dir., *Dictionaire de la psychanalyse*(Paris : Larousse, 1995), 271쪽.

3) S. Freud, *Gesammelte Werke*(Frankfurt : S. Fischer Verlag, 1946). 약호 GW. 이 약호 표시 뒤에 로마 숫자로 권수, 아라비아 숫자로 페이지 수를 차례로 써준다.

156

라캉과 마찬가지로 욕망하는 기계들, 즉 충동들의 파편성 또는 비전체성을 이렇게 강조한다. 〈충동들을 그 대상들과 함께 하나의 통일된 전체를 향해 발전하게 하는, 충동들의 진화란 없다. 또 충동들이 그로부터 생겨나는 원초적 전체성이란 것도 더 이상 없다〉(A, 52).

라캉의 충동 개념을 이해하기 위해서는 충동의 원천, 대상, 목적, 그리고 그것이 만족하는 방식을 살펴보아야만 한다. 각각의 충동에는 그 원천으로서 각각의 〈기관〉이 상응하는데 이 기관이 바로 〈성감대〉이다. 라캉이 제시하는 바에 따르면 네 가지 성감대가 있으며, 이에 대응하는 서로 구별되는 네 가지 충동이 있다. 〈입(입술)-구순 충동〉, 〈항문-항문 충동〉, 〈눈-시각적 충동〉, 〈귀-청각적 충동〉이 그것이다. 그리고 이러한 충동들에 대응하는 대상이 바로 〈대상 a〉라 불리는 것으로 역시 각각의 충동들에 따라 넷으로 나뉘는데, 젖가슴, 배설물, 시선, 목소리가 그것이다(S, 219). 이 대상 a는 통일적인 유기체를 구성하는 신체 부위들이 아니라, 부분 충동에 대응하는 파편적 조각이므로 〈부분 대상〉이라 불린다.

중요한 것은 무엇을 이 충동들의 〈목적〉으로 이해해야 하며, 또 무엇을 그것들이 얻는 만족으로 보아야 하는가라는 문제이다. 미리 밝혀두자면 충동의 목적은 〈기관의 즐거움 Organlust〉이며, 그것은 근본적으로 〈자기 성애 Autoerotismus〉의 형식 속에서 실현된다(주체가 타자로부터가 아니라 자신의 신체로부터 만족을 얻는 것을 일컬어 자기 성애라 한다[GW, Ⅷ, 234-235 참조]). 무엇보다도 충동의 만족은 대상과는 아무런 관련이 없다. 〈'충동에 있어서 대상이 쟁점이 될 경우, 엄밀히 말해 대상은 전혀 중요하지 않다는 점을 분명히 해야 한다. 충동은 대상에 대해서는 전적으로 무관심하다'〉(S, 153). 이 점은 충동을 생물학적인 개념인 본능 instinkt이나 욕구 besion와 비교해 보면 보다 분명해진다. 가령 배고픔은 그 대상으로서 음식물을 욕구하며, 또 그것을 섭취함으로써 그 욕구는 만족되고 사라진다. 이 경우 욕구의 만족은 분명 대상으로부터 온다고 할 수 있다. 그러나 구순 충동은 음식물이라는 대상의 섭취 때문에 만족되는 것이 아니다. 그것은 오로지 입 혹은 입술이라는 기관의 즐거움을 추구한다. 가령 우리는 왜 자연 상태에서 니코틴에 대한 욕구가 없음에도 담배를 배우게 되는가? 바로 피우는 행위 자체로서의 담배(즉 입담배)가 입을 즐겁게 하기 때문이다. 입담배는 니코틴이라는 대상으로부터 만족을 얻으려는 행위가 아니라 오로지 입이라는 기관의 즐거움을 목적으로 삼는 행위이다. 설령 음식물이 입 안에 들어온 경우라도 충동의 목적은 그것을 이용해 입을 즐겁게 하는 것일 뿐 허기를 채워 만족을 주는 대상으로서의 음식물에는 관심이 없다.[4] 다시 말해 기관의 즐거움은 그 즐거움의 원천이 대상에 있는 것이 아니라 기관(성감대) 자체에 있다. 이러한 배경 아래서 라캉이 그림으로 설명한 충동의 운동(S, 163)을 이해해 보자.

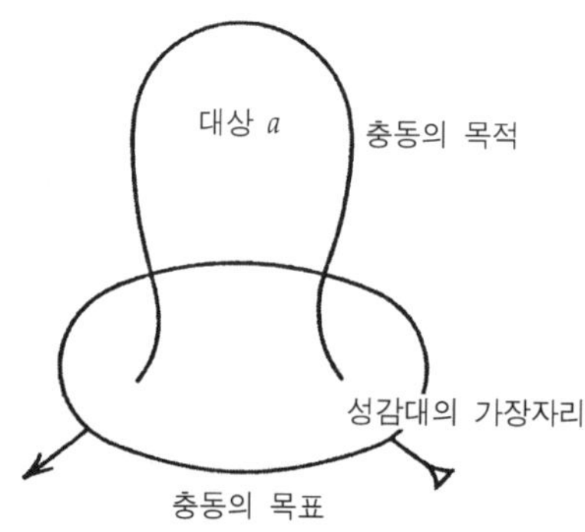

---

4) 〈심지어 당신이 입 ── 충동의 등록부로서 열려 있는 입 ── 에 음식을 넣을 때, 그것은 입을 만족시키는 음식물에 관한 것이 아니라, 입의 즐거움에 관한 것이다〉(S, 153).

즐거움의 원천이 외부 대상이 아니라 기관 자체이므로 충동의 운동이 나르시시즘적인 궤도를 그리리라는 것은 쉽게 짐작할 수 있다. 충동의 원천은 기관(성감대)이므로, 충동은 기관에서 출발해 우선 대상 *a*를 향해서 발사된다. 그러나 대상 *a*는 충동이 진정으로 목적으로 삼는 것이 아니다. 다만 〈'충동은 대상 *a*의 주위를 돈다'〉(S, 153). 진정한 즐거움의 원천은 기관 자체이므로 충동은 대상 *a*의 주위를 돌아 다시 기관으로 되돌아간다. 요컨대 하나의 기관은 하나의 충동이 등록되어 있는 곳, 즉 충동의 원천이며, 동시에 충동의 운동이 도달하고자 하는 〈목표〉이다. 이처럼 충동의 운동은 근본적으로 〈회귀적〉이다. 예컨대 혼자서 하는 키스의 경우를 보자. 사람들은 상대방 없이 혼자 있을 때도 자기가 숭배하는 연예인의 사진 혹은 종교적 아이콘에 키스를 한다. 이 키스의 즐거움은 어디로부터 오는 것일까? 당연히 대상으로부터 오는 것은 아니다. 키스라는 행위로 표현된 이 충동은 대상을 향하는 것이 아니라 오로지 키스를 하는 자신의 기관(입)을 목표로 한다. 혼자 하는 키스의 즐거움은 이러한 충동의 나르시시즘적 운동을 통해 충족되며, 그 즐거움의 원천을 자기 신체에 두고 있다는 점에서 〈자기 성애적〉이다.

그런데 무엇을 충동의 목적으로 이해해야 하며 또 그것은 충동의 목표와 어떻게 구분되는가? 라캉은 〈충동의 만족은 목적에 도달하는 것이다〉(S, 151)라고 말한다. 우리는 이미 위에서 충동의 목적 aim과 목표 goal라는 말을 구분해서 사용하였다. 라캉은 이렇게 말한다. 〈당신이 누군가에게 직무를 맡긴다면 그 목적은 그가 가지고 돌아와야만 하는 것이 아니라 그가 취해야 하는 여정이다. 목적은 도정 trajet이다. …… 충동의 목적은 단지 순환의 궤도로 되돌아가는 것뿐이다〉(S, 163). 충동의 목표는 자신의 원천인 기관 자체이지만, 그 기관 자체에 도달하는 것이 충동의 목적은 아니다. 오히려 충동의 목적은 성감대로부터 출발해 다시 성감대로 되돌아오는 자신의 순환적인 여정을 계속 생산해 내는 것이며, 바로 이로부터 만족을 얻는 것이다. 이러한 충동의 메커니즘은 활쏘기 경기에 비유될 수 있다. 〈활쏘기에서는 목표가 목적은 아니다. 목적은 당신이 쏘아 맞춘 새가 아니다. 목적은 명중시킴으로써 점수를 얻는 것이다. 그렇게 점수를 얻음으로써 목적은 달성된다〉(S, 163). 충동은 이 활쏘기 경기에서 화살과도 같다. 새는 화살이 겨냥하는 목표물일 뿐 목적은 아니다. 목적은 점수(만족)를 얻기 위해 이 활쏘기라는 도정을 계속하는 것이다.

② 충동은 욕망과 어떻게 다른가?

이러한 충동의 메커니즘은 당연히 욕망의 메커니즘과는 전혀 다를 수밖에 없다. 충동과 욕망을 구별하는 것은 쉽지 않은 일인데, 특히 대상 a의 관점에서 구별하려고 할 경우 그 둘의 차이는 좀처럼 드러나지 않는다. 왜냐하면 〈욕망의 대상은 또한 충동의 대상〉이며,[5] 그 둘 모두에게 이 대상 a는 결코 도달할 수 없는 〈잃어버린 대상〉, 결여, 결핍 faille, 상실 perte이기 때문이다. 충동과 욕망을 구분하는 데는 바로 이 결여가 둘 다에게 동일한 의미를 지니는 것은 아니라는 점이 중요하다. 우리의 현실 realité은 상징계로 질서지어져 있다. 즉 〈상징계적 분절을 통해서만 지각은 현실의 특성을 획득한다〉(E, 392). 이 상징계 안에서 욕망을 움직이게 하는 원인은 무엇인가? 바로 이 욕망이 근본적으로 목적으로 삼는 것인 대상 a이다. 그러나 대상 a는, 비유컨대 칸트의 물자체가 현상계 안에 나타

---

5) 〈욕망의 대상은 욕망의 원인이다. 그리고 욕망의 원인인 이 대상은 충동의 대상이다〉(S, 220).

날 수 없는 것처럼, 상징계 안에서 어떤 적극적인 방식으로도 나타
날 수 없다. 실재 혹은 대상 a는 오로지 부정적인 방식으로만, 즉
들뢰즈의 표현을 빌자면 〈빈집 la case vide, 빈 선반 l'étagère vide,
빈 단어 le mot blanc〉(LS, 59)로만 상징계 안에 나타난다.[6] 상징계
안에는 이 대상 a가 자리를 차지할 시니피앙이 없으므로 그것은 〈집
없는 거주자〉(LS, 56) 혹은 〈빈칸〉 신세이다. 욕망은 본성상 이 대
상 a로부터 만족을 얻고자 하나, 숙명적으로 이 대상 a는 이처럼 상징
계 안에 결핍되어 있다. 〈시니피앙은 …… 본성상 〔실재 혹은 대상 a의〕
결핍만을 드러내는 상징이다〉(E, 24). 따라서 욕망이 현실 속에서
얻을 수 있는 것은 고작해야 이 대상 a의 〈모방물〉이거나 〈대체물〉
일 뿐이며(S, 8장 참조), 따라서 욕망은 그 대체물을 소유하면 할수
록 자신이 진짜 원하는 것의 결핍과 불만족에서 오는 갈증에 허덕
이게 될 뿐이다. 가령 시각적 욕망의 항상적 불만은, 상징계 안에서
〈내가 보는 것은 결코 내가 보기를 원하는 것이 아니다〉(S, 95)라는
숙명적인 사실 때문이다. 이 갈증의 불은 니르바나 Nirvana를 통해
서 꺼질 수 있는 성질의 것이 아니라 오로지 대상 a를 거머쥘 때에
만 해소될 수 있는 것이므로, 욕망은 대상 a를 모방(대체)하고 있는
상징계의 한 시니피앙에서 다른 시니피앙으로 옮겨 가는 덧없는 유
랑을 계속할 뿐이다. 상징적인 것만이 자리를 바꾸며 실재계는 언
제나 자기 자리를 지킨다고 라캉이 말한 것은 이런 맥락에서 이해
될 수 있다(E, 25 참조). 실재계는 고정되어 있으며, 이 실재계에 도
달하려는 욕망의 끊임없는 방황에 따라, 대상 a의 빈칸을 채우기

---

6) 잠깐 들뢰즈 철학의 변모 과정을 지적해 두자면, 들뢰즈는 『의미의 논리』에
   서 이러한 개념들과 더불어 어떻게 상징계적인 구조가 작동을 하는가, 어떻게
   계열이 형성되는가 등의 문제를 밝힌다. 이것은 『의미의 논리』에서는 여전히
   상징계가 인정되고 있다는 점을 뜻할 것이다. 그러나 이제 보겠지만 『앙띠 오
   이디푸스』에 와서는 상징계 자체가 타도되어야 할 대상으로 부정된다.

위해 상징계의 대체물들만이 계속 입각과 실각의 자리바꿈을 되풀이하는 것이다. 이처럼 욕망의 쉼 없는 방황을 일으키는 것이라는 점에서 〈대상 a는 욕망의 원인〉(S, 153)이다.

이렇게 욕망은 대상 a를 향해서 정향지어져 있다는 점에서 욕망의 목적은 대상 a이며, 또 그것의 만족은 숙명적으로 얻어질 수 없다는 점에서 욕망의 본성은 근원적인 〈불만〉이다. 그러나 우리가 앞서 보았듯, 충동의 목적은 대상 a가 아니며, 또 충동은 대상 a로부터 만족을 얻지도 않는다. 충동의 목적은 성감대로부터 출발해 대상 a를 한 바퀴 돌고서 다시 성감대로 돌아오는 순환 운동을 끊임없이 하는 것이며, 만족은 바로 이 운동으로부터 얻어진다. 따라서 대상 a는 욕망에게서와 마찬가지로 충동에게서도 거머쥘 수 없는 어떤 것이지만, 충동은 대상 a가 아니라 그 자신의 순환 운동, 즉 그 자신의 끊임없는 〈생산〉으로부터 실제로 만족을 얻을 수 있으므로 결코 불만으로 정의되어서는 안 된다. 이런 뜻에서 라캉은 충동이 만족을 얻을 수 있다는 사실을 이렇게 명시한다. 〈…… 구순 충동을 만족시켜 주는 것은 영원히 결여되어 있는 대상 주위를 도는 것이다〉(S, 164). 같은 맥락에서 대상 a는 욕망의 운동을 가능케 하는 원인이기는 해도 충동의 원인은 될 수 없다. 요컨대 〈대상 a는 구순 충동의 기원이 아니다〉(S, 164). 이러한 욕망과 충동의 차별성을 바탕으로 할 때에만 들뢰즈의 이론이 어떤 점에서 라캉의 충동 이론과 공통점을 지니는지를 밝힐 수 있다.

3 결여로서의 욕망과 생산으로서의 욕망

① 욕망의 신학화에 반대하여

그렇다면 어떤 의미에서 들뢰즈의 욕망하는 기계는 라캉의 부분 충동과 놀랍도록 유사한가? 어떻게 보면, 우리는 충동을 욕망과 대질시킴으로써 이미 절반쯤 이 물음에 답했다. 욕망은 늘 불만으로, 혹은 결핍으로 정의되는데, 이러한 욕망 개념만큼 들뢰즈에게 비판받는 것도 없다. 결여로서의 욕망은 결국, 〈잃어버린 것의 획득〉이라는 플라톤의 상기론(想起論)의 변주에 불과하며(A, 32 참조), 따라서 목적론이라는 신화에 의존하고 있다. 즉 자기에게 결여되어 있는 선의 이데아를 향한 모든 존재자들의 운동과 똑같이, 결여되어 있는 대상 a를 향한 욕망의 운동은 목적론적 형태를 띠는 것이다. 그리하여 욕망 이론은 일종의 신학이 된다. 〈결여는 순수하게 신화적인 것이다. 그것은 부정 신학(否定神學)의 일자(一者)와 같은 것이다〉(A, 70). 부정 신학에서 절대자는 어떤 개념적 도구를 통해서도 규정할 수 〈없다〉. 현상계 안에서의 어떤 적극적 규정도 절대자에 대해선 유효치 〈않다〉라는, 〈부정〉의 형태 속에서만 절대자는 나타난다. 존재자가 현상계 안에서 만날 수 있는 감각적 대상들, 또는 이런저런 형태로 규정된 것들은 모두 절대자가 아니며, 바로 이 〈아님〉을 통해서만 절대자를 현시한다. 현상계 안의 모든 존재자들의 욕망이란 바로 이 절대적인 초월자를 향한 운동이라는 점에서 목적론적이며, 또 이것은 그 자신이 갇혀 있는 현상계라는 본래적 한계 때문에 숙명적으로 충족될 수 없는 욕망, 늘 결핍에 시달려야 하는 욕망일 수밖에 없다. 욕망에 대한 이러한 목적론적·부정 신학적 해석이 플라톤부터 레비나스에 이르는 서양 철학을 지배한다.[7]

이러한 부정 신학적인 초월의 운동은 〈결여〉를 통해 정의된 라캉의 욕망 개념과도 매우 흡사하다. 부정 신학에서의 절대자처럼 대상 a는, 결코 대상 a가 〈아닌〉 시니피앙, 대상 a가 〈부재하는〉 빈 집을 통해서만 부정적으로 출현한다. 대상 a를 거머쥐려는 욕망은 그 자신이 갇혀 있는 상징계의 본성 때문에 계속 대체물들(시니피앙들)의 부정적 매개만을 반복하는 영원한 운동을 할 수밖에 없으며, 또 이 운동은 숨어 있는 신이라고 해야 할 대상 a에 의해 궁극적으로 인도를 받으므로 목적론적인 성격을 지닌다고 해야 할 것이다.[8] 결국 결여로서의 욕망에 대한 들뢰즈의 비판은 〈욕망의 신학화〉에 대한 비판이다.

② 생산으로서의 욕망과 충동 ── 〈생산〉과 〈기계〉의 뜻

그러나 충동의 경우는 다르다. 들뢰즈가 결여로서의 욕망에 맞서

---

7) 〈존재-신학〉에 대한 하이데거의 비판 이후로, 부정 신학적 전통 위에 선 현상학자들은 노련하게 존재-신학적인 낡은 목적론으로의 복귀를 피해 나갔다. 그럼에도 불구하고 현대의 부정 신학적 철학은 결국 〈무한을 향한 모든 존재자들의 운동〉이라는 플라톤 이래의 목적론을 어떤 식으로든 수용할 수밖에 없다는 점은 레비나스의 다음과 같은 말 속에 잘 나타나 있다. 〈현대의 반(反)인간주의의 멋진 착상은 인간의 이념, 인간이라는 목적 but과 그것의 기원을 포기해 버린 데 있다. …… 〔그러나〕 엄밀히 말해서 타인이 곧 '목적 fin'이다〉(E. Levinas, *Autrement qu'être ou au-delà de l'essence* 〔La haye : Martinus Nijhoff, 1974〕, 164쪽). 현상계를 구성하는 어떤 범주를 통해서도 규정되지 않는 절대자는 레비나스에게선 타인의 얼굴을 통해 나타난다. 〈타인과의 관계〉 속으로 들어온 절대자는 레비나스가 말하듯 여전히 〈목적〉이며, 따라서 이를 갈망하는 우리의 욕망은 목적론적 운동의 형태를 띨 수밖에 없다.

8) 이 부분 대상은 근본적으로 〈완전히 상실되어 사라진 전체적 대상〉을 대체하고 있다. 〈기원의 신화〉를 환기시키는 이 사라진 전체적 대상의 개념이 어떤 점에서 목적론과 관련을 맺고 있는가에 대해서는 필자의 글 「들뢰즈에 대한 오해들」, ≪문학인≫(2002, 가을호), 352-354쪽 참조.

서 내세우는 것이 〈생산으로서의 욕망〉인데, 바로 라캉의 충동 개념이 이 새로운 욕망 개념을 충족시켜 준다. 도대체 생산으로서의 욕망이란 무엇인가? 생산이라는 말이 지닌 뜻풀이에 입각해 우리는 이 욕망을 〈어떤 것의 원인이 될 수 있는 힘〉이라고 정의할 수 있다. 결여와는 전혀 상관없이 정의된 이러한 욕망 개념은 이미 칸트에게서 발견된다. 칸트는 〈이 능력은 자신의 표상을 통해서 표상들의 대상들이 실재하게 하는 원인이 된다〉(『판단력 비판』, 학술원판 V, 177)고 생산의 관점에서 욕망을 정의한다. 즉 욕망하는 바의 표상을 실재로 생산하는 힘이 욕망인 것이다. 플라톤 이래 욕망을 결여로, 영원한 부족함으로, 그러므로 일종의 거지 근성으로 정의해 온 전통에 맞서서, 욕망을 생산하는 힘으로서 부각시킨 칸트 철학의 업적은 〈욕망 이론에서의 비판적 혁명〉(A, 32)이라고 평가할 만하다. 그러나 들뢰즈의 생산하는 욕망 개념의 원형을 이루는 보다 직접적인 조상을 철학사에서 찾자면 그것은 칸트보다는 스피노자의 〈힘 potentia/puissance〉 개념일 것이다. 스피노자에게 〈신의 힘은 신의 본질 자체이다〉(『에티카』, I, 명제 34). 여기서 본질, 즉 힘이 바로 생산하는 일을 한다. 〈이 힘에 의해서, 신은 자신의 본질로부터 나오는 모든 사물들의 원인이 되고 또한 자기 자신의 원인이 된다〉(SPP, 134). 그런데 이 본질이 바로 속성들이다. 〈속성들은 실체〔신〕의 본질을 구성한다〉(SPP, 74). 따라서 우리는 힘은 속성들이며 이 힘이 하는 일은 자기 자신과 사물들의 〈생산〉이라고 결론지을 수 있다. 〈신은 무한한 속성들로 구성되는 한에서 …… 사물의 진정한 원인이다〉(『에티카』, II, 명제 7, 주석). 이렇듯 들뢰즈의 생산하는 욕망 개념은 스피노자의 〈속성〉을 철학사적 원천으로 삼고 있다. 우리는 앞으로 들뢰즈의 욕망 이론을 구성하는 개념들이 스피노자의 실체, 속성, 양태의 구조를 따라서 만들어졌다는 것을 볼 텐데,

미리 하나 밝히자면 바로 이 속성이 들뢰즈의 〈욕망하는 기계〉에 해당한다.

　이처럼 칸트와 스피노자가 플라톤주의에 대립하는 들뢰즈의 생산하는 욕망 개념의 철학사적 뿌리라면, 라캉의 부분 충동은 정신분석학적 관점에서 빛을 비추어주는 영감의 원천이라고 해야 할 것이다. 앞서 보았듯이 충동은 끊임없는 순환 운동을 목적으로 삼으며 그로부터 만족을 얻는다. 다시 말해 충동의 유일한 목적은 그 자신을 끊임없이 〈생산〉하는 것이다. 지젝이 적절히 표현했듯이 〈충동의 궁극적인 목적은 단순히 그 자신을 충동으로 재생산하는 것, 충동의 순환 궤도로 되돌아가는 것, 목표를 향한, 그리고 목표로부터 나오는 그 궤도가 계속되게끔 하는 것이다〉.[9] 충동이 하는 일이란 그 자신을 충동으로 계속 생산하는 것이므로, 여기서 '작동(충동이 하는 일 혹은 충동의 기능)'은 자기 생산 혹은 자기 '형성'과 구별되지 않는다. 이러한 생산하는 충동의 본성은 들뢰즈의 욕망하는 기계의 본성과 동일하다. 〈욕망하는 기계들의 작동은 그것의 형성과 식별되지 않는다〉(A, 341). 욕망하는 기계에게선 〈생산하는 일과 생산되는 일이 일치〉(A, 14)한다. 그런데 이것은 또한 스피노자의 속성이 가진 성격이 아니었던가? 왜냐하면 들뢰즈가 말하듯 실체는 자신의 본질을 구성하는 속성들이라는 힘을 통해서 자기 자신의 원인이 되니까 말이다. 이처럼 스피노자의 속성, 라캉의 충동, 들뢰즈의 욕망하는 기계는 모두 생산하는 일을 사명으로 하며, 그 생산은 자기 원인이 되는 것, 즉 자신을 끊임없이 재생산(형성)하는 것이다.

　우리는 또 들뢰즈가 욕망(충동)을 가리키기 위해서 왜 〈기계〉라

---

9) S. Žižek, *Looking Awry : An Introduction to Jacques Lacan through Popular Culture*(Cambridge, Mass./London : The MIT Press, 1991), 5쪽(약호 LA).

는 말을 사용하는지도 라캉의 충동 개념을 통해서 이해할 수 있다. 기계라는 말은 목적론에 맞서기 위해 채택된 개념이다. 결여된 대상 a를 궁극적으로 지향한다는 점에서 욕망의 운동은 목적론적이며, 이 목적론은 전형적인 변증법적 형태를 띤다. 내가 무엇인가를 욕망할 때 그것은 궁극적인 욕망의 대상의 대체물일 뿐이다. 즉 욕망은 늘 대체물들을 끊임없이 매개 항으로 삼으면서만 궁극 목적을 향한 운동을 지속할 수 있으며, 이런 까닭에 변증법적이다. 그러나 충동의 운동은 기계적이다. 그것은 끊임없는 순환만을 고집하는 운동일 뿐, 원인도 목적도 없다. 욕망에게서는 원인이자 목적인 대상 a가 충동에게서는 순환 운동의 반환점에 지나지 않는다. 순환 운동의 이러한 기계적 성격에 비추어 볼 때, 지젝이 충동을 터미네이터에 비유한 것은 적절했다. 〈충동은 변증법적 책략을 통해서는 사로잡을 수 없는 '기계적인' 집요함이다. …… 터미네이터는 충동의 화신이다〉(LA, 21-22). 그런데 그 어떤 목적론적·신학적·변증법적 함의도 지니지 않는 충동의 성격은 바로 들뢰즈의 욕망하는 기계의 특징이기도 하다. 들뢰즈는 욕망하는 기계를 〈목적도 없고 원인도 없는 욕망〉(A, 454)으로 정의한다. 만일 목적이 있더라도 궁극적인 도달점으로서의 목적이 아니라 지속적인 과정만을 유일한 목적으로 추구하기에, 그것은 〈기계〉이다. 물론 생산하는 욕망의 이러한 기계로서의 성격 역시 근본적으로는 스피노자적이다. 스피노자에게서 속성들을 통한 모든 사물들 및 신 자신의 생산은 신의 의지에 의한 창조(전형적인 목적론적 개념)가 아니라 〈논리적〉 과정에 따른다. 생산을 주관하는 이런 논리적 과정이, 스피노자 속성 개념의 후계자인 들뢰즈의 생산하는 욕망과 관련해서는 〈기계〉라는 또 다른 명칭으로 불리는 것이다.

4 욕망하는 기계와 기관들 없는 신체

① 충동들의 파편성(라캉)과 속성들의 이접성(스피노자)

이제 들뢰즈의 욕망하는 기계 개념이 어떤 의미에서 스피노자 철학을 매개로 라캉의 부분 충동과 관계할 수 있는지 자세히 해명해 보자. 들뢰즈는 라캉의 제자인 르클레르가 쓴 다음 구절에 주목하면서(A, 369), 충동들의 비유기체적인 부분적 성격, 즉 파편성을 스피노자의 구별 이론과 관련하여 이해한다. 〈만일 분석이 두 요소간의 관련성 lien을 다시 발견한다면, 이것은 이 두 요소가 무의식의 환원 불가능한 궁극적 항들이 아니라는 징조이다.〉[10] 즉 두 요소간의 관련성이 발견되지 않는다면 이들은 무의식의 환원 불가능한 궁극적 항들이라 할 수 있다. 르클레르는 환원 불능성을 강조하기 위해서 이 요소들에 대해 〈순수 특정성들pures singularités〉(RD, 151)이라는 이름을 붙인다. 들뢰즈가 이해하듯 이 순수 특정성들이 가리키는 것은 서로 통합되어 하나의 유기체를 이룰 수 없는 부분 충동들이다. 부분 충동들, 즉 욕망하는 기계들 사이의 이러한 환원 불능성은 스피노자에게서는 서로 간에 아무런 인과 관계도 없으며, 하나의 유기적 전체로 통합되지도 않는 속성들간의 구별(실질적 구별)에 대응하는 것이다.

---

10) S. Leclaire, "La réalité du désir," *Écrits pour la psychanalyse*(Paris : Éditions du Seuil/Éditions Arcanes, 1996), t. 1, 150쪽(약호 RD). 르클레르의 이 논문은 『앙띠 오이디푸스』 전체를 통하여 가장 중요하게 취급되는 문헌 가운데 하나로, 들뢰즈는 자주 이 논문을 매개로 라캉에 접근한다. 그러나 들뢰즈가 르클레르의 궁극적 의도에 충실한 것은 결코 아닌데, 르클레르는 파편적인 부분 충동들이 어떻게 통합될 수 있는가에 답하는 것을 목적으로 하는 반면, 들뢰즈는 반대로 충동들의 통합 불능성을 강조하기 때문이다.

그렇다면 서로 환원되지 않으며 유기체를 이루지 않는 이 요소들의 종합을 어떻게 설명해야 할까? 〈우리는 여기서 르클레르가 욕망의 패러독스를 제시하면서 제기한 이런 물음을 다시 발견한다. 어떻게 요소들이 바로 유대의 부재를 통해서 결합되는가?〉(A, 484) 서로 전혀 관련이 없는 병렬적인 충동들은 어떻게 종합될 수 있겠는가? 르클레르는 이렇게 말한다. 〈관련성의 이러한 부재는 이 전체의 정합적 결합cohérence de cet ensemble이라는 특별한 힘을 구성한다〉(RD, 150). 관련성의 부재가 어떻게 역설적으로 정합적 결합을 가능케 하는 특별한 힘이 된다는 것인가? 이런 기괴한 생각은 분명 스피노자적이다. 〈르클레르는 여기서 스피노자와 라이프니츠 철학에서의 '실질적 구별의 정확한 기준'을 이용하고 있다. 즉 궁극적 요소들(무한한 속성들)은 서로 의존하지 않으며 그들 사이에 반대 관계도 모순 관계도 없기 때문에, 신에게만 귀속 가능하다는 것이다. 직접적 관련성이 전혀 없다는 것은 그 요소들이 공통적으로 신적 실체에 속한다는 것을 보증한다. 부분 대상들과 기관들 없는 신체의 경우도 마찬가지이다. 기관들 없는 신체는 실체 자체요, 부분 대상들은 실체의 속성들, 즉 궁극적 요소들이다〉(A, 369). 여기서 들뢰즈는 명시적으로 욕망하는 기계를 속성들과, 기관 없는 신체를 실체와 동일시하고 있다[11](들뢰즈는 욕망하는 기계와 그 기계가 욕망

---

11) 이렇게 들뢰즈가 『앙띠 오이디푸스』에서 기관들 없는 신체를 스피노자의 실체와 같게 본 것은 명백하다. 우리가 직면하는 문제는 이런 것이다. 위에서 보듯 그는 〈기관들 없는 신체는 실체 자체이다〉라고 말한 후 『천의 고원』에 와서는 이렇게 말한다. 〈기관들 없는 신체는 욕망의 내재성의 장이다〉(MP1, 162). 결국 말 그대로만 따지자면 내재성의 장, 기관들 없는 신체, 스피노자적인 실체는 같은 의미를 지닌다는 결론이 나온다. 그런데 말년에 와서는, 가령 다음 구절이 알려주듯 내재성의 장과 실체를 동일시하지 않는다. 〈스피노자에게 있어서 내재성은 실체에 '대해[실체 속에]' 있지 않다l'immanence n'est pas à la substance. 실체와 양태는 내재성 속에 있다〉(IV, 4). 적어도 용어상

하는 대상 모두를 구별 없이 부분 대상이라고 하는데 왜 이렇게 용어
를 사용하는지에 대해서는 뒤에서 설명할 것이다). 스피노자 철학에서
각각의 속성들은 유일 실체에게만 귀속되며, 질적으로 서로 다른
속성들간에는 아무런 인과 관계가 없다. 그러므로 속성들간에는 〈이
접적 disjonctive 관계〉 혹은 아무런 관계도 없다는 의미를 강조하
자면 〈비관계 non-rapport〉만이 있다(F, 69).[12] 이렇듯 서로 이접적
인 속성들이 유일 실체에 귀속되는 것과 동일한 방식으로 서로 이
접적인 욕망하는 기계들은 기관들 없는 신체에 귀속된다. 〈기계들
[욕망하는 기계들]은 그만큼의 이접점들로서 기관들 없는 신체에 붙
어 있다〉(A, 18).

　　② 기관들 없는 신체와 스피노자의 신

　　그런데 스피노자의 실체에 비견되는 기관들 없는 신체란 무엇인
가? 들뢰즈는 이 신체를 〈욕망의 생산의 모든 과정이 등록[13]되는

　　서로 모순을 일으키는 듯한 이러한 진술들은 들뢰즈의 스피노자주의가 말년에
　　와서 변화되었음을 암시한다. 우리는 이 글의 마지막에서 이 문제를 다루게
　　될 것이다. 앞 장에서 이미 말했듯, 들뢰즈에겐 스피노자를 독해하는 관점의
　　변모가 존재한다. 하나는 〈유일 실체와 다수의 속성들〉을 중심에 두는 관점이
　　며, 후기에 강조되는 다른 하나는 양태들의 변용을 강조하면서, 실체 개념을
　　도외시한 채 내재성의 장을 〈양태적 구도〉(SPP, 164)로 정의하는 관점이다.
　　들뢰즈의 많은 후기 텍스트들은 이 두번째 관점에 대한 이해를 전제로 한다.
　　그러나 이 장에서는 우선 『앙띠 오이디푸스』의 노선에 따라 기관 없는 신체와
　　스피노자적 실체를 같게 보는 관점을 따른다.

12) 〈비관계〉에 대한 자세한 설명은 필자의 책, 『차이와 타자 —— 현대철학과 비
　　　표상적 사유의 모험』(문학과지성사, 2000), 229쪽 주 24 참조.
13) 들뢰즈는 욕망하는 기계들과 기관들 없는 신체가 맺는 관계를 〈등록〉이라고
　　　표현하는데, 이러한 표현도 라캉이 먼저 사용한 것이다. 라캉은 하나의 충동과
　　　그 충동에 고유한 기관과의 관계를 〈등록〉이라는 말로 나타냈다(S, 153 참조).
　　　가령 우리는 시각적 충동은 눈에 등록되어 있다고 표현할 수 있다.

170

표면〉(A, 17)이라고 설명하는데, 이를 어떻게 이해해야 하는가? 기관들 없는 신체를 해명하고서야 그것을 배경으로 들뢰즈와 라캉의 관계를 추적하는 일을 계속할 수 있을 것이다. 기관들 없는 신체라는 개념의 용법들은 다소 편차를 지니는데, 논의의 맥락에 따라 들뢰즈는 소설의 모든 언표들이 등록되는 표면으로서 화자 등을 이 개념의 외연으로 제시하는 일도 있다. 어떤 맥락에서 논의되건 간에 중요한 것은, 기관들 없는 신체가 욕망하는 기계와 별도로 독립해 있는 어떤 초재적인 존재자나, 우리의 경험에 표상될 수 있는 어떤 객체로 이해되어서는 안 된다는 점이다. 아울러 욕망하는 기계들이 하나의 동일한 기관들 없는 신체 위에 이접적으로 등록된다는 주장이 담고 있는, 〈유기체〉에 대한 비판을 간파하는 것도 중요하다. 기계들간의 이접성(비관계성)은 당연히 그 어떤 유기체적 모형을 통해서도 해명되지 않는다.

들뢰즈는 기관들 없는 신체를 칸트가 신을 해명했던 방식으로 설명하고 있다(그런데 칸트를 끌어들이는 이유는 칸트의 신 개념을 매개로 궁극적으로는 스피노자의 신 개념으로 나가기 위해서이다). 〈이 기관들 없는 신체를 관통하여 흐르는 에너지는 신적이다. ……'당신은 신을 믿는가?'라고 묻는 사람에게 우리는 엄밀히 칸트나 슈레버 D. P. Schreber식으로 이렇게 답해야 한다. 물론 믿는다. 다만 이접적 삼단 논법〔선언적 삼단 논법〕syllogisme disjonctif의 대가가 그렇게 하듯, 이 삼단 논법의 선험적 원리로서 믿는다(〔이 삼단 논법과 관련해서〕 신이 '실재의 총체 Omnitudo realitatis'로 정의되고 있다. ……)〉 (A, 19). 칸트처럼 신을 〈실재의 총체〉로 이해해야 한다는 것은 무슨 말인가? 우선 이것은 객체에 술어를 귀속시키는 방식, 즉 판단을 산출하는 방식과 관련하여 설명되어야 한다. 우리는 흔히 모순율을 통해서 술어(속성)를 개념에 귀속시킨다고 믿는다. 가령 어떤 술어 p가 어느 개념에 귀속되면 동시에 ~p는 귀속될 수 없다. 그런데 이러한 형식 논리적인 모순율만으로는 술어가 —— 개념이 아닌 —— 객체에 귀속되는 방식을 모두 설명할 수는 없다. 가령 〈사물 A는 붉은 색(p)이며 그 외에 어떤 색도 아니다〉라는 판단은 단지 〈붉은 색이 아니다(~p)〉라는 술어에 대한 판단만을 내포하고 있는 것이 아니라, 색에 관한 그 밖의 모든 가능한 술어에 대한 판단도 내포하고 있다. 즉 이 판단은 〈서로 대립하는 두 술어['붉은 색이다'와 '붉은 색이 아니다'] 가운데 하나가 한 사물에 귀속하는 것을 의미할 뿐만 아니라, 모든 '가능한' 술어들 가운데 하나가 한 사물에 귀속한다는 것도 의미한다〉(A 573/B 601 ; Ⅲ, 386). 한 사물에 대해 판단할 때(즉 한 사물에 어떤 술어를 귀속시키고자 할 때) 우리는 암암리에 그 사물과 모든 가능한 술어들 전체를 비교하는 것이다. 다른 말로 하면 한 사물에 대한 인식(판단)은 가능한 술어 전체를 전제하고서만 이루어질 수 있다. 즉 모든 가능한 술어(속성) 전체, 또는 모든 가능한 실재의 총체가 각 사물에 대한 규정(판단)의 배후에 전제되어 있는 것이다. 〈우리의 이성 안에는 완전한 규정의 근저에 하나의 초월적 기체(基體)가 있다. 말하자면 이것이 재료 전부를 저장한 창고라서, 여기서 사물의 모든 가능한 술어들을 얻을 수 있다. 이 초월적 기체는 실재의 총체라는 이념 외에 다른 것이 될 수 없다〉(A 567/B 603-604 ; Ⅲ, 388). 이러한 실재의 총체를 〈초월적 기체〉(혹은 들뢰즈의 용어대로라면 〈선험적 원리〉)로 삼고서만, 〈현실적인 개별 사물들에 속성(술어)을 귀속시키는 원리로서의〉 이접적 삼단 논법이 가능하다. 이 〈실재의 총체〉, 들뢰즈식으로 표현하자면 속성들이 모두 등록되어 있는 하나의 신체를 일컬어 칸트와 들뢰즈는 바로 〈신〉이라고 일컬었던 것이다(참고로, 칸트가 실재의 총체라는 말로 표현하는 것은 개개 사물에 붙을 수 있는 가능한 속성들 전체이

172

지, 객관적으로 경험될 수 있는 현실화한 실재 전체를 일컫는 것은 아니다. 실재는 가능한 것으로서의 실재이며, 경험 안의 현실성과는 대립한다. 속성들〔술어들〕 전체는 현실적이지는 않지만, 실재적이다).

그런데 이러한 실재(술어)의 총체라는 칸트의 신 개념은 의외로 스피노자의 신 개념과 매우 유사하다. 칸트에게서 모든 실재(술어)의 총체가 신이듯 스피노자에게서도 모든 속성의 총체가 신이다. 칸트의 신이 개별자들에 귀속할 수 있는 모든 술어들(속성들)의 총체적 저장 창고이듯, 스피노자의 신은 무한한 속성들 전체의 〈다수성 multiplicité〉을 의미한다. 스피노자의 개별자, 즉 양태들은 언제나 이 속성들을 통해서 존립한다. 칸트에게서, 개별자들은 신이 보유하고 있는 술어들을 통해서 하나의 판단 속에서 나타날 수 있듯이 말이다. 이렇게 실재(술어)의 총체라는 칸트의 신 개념이, 무한한 속성으로 이루어진 신이라는 스피노자의 신 개념과 유사한 면모를 지니기에 들뢰즈는 칸트의 이론을 사용하여 기관들 없는 신체를 설명하는 동시에 또 〈기관들 없는 신체에 관한 위대한 책, 그것은 바로〔스피노자의〕『에티카』가 아닐까〉(MP1, 161)라고 감탄할 수 있는 것이다. 〈기관들 없는 신체는 그 말의 가장 스피노자적인 의미에서 내재적 실체〉(A, 390)인 동시에 칸트적인 의미에서 〈실재의 총체〉이다.[14]

---

14) 물론 칸트와 스피노자의 차이점에 대해서도 잠깐 언급하지 않을 수 없겠다. 이 차이점은 〈가능성 possibilité〉과 〈잠재성 virtualité〉 범주를 구별함으로써 드러날 수 있다. 칸트라면 실재(술어들 또는 속성들)의 총체는 가능한 것이며 현실적인 actuel 것은 아니라고 말할 것이다. 들뢰즈라면 실재의 총체는 잠재적인 것이며, 가능한 것도 현실적인 것도 아니라고 말할 것이다. 가능성과 잠재성 사이에 무슨 차이가 있는가? 실재의 현실성과 가능성 사이의 차이는 현존 existence을 내포하는가 내포하지 않는가의 차이이다. 반면 실재의 현실성과 잠재성 사이의 차이는 현존을 기준으로 하지 않는다. 들뢰즈의 용어법에 따르면 실재의 잠재성은 현실성만큼이나 이미 현존을 포함하고 있다. 다만 그

이와 같이 기관들 없는 신체는 욕망하는 기계에 대해 독립된 지위를 가지는 존재자도 아니요, 경험상에 현시될 수 있는 표상도 아니요, 오로지 〈서로 이접적인 모든 욕망하는 기계들의 총체〉이다. 마치 스피노자에게서 실체가 속성에 대해 상위의 독립적인 형이상학적 지위를 가지는 것이 아니라 〈모든 속성들의 총체〉이듯이 말이다. 〈속성들의 실질적-형식적 구별은 실체의 절대적인 존재론적 통일성과 대립하지 않고, 반대로 그것은 실체의 그 통일성을 구성한다〉(SPP, 148). 이렇게 속성들의 다수성이 실체의 단일성과 모순되는 것이 아니라 그 단일성 자체를 구성하는 것과 마찬가지로, 〈욕망하는 기계들은 그들 자체를 통하여 기관들 없는 신체를 생산한다〉(A, 40).

들뢰즈는 욕망하는 기계들의 힘을 〈리비도〉라고 부르고, 이것들이 하나의 전체를 이루어 기관들 없는 신체를 구성했을 때 그 힘을 신적인 힘, 즉 〈누멘 Numen〉이라고 부르는데, 이런 난데없는 명칭 또한 스피노자를 배경으로 해서 이해되어야 한다. 〈욕망하는 생산

실재가 현실태로 나타나지 않고 잠재되어 있을 뿐이다. 이런 잠재성과 실재성의 차이는 곧 칸트의 초월 철학의 신과 스피노자의 형이상학의 신 사이에 어떤 차이가 있는지를 말해 준다. 칸트 철학에서 신은 현존을 함축하지 않는 이념일 뿐이므로, 가능한 것이지 잠재적인 것은 아니다. 반면 스피노자의 신은 현존을 함축하지만 현실화된 개별자들의 생성 배후에 잠재되어 있다. 따라서 들뢰즈가 칸트의 이접적 삼단 논법의 신 개념을 통해 기관들 없는 신체를 설명하고 있음에도, 엄밀히 들뢰즈의 존재 범주들에 충실하자면 이 신체는 스피노자적인 〈잠재적 신〉과만 동일하게 이해되어야 한다. 〈결국 그는 칸트로부터 이접적 삼단 논법의 선험적 원리를 신을 이해하기 위한 필수적 형식으로서 받아들이지만, 존재 범주들은 받아들이지 않는다.〉 마지막으로 오해의 여지를 남기지 않기 위해 들뢰즈의 용어에 관해 말해 두자면, 들뢰즈가 잠재성과 가능성을 구분하는 페이지들에서, 가능성과 실재 le réel를 대립시킬 때 이 실재란 현실화한 실재로 이해되어야 한다(DR, 272-273 참조). 왜냐하면 칸트의 초월 철학이 인정하고 있는 〈실재의 총체〉라는 신에 대한 정의에 입각하면, 실재 자체는 가능성과 대립하지 않기 때문이다. 오로지 현실화된 것으로서의 실재만이 가능성과 대립한다.

의 연결적 '노동'[15]을 리비도라 부른다면, 이 에너지의 한 부분이 이 접적 등기의 에너지(누멘)로 변형된다고 말해야 한다. …… 왜 이 새로운 형태의 에너지를 신적이라 부르는가?〉(A, 19) 이러한 명칭은 스피노자가 속성들의 총체를 신이라 부르고, 칸트가 술어들의 전체 저장 창고(실재의 총체)를 신이라 부른 것과 동일하게 이해되어야 한다. 칸트에게서 만물은 그것이 가능하기 위한 술어들 혹은 속성들을 이 실재의 총체로부터 가져온다는 점에서 이 총체는 신이라 불릴 만하다. 이와 마찬가지로, 개별자가 지닐 수 있는 모든 힘의 원천인 욕망하는 기계들 전부가 귀속되어 있는 총체라는 점에서 기관들 없는 신체는 신적이며, 그것의 에너지도 신적이라고 불리는 것이다. 우리는 정신 분석의 임상 사례에서도 누멘이라는 명칭의 타당성을 잘 보여주는 예를 발견할 수 있는데 바로 슈레버의 경우가 그렇다. 앞의 인용(이 글 171쪽 하단의 인용)에서 들뢰즈가 이미 암시했던 바이지만, 슈레버의 신은 칸트 철학에서 실재의 총체인 신 혹은 스피노자의 신과 놀랍도록 똑같다. 프로이트가 슈레버의 자서전을 요약한 부분 가운데 한 구절을 읽어보자. 〈신의 신경들은 인간이 가진 신경들을 다 가지고 있다. …… 신의 신경들이 지닌 창조적 힘 —— 즉 피조물의 세계 속에 있는 모든 대상으로 자신들을 변하게 할 수 있는 힘 ——과 관련하여, 그 신경들은 광선들이라 불린다〉(GW, Ⅷ, 255). 이것은 슈레버가 정신병을 앓는 상태에서 만들어낸 자신의 신학 체계인데, 여기서 신경이란 말을 속성 혹은 술어라고 바꾸면, 그것은 곧 가능한 술어의 총체로서의 신 혹은 속성들 전체로서의 신에 대한 기술과 정확히 똑같아진다. 슈레버의 용어로 스피노자를 번역해 보자면, 〈신은 모든 신경들의 총체이며, 그런 신

---

15) 욕망하는 기계들의 연결 connexion에 대해서는 이 글의 마지막 부분에서 다룬다.

경들이 개별자들의 원인이 될 때 그 신경들은 광선들이라 불린다〉
가 될 것이다. 스피노자와 슈레버가 동일한 구조를 가지고 있다는
점은 들뢰즈의 욕망 이론에서 중요한 의미를 지닐 수 있다. 왜냐하
면 들뢰즈의 스피노자적 욕망 이론이 보이고자 하는 바는 욕망의
본래적 형태는 분열증이라는 것인데, 분열증자의 임상적 사례인 슈
레버[16)]가 바로 스피노자적인 방식으로 매우 정확하게 자기의 본성
을 이해하고 있기 때문이다. 뒤에서 우리는 어떻게 이접적인 욕망
하는 기계들과 이들의 전체로서 기관들 없는 신체로 구성된 욕망
이론이, 분열증을 욕망의 유일한 본래적 형태로서 발견할 수밖에
없는지 볼 것이다.

3 라캉의 알과 들뢰즈의 알, 라멜르

이러한 들뢰즈의 기관들 없는 신체는 라캉의 욕망 이론과 어떤
친화성을 지니는 것일까? 이에 답하기 위해선 두 사람 모두가 사용
하는 〈알[卵]〉의 메타포를 비교해 보아야 한다. 들뢰즈가 기관들
없는 신체를 설명하기 위해 사용하는 유명한 은유가 바로 알인데,
그것은 그리올 M. Griaule의 연구에 나오는 도공족의 신화에서 차
용된 것이다(A, 185-188). 〈기관들 없는 신체는 알이다〉(MP1, 172).
〈우리는 기관 없는 신체를, 기관들이 기관화[유기체화]되기 이전의,
그리고 층들strates이 형성되기 이전의 알로 다룬다〉(MP1, 161 ; 번
역 수정). 알은 아직 유기체를 형성하지 않은 단계이므로, 비유기체
적인 기관들 없는 신체를 표현해 주는 은유로 사용되는 것이다. 〈우

---

16) 들뢰즈는 슈레버를 분열증의 범례로 본다. 〈그 법원장[슈레버]은 편집병자라
　　기보다는 오히려 분열자이다〉(A, 437). 그러나 또 『천의 고원』에서는 다른 관
　　점에서 슈레버를 편집증 환자로 규정하기도 한다(MP1, 128 참조).

리는 알이, 유기적으로 되기 '이전의' 신체의 상태를 나타내 준다는 것을 안다. …… 〔알은〕'입도, 혀도, 이빨도, 후두도, 식도도, 위도, 배도, 항문도 없다.' 유기적이지 않은 생명 전체일 뿐이다〉(FB, 33). 이러한 알의 특성은 바로 기관들 없는 신체의 특성 자체이다. 〈적은 기관이 아니다. 적은 유기체다. 기관들 없는 신체는 기관들에 대립하는 것이 아니라 유기체라고 불리는 기관들의 조직에 대립한다〉(MP1, 167). 왜냐하면 기관들 없는 신체는 서로 이접적인 욕망하는 기계들 전체이고, 이들의 이접성은 인과 관계를 비롯한 어떤 유기체적 성격과도 양립 불가능하기 때문이다. 또한 이는 곧 라캉에서 통합되지 않는 부분 충동들로 이루어진 신체에 관한 설명으로 간주되어야 하지 않겠는가?

라캉도 재미있는 〈알〉의 은유를 사용하고 있는데, 이 알은 〈부분 충동들의 발생〉을 설명해 준다. 자궁 속에서 빠져나온 갓난아기는 껍데기 밖으로 흘러나온 알과 같다. 〈인간 l'Homme은 알껍데기가 깨지면서 만들어진, 오믈렛 l'Hommelette이다〉(E, 845). 이것은 말장난꾼 라캉이 깨진 달걀이란 뜻을 가진 오믈렛 omelette을 인간화한 단어이다. 라캉은 이 오믈렛을 또 다른 이름으로 부르기도 하는데, 그것이 바로 유명한 〈라멜르 lamelle〉이다(E, 846 ; S, 179). 이 알의 메타포는 플라톤의 『심포지움』에 나오는 아리스토파네스의 이야기(『심포지움』, 189d-193d)에 기반을 둔다(E, 845 참조). 그에 따르면 인간은 원래 남녀 양성이 한 몸 안에 깃들어 있는 공 모양의 생명체였는데, 후에 이것이 둘로 쪼개져서 남녀 두 성이 탄생한 것이다. 그렇기에 성적 욕망, 즉 에로스란 잃어버린 나머지 반쪽과 결합해서 상실된 전체를 회복하고자 하는 경향을 본성으로 갖는다는 것이 이 신화의 요지이다. 그런데 라캉은 아리스토파네스가 묘사했던 이 공 모양의 생명체를 자궁 속에 들어 있는 태아로 이해한다. 아기의 탄생은 알껍데기가 깨지고 이 태아가 알 밖으로 흘러나오는 것과 같다. 이때 아기는 아리스토파네스가 말한 공 모양의 생명체가 둘로 갈라지듯, 자궁에서 갈라져서 떨어져 나온 듯이 느낀다. 물론 여기서 〈갓난아이가 상실하는 것은 어머니〔라는 인물〕가 아니라 해부학적 보완물이다〉(E, 845). 물론 라캉에서 이 알의 깨짐은 아리스토파네스의 경우와는 달리 성의 분화를 의미하지는 않는다. 이 깨진 알, 즉 라멜르는 아직 성이 분화되기 이전 상태의 생명체인 것이다. 이 단계에서 라멜르를 지배하는 것은 〈순수한 생존 본능 pur instinct de vie〉(S, 180)인데, 그것이 생존 방식으로 선택한 것은 모든 원시적인 생명체가 그렇듯 바로 아메바처럼 〈분열〉하는 것이다. 〈라멜르는 아메바처럼 움직인다. …… 그것은 불멸하며 생존하며 분열 작용을 통해 지속한다〉(S, 179-180). 그러므로 아기의 신체란 유기체를 이루지 않는 여러 개로 분열된 아메바들이 제각기 기어 다니는 하나의 대지와도 같다. 이 단계에서 벌써 라멜르는 그 파편성으로 인하여 들뢰즈의 기관들 없는 신체의 모형과 유사하지만, 보다 더 근접한 대응을 찾아보자. 이 아메바 혹은 라멜르의 분열된 조각들이 기관(성감대)들을 중심으로 고착된 것이 바로 우리가 앞서 탐구해 왔던 〈부분 충동들〉이다. 〈라멜르는 성감대에 부착된다〉(S, 181). 그러므로 순수한 생존 본능에 지배되어 있는 라멜르가 성감대들에 자신을 고착시키는 순간이 바로 부분 충동들이 탄생하는 시점이라고 이해할 수 있다. 그런데 충동이 그 주위를 맴도는 대상 a는 어떻게 탄생하는 것일까? 그것의 기원에 대한 설명에는 분명 결여의 신화가 개입하고 있다. 이미 말했듯 자궁 바깥으로 깨어져 나온 오믈렛, 라멜르는 자신의 신체적 보완물을 상실했다는 느낌을 가지는데, 바로 이 대상 a가 이 잃어버린 신체의 대체물로서 자리 잡는 것이다. 〈확실히 〔대상 a로서의〕 젖가슴은 개체가 탄생할 때 잃어버린 그 자

178

신의 부분을 나타낸다. 그것은 가장 근본적으로 상실된 대상을 상징해 준다〉(S, 180).

이렇듯 〈기원의 관점〉에서 보자면, 라멜르와 기관들 없는 신체 사이의 유사성은 드러나지 않는다. 들뢰즈는 이렇게 말한다. 〈상실된 통일성과의 관계에서 조각난 기관들은 전혀 존재하지 않으며, 분화 가능한 총체성과의 관계에서 미분화된 것으로의 회귀 또한 존재하지 않는다〉(MP1, 173). 이러한 비판의 그물에 아리스토파네스의 에로스 모델만큼 확실히 걸려드는 것도 없다. 왜냐하면 이 에로스 개념은 상실된 통일성에 대한 신화적 가설에 전적으로 의존하기 때문이다. 그런데 라캉은 처음부터 아리스토파네스의 모델에 기반을 두고서 자신의 오믈렛 메타포를 구성함으로써 뚜렷한 한계를 안고 출발한다. 다시 말해 〈상실된 근원적 전체성〉에 대한 노스탤지어로서 리비도를 규정해 버리게 된다. 오믈렛의 세상 첫 경험이 바로 자기 신체 부분(자궁)의 상실이라는 결여이며, 바로 이 결여 때문에 충동은 신체 부분의 등가물로 대상 a를 상대하게 되는 것이다.

그러나 중요한 것은 아리스토파네스 신화와 라멜르의 연계성, 라멜르의 발생 과정에 대한 〈신화적〉 설명이 아니다. 왜냐하면 일단 이 깨진 알, 라멜르, 아메바가 기관들(성감대들)에 고착되면, 그것의 운동 방식은 더 이상 어떤 결여의 신화와도 관계가 없게 되기 때문이다. 분열된 아메바는 부분 충동들의 형태로 각각의 성감대에 고착된다. 대상 a는 그것의 신화적 기원이 무엇이든 간에 이 충동들에 대해 결여로서도, 원인으로서도, 목적으로도 작용하지 않는다. 충동은 대상 a에 도달하는 데서가 아니라 그 주위를 맴도는 순환 운동에서 만족을 얻으며, 자기 자신의 끊임없는 생산을 목적으로 할 뿐이다. 이 생산은 욕망하는 기계들의 경우와 정확히 동일하다. 또 부분 충동들 서로간의 이접성은, 기관들 없는 신체 안에서 욕망

하는 기계들 사이의 이접성과 다르지 않다. 이 점은 들뢰즈가, 라캉
에 관한 르클레르 해석과 관련해, 한 신체 안의 성감대(부분 충동들
의 기관)의 분포를 〈비유기체적인 상태〉, 바로 기관들 없는 신체의
상태와 동일시하는 데서도 확인된다. 〈유기체의 한 부분이 아니라 개
체 이전의, 또 인물 이전의 특정성들의 분포가 '성감대〔성적 신체들
corps érogène〕'이다〉(A, 386-387). 부분 충동들의 기관인 성감대는
유기체를 이루지 않고 이접적 종합의 상태로 기관들 없는 신체를
이루고 있는 것이다(〈'성감대'와 유기체의 대립〉〔A, 387〕). 기관들 없
는 신체는 기관과 대립하는 것이 아니라 기관들의 유기체화와 대립
한다. 제각기 쏘다니는 부분 충동들과 그들 각각의 전진 기지인 기
관들(성감대)은 유목민의 캠프들처럼 유기적 질서라곤 찾아볼 수
없이 신체 위에 흩어져 있다. 이렇게 들뢰즈의 기관들 없는 신체는
라캉에게선 성감대들의 이접적이며 비유기체적 분포로 나타난다.

5 독신 기계 —— 부분적 주체 이론

① 파생적 주체

들뢰즈의 욕망 이론이 숨기고 있는 스피노자적 설계도를 발견하
는 일은 이제 마지막 단계에 도달하였다. 속성에 해당하는 욕망하
는 기계들과 실체에 해당하는 기관들 없는 신체 뒤에 무엇이 와야
하는가? 바로 스피노자 체계에서 양태에 해당하는 개별자들의 발생
을 기술해야 한다. 이 문제에서도 들뢰즈는 스피노자적인 틀 속에
서 라캉과 자신의 욕망 이론 사이의 친화성을 발견한다.

서로 이접적인 비유기체적인 부분 충동들은 성별이 분화되기 이

전의 상태일 뿐만 아니라, 주체의 발생에 선행하는 〈선주체적인 pré-subjectif〉 상태이다(S, 169). 그럼에도 불구하고 어떤 의미에선 부분 충동들 각각에 주체 개념을 부여할 수 있는데, 왜냐하면 그것들이 자신으로부터 출발해서 다시 자기 자신으로 돌아오는 반성적 구조, 그러니까 일종의 자기 동일성을 스스로 산출하는 구조를 지니고 있기 때문이다(말할 것도 없이 자기 동일성은 고전적인 주체성을 구성하는 첫째가는 항목이다). 그러나 이런 식의 반성 구조를 통한 주체의 탄생은 하나의 성감대에서 출발해 다시 그 성감대로 되돌아오는 순 육체적인 층위에만 머무른다는 점에서, 〈나〉라는 명칭을 획득하게 되는 완전한 주체화라기보다는 〈머리 없는 주체화, 주체 개념 없는 주체화〉(S, 167)라고 불러야 마땅하다. 라캉과는 좀 다른 이유에서지만, 들뢰즈 또한 리비도의 진정한 담지자가 인물이 아니라 욕망하는 기계들, 즉 부분 충동들이라는 점에서 〈유일한 주체는 기관들 없는 신체 위의 욕망 자체〔욕망하는 기계들〕이다〉(A, 85)라고 말한다.

그러나 우리가 알고 싶은 것은 욕망 자체로서의 주체가 아니라, 현실적인 개별적 존재자가 주체로서 가지는 위상이 무엇이냐는 것이다. 우리가 기술하려는 주체는 하나의 현실적 개별성을 지닌 존재자로서의 주체, 욕망하는 기계들로부터 파생하는 개체로서의 주체이다. 그러므로 욕망하는 기계를 일차적인 주체라고 한다면, 이제 기술될 주체는 그것의 이차적 파생성을 통해 특징지어질 수 있을 것이다.

2 소비의 연접적 종합과 볼룹타스

주체는 욕망하는 기계들, 즉 부분 충동들의 종합을 통해 생산된다. 주체는 욕망하는 기계들의 종합의 귀결물로서 발견되는 것이므로, 이 종합은 〈그러므로 이것이 그것이었다! C'était donc ça!〉라는 형식으로 표현된다(A, 24). 들뢰즈는 이 종합을 〈소비의 연접적 conjonctive 종합〉(A, 24)이라 부르는데, 여기서 〈소비〉와 〈연접〉이란 도대체 무슨 뜻인가? 욕망하는 기계들이 주체의 발생에 사용(소비)된다는 뜻에서 이 종합은 소비이다. 또한 그것은 본래는 통일을 이루지 못하는 이접적인 다수의 욕망하는 기계들이 서로 결합 conjonction해서 하나의 현실적 개별자를 낳는다는 뜻에서 연접적 종합이다. 이런 괴상한 형식의 종합 역시 스피노자적인 방식으로 접근하지 않고는 도저히 이해될 수 없다. 스피노자에서는 서로 아무런 인과 관계를 가지는 않는, 즉 서로 이접적인 속성들의 종합 위에서 양태로서 인간 개체가 존립한다. 가령 정신과 신체라는 양태로 이루어진 인간 개체는 서로 이접적인 속성들, 즉 사유와 연장의 연접 속에서 생산된다. 각각의 이접적인 욕망하는 기계들의 종합을 통한 주체의 발생 또한 이런 스피노자적 양태의 발생과 동일한 방식으로 이해되어야 하는 것이다. 물론 속성들의 연접이 하나의 현실적 존재자를 생산하지만, 속성들은 서로 이접적일 뿐 여전히 아무런 인과 관계를 가지지 않는다. 인과 관계는 종단적 관계 속에서만, 즉 능산적 자연과 소산적 자연 사이에만 성립할 뿐이다. 따라서 들뢰즈가 횡단성이라는 말을 사용할 때는 서로 병렬적이며 아무런 인과 관계도 가지지 않는 속성들 사이의 관계를 일컫는 것이다. 욕망하는 기계들의 관계도 마찬가지다. 주체 안에서 욕망하는 기계는 〈늘 하나의 횡단선 transversale에 의하여 다른 기계와 연결되어 있다〉(A, 12). 주체는 이 상이한 속성들, 즉 이접적인 욕망하는 기계들의 횡단성 위에 존립하는 〈과정 processus〉이자 〈흐름 flux〉이다. 〈잠재적으로는 늘 동시적 · 병렬적으로 존립하는〉 욕망하는 기계들은, 주체라는 환등기가 지나가면서 〈과정 속에서〉 비추어줄 때 어떤 〈현실적 상태〉로 나타났다가 다시 잠재성 속으로 꺼져버리는 것이다. 〈주체는 자기가 통과하는 상태들을 〔계속해서〕 소비하고 이 상태들로부터 태어난다〉(A, 49). 이 말을 거꾸로 표현해 보자면, 주체란 그 안에 욕망하는 기계들이 강림해서 하나의 현실적 상태로 자기 모습을 보여주고는 떠나가곤 하는 투명한 껍데기 같은 것일 뿐이다. 주체가 분열증적일 수밖에 없는 까닭은, 바로 이처럼 주체가 이접적인(서로 상관없는) 상태들 다수를 과정 속에서 자신의 성질들로 가지기 때문이다. 〈일련의 상태들을 통과하는, 그리고 이 상태들을 역사상의 이름들과 그대로 동일시하는 니체적 주체가 있을 따름이다. '역사상의 모든 이름들, 그것이 나다.' …… 자신을 역사상의 인물들과 동일하게 보는 것이 아니라, 역사상의 이름들을 기관들 없는 신체 위에 있는 강도(強度)[17]의 여러 지대와 동일하게 본다. 그리고 이 여러 지대를 통과할 때마다 주체는 '이것은 나다, 그러므로 이것은 나다!'라고 외친다. …… 이 주체는 단숨에 세계사를 소비한다〉(A, 28). 그러므로 자기 동일성을 가진 어떤 고정된 주체란 당연히 존재하지 않는다. 〈이 주체는 인물로서의 특정한 자기 동일성을 가지고 있지 않다〉(A, 48-49). 어떤 동일성도 없는 〈과정으로서의 분열증〉(A, 155)이 주체를 규정한다.[18]

---

17) 들뢰즈는 스피노자의 양태에 해당하는 이 주체(독신 기계)를 〈강도적 양들 quantités intensives〉(A, 25)로 규정하는데, 우리는 이미 1장에서 강도적 크기가 들뢰즈 철학에서 가지는 중요성을 설명하며, 어떤 의미에서 스피노자의 양태가 강도적 크기로 규정되는지를 보았다(27-28쪽 참조).

18) 여기서 들뢰즈의 분열증적 주체 모델이 스피노자의 속성과 양태의 관계와 완전히 일치하는 것은 아니라는 점을 지적해 두어야겠다. 스피노자에서 우리 개별자는 연장과 사유라는 두 가지 속성으로부터 존립하지, 분열증자처럼 수많은 속성들 또는 수많은 욕망하는 기계들을 통해서 존립하는 것은 아니다. 이런 식으로 스피노자의 체제와 꼭 맞아떨어지지 않는 난점들은 『앙띠 오이디푸

　들뢰즈는 이러한 분열증적 주체에 〈독신 기계〉(A, 24)라는 이름을 붙이며, 이 기계의 에너지를 〈볼룹타스 Voluptas(즐거움)〉라고 부른다(왜 이 기계가 〈독신〉인지는 뒤에 들뢰즈의 시니피앙 비판과 관련하여 설명될 것이다). 이 볼룹타스는 욕망하는 기계의 힘인 리비도와 기관들 없는 신체의 힘인 누멘이 변형된 것인데, 이러한 힘의 변모 역시 스피노자를 통해서만 이해될 수 있다. 스피노자는 〈인간의 힘은, 그것이 인간의 현실적 본질을 통해 설명되는 한, 신 ‘또는’ 자연의 무한한 힘의 일부분, 즉 신 또는 자연의 본질의 일부분이다〉(『에티카』, IV, 명제 4의 증명)라고 말한다. 이와 마찬가지로 독신 기계의 힘인 볼룹타스는 기관들 없는 신체의 힘의 일부이다. 〈생산 에너지로서의 리비도의 한 부분이 등록 에너지(누멘)로 변모된 것과 마찬가지로, 후자의 한 부분은 소비 에너지(볼룹타스)로 변모한다〉(A, 23). 그런데 독신 기계, 즉 주체의 힘은 왜 볼룹타스라 불리는가? 들뢰즈는 말한다. 〈욕망하는 기계의 체계는 종국에는 행복하게 되는 일반적이고 생산적인 분열증이다. …… ‘참으로 즐거움을 누리는 기계. 즐거움을 누린다는 말로 내가 의미하는 것은 자유이다’〉(A, 481). 요컨대 즐거움과 자유는 동시적이며 공외연적 coextensive 이다. 볼룹타스, 즉 주체의 힘은 자유를 실현함으로써 그로부터 〈행복이 넘치는 보상 prime euphorique〉(A, 28)을 얻어내는 힘이다. 어떤 의미에서 그런가? 분열증적 주체의 자유를 어떻게 이해해야 하는가? 임상적 의미의 정신 분열자(환자)와 진정한 의미의 분열증, 즉 과정으로서의 분열증을 구별할 때 우리는 주체의 자유의 의미를

스』 이후 왜 들뢰즈가 실체, 속성, 양태의 까다로운 관계에 입각하기보다는, 〈양태적 구도〉 위에서 일어나는 〈양태들의 변용〉의 관점에 보다 중심을 두고 자신의 이론들을 구성해 나가게 되었는지를 짐작하게 해준다(SPP, 164-165 참조). 들뢰즈 말년의 이 스피노자주의에 대해선 이 책의 「에필로그」에서 보게 될 것이다.

이해할 수 있다. 〈우리는 과정으로서의 분열증과 병원에서 통용되는 임상적 단위로서의 분열증 생성을 구별짓는다. 이 두 가지는 오히려 반비례한다. 병원의 정신 분열 환자는 무엇인가를 시도했다가 실패하고 좌절한 사람이다. 우리는 혁명가가 정신 분열 환자라고 말하지는 않는다. 우리가 말하는 것은, 정신 분열적 과정, 즉 탈기호화와 탈영토화 과정이 있는데 이 과정이 〔병리적 의미의〕 정신 분열증의 생성으로 넘어가는 것을 막을 수 있는 것은 오로지 혁명적 행위뿐이라는 것이다〉(P, 38).[19] 주체의 자유란 바로 과정으로서의 분열증, 즉 수많은 상태들을 횡단하는 일을 방해받지 않고 실현하는 것이며, 바로 이러한 자유로운 과정의 계속이 즐거움의 원천이 되는 것이다. 이제 스피노자 형이상학이 들뢰즈 욕망 이론의 청사진임을 보이기 위한 지금까지의 논의를 최종적으로 다음과 같은 표로 정리해 보자(우리는 다음의 표에서 욕망하는 기계들의 논리적 형식이 왜 연결인가에 대해서만은 아직 설명하지 않았다. 이 점은 뒤에 결연 alliance의 의미에 대한 비판과 더불어 다루어질 것이다).

기계의 종류	경제 형태	힘의 변용	종합의 형식	스피노자의 해당 개념	비고
욕망하는 기계	생산	리비도	연결 connexion	속성	라캉의 부분 충동
기관들 없는 신체	등록	누멘	이접 disjonction	실체	칸트의 실재의 총체
독신 기계	소비	볼룹타스	연접 conjonction	양태	분열증적 주체, 부분적 주체

19) 〈임상적 단위로서의 분열증〉과 〈혁명적 행위로서의 분열증(해방으로서의 분열증)〉의 차이에 대해선 이 장의 「보론 2」에서 자세히 다루어진다.

　이러한 들뢰즈의 주체 이론은 라캉과 어떤 관계를 가지는가? 우리는 주체를 이접적인 상태들이 공존하는 과정으로 이해하였으며, 이 주체에 대해 어떤 고정된 위치도, 자기 동일성도 부정하였다. 그런데 라캉에게선 〈아버지의 이름〉으로 대표되는 시니피앙에 의해 주체는 상징계 속에서 오이디푸스화한 주체로서 탄생하지 않는가? 들뢰즈가 주체의 이름을 〈독신〉 기계로 명명한 까닭은 그 기계는 욕망을 오이디푸스화하는 장치인 부모도, 배우자도 가지지 않기 때문이다(욕망의 대상으로서의 어머니와 이에 대한 금지로서의 아버지, 그리고 어머니와의 근친상간을 피하기 위한 대용품으로서의 배우자). 그렇다면 도대체 어떤 점에서 들뢰즈의 독신 기계는 라캉과 관련이 있는가?

　적어도 『앙띠 오이디푸스』에서 라캉에 대한 들뢰즈의 태도는, 라캉이 오이디푸스적으로 해석되지 않을 수 있는 가능성들을 보이고자 하는 것이다. 라캉 정신 분석학을 오이디푸스로로부터 해방시키고, 라캉의 개념들의 이면에서 분열증의 가능성을 발견하고자 하는 것이 들뢰즈의 의도이다[20](『천의 고원』에 와서는 라캉을 이렇게 분열증

---

20) 라캉을 변호하는 다음과 같은 진술들을 보라. 〈라캉은 오이디푸스적 구조로 무의식을 가두어버리지 않는다〉(A, 370). 〈오이디푸스의 멍에를 제거하기 위한 라캉의 심오한 시도도, 여전히 오이디푸스의 멍에를 무겁게 하고 갓난아기와 분열자를 오이디푸스로 가두어버리는 뜻밖의 수단으로 해석되어 버렸다〉(A, 206-207). 〈모든 오이디푸스를 문제에 붙이기에 충분한 주제들을 최초로 강조한 사람은 라캉이었다〉(A, 423). 〈라캉은 ‘사람들이 나를 도와주지 않는다’고 말한다. 우리는 그를 분열증적으로 도와주려 했다. 또 구조, 상징계, 시니피앙 같은 완전히 잘못된 개념들, 라캉 자신이 그것들의 이면을 보여주기 위해 늘 뒤집어놓았던 그 개념들을 포기함으로써, 라캉에게 확실히 그만큼 더 많이 빚을 졌다〉(P, 25).

적으로 해석하려는 시도는 더 이상 보이지 않는다). 그렇다면 라캉의 오이디푸스는 어떻게 이해되어야 한다는 것인가? 라캉이 말하듯 〈시니피앙은 인간의 존재 조건이다〉(E, 688 참조). 아버지의 이름이라는 시니피앙의 등장으로 욕망은 근친상간 금지라는 법 속에서 비로소 인간적인 형태, 즉 부모의 아이라는 인물 형태를 갖추게 된다. 〈욕망이 인간화하는 순간은 또한 어린아이가 언어〔시니피앙〕 속에서 태어나는 순간이다〉(E, 319). 대(大)타자 l'Autre는 시니피앙의 질서라는 법의 체계로서, 아이의 욕망이 향해야 할 지점을 지정해 준다. 이런 의미에서 〈욕망은 욕망에 대한 욕망〔대타자의 욕망에 응하는 욕망〕이며, 대타자의 욕망〉(E, 852)이다. 이렇게 시니피앙에, 즉 대타자의 질서에 순응할 때, 한 사회 체제 속에서 허락된 형태의 욕망이, 다시 말해 인간 주체가 출현한다. 〈대타자의 영역에서 시니피앙이 나타나는 한에서 주체는 태어난다〉(S, 181). 그리고 시니피앙의 질서 속으로 들어섬으로써 어린아이의 자기 성애적 단계, 즉 실재계에 속하는 대상 a와 그것을 대상으로 삼는 충동은 철저하게 소외되어 버린다. 이런 뜻에서 〈상징계는 우선 사물〔실재계의 사물〕의 살해로 나타난다. 그리고 이 사물의 죽음은 주체 안에서 욕망의 영원성을 구성한다〉(E, 319). 즉 앞서 말했듯, 상징계는 대상 a가 소외되어 버린 빈자리만을 가지며, 빈자리의 형태로 나타나는 이 영원한 결핍이 바로 욕망의 원인이 되는 것이다. 그렇다면 이제 우리는 라캉에게서 욕망과 충동의 관계가 무엇인지 말할 수 있다. 상징계 안에서 실재계의 대상들과 부분 충동들이 억압refoulement된 형태가 바로 욕망이라고 이해될 수 있는 것이다(A, 134-145 참조).

 이런 것이 일반적으로 알려진 라캉의 사상이다. 그런데 들뢰즈는 라캉이 정말 하고자 했던 바는 시니피앙의 질서 속에서, 인간의 피할 수 없는 당연한 숙명으로서 오이디푸스화한 인격이 어떻게 태어나는가를 기술하는 것이 아니라, 오이디푸스와 시니피앙을 비판하고 그 이면에 은폐된 〈욕망의 실재계적인 비유기체성〉(A, 392), 즉 비인격적이고 비유기체적인 부분 충동들을 복원하는 것이라고 주장한다. 이런 주장은 법의 역할을 하는 부성적 시니피앙을, 욕망을 규정짓는 보편적 조건이 아니라 특정 역사적 단계에서만 출현하는 정치적·경제적 지배 도구로 이해할 때에만 가능하다. 구체적으로 들뢰즈는 시니피앙의 기원을 전제 군주제에서 발견한다. 시니피앙의 전제 군주적 성격을 이해하기 위한 예를 한 가지 들어보겠다. 전제 군주에게 외부로부터 침략당한 어떤 민족, 가령 수메르인 주인을 섬기게 된 아카드인의 경우를 보자. 〈서로의 말을 알아듣지 못하는〉 이 두 민족의 만남은 알파벳이라는 시니피앙이 어떻게 탄생했는지 유추할 수 있게 해주는 매우 중요한 예이다. 〈수메르인에게 기호 ≈는 물에 관한 것이다. 그들은 이 기호를 '아 a'라고 발음하며, 이 기호는 물을 의미한다. 한 아카드인 하인이 수메르인 주인에게 묻는다. '이 기호는 무엇입니까?' 수메르인이 대답한다. '그것은 아이다.' 아카드인은 이 기호를 아라고 받아들인다. 이 지점에서 더 이상 이 기호는, 아카드어로 '무 mû'라고 하는 물과는 관계가 없다. 그 뒤 아카드인은 이 기호의 형태를 유지할 필요가 없기 때문에 점차 이 기호는 𐎅 𐎁라는 설형문자의 형태가 된다. 이 기호는 더 이상 물과는 관계가 없으며, 늘 '아'라고 발음된다. 이것이 〔아카드 문자의〕 고전적인 유래이다. …… 나는 아카드인의 출현이 글의 음성화를 '결정'했다고 믿는다. 이와 좀 비슷한 '맥락'에서, 서방 민족들의 출현은 알파벳을 '결정'했다고 믿는다. '새로운' 문자의 불꽃이 솟구치기 위해서는 거의 필수적으로 두 민족의 만남이 있어야만 한다.〉[21] 이 진술은, 문자 혹은 시니피앙은 주인 민족과 노예 민족의 만남이라는 전제 군주제의 산물로, 노예 민족 쪽에 생겨나는 것이라는 점을 잘 보여주고 있다. 〈어떻게〔문자와 음성〕두 가지의 일치 조작이 전제 군주 시니피앙 주위에 조직되고, 그로부터 알파벳 음성의 연쇄가 흘러나오는가를 이보다 더 잘 보여줄 수는 없다. 알파벳 문자는 문맹자들을 위해 있는 것이 아니라 문맹자들에 의하여 있는 것이다. 그것은 무의식적인 노동자들인 이 문맹자들을 통해서 출현한다〉(A, 246). 말이 통하지 않고 주인의 글을 읽을 줄 모른다는 것이 바로 노예들이 자신들의 새로운 알파벳을 가지게 되는 조건이다. 전제 군주의 포고령 —— 지배 민족 자신들에게는 시니피앙과 시니피에가 결합해 있는 문자 체계로 작성된 —— 을 노예가 알아듣지 못할 때, 즉 그것이 〈시니피에 없는 순수한 시니피앙〉으로 노예에게 작동할 때 비로소 그는 그 뜻 없는 시니피앙을 자신의 고유 문자, 사회 하층민들의 문자로 삼게 된다. 이처럼 시니피앙은 본성상 전제 군주제 속에서 탄생하는 것이다(사회적 합의 같은 추상적 가설을 통해 문자의 탄생을 설명하는 대신, 문자가 권력의 산물, 전제 군주적 경제 체제와 제도의 산물이라는 점을 보여준다는 점에서 아카드인의 예가 지니는 가치는 아무리 강조해도 지나치지 않다).

그렇다면 어린아이 —— 그는 본성상 아카드인과 같은 문맹자이다 —— 의 무의식을 결정하는 시니피앙이란 개체를 인간적 주체로 탄생하게 해주는 불가결한 조건이기보다는, 무의식이 이미 전제적으로 지배되어 있음을 보여주는 증거이다. 이런 관점에서 보자면, 라캉의 작업은 시니피앙을 통한 인간의 발생을 기술하는 작업이 아니다. 그것은 넓게는 인간 개념의 구성 요소, 즉 시니피앙의 전제 군주적 성격 일반을 비판하는 작업이며, 좁게는 소쉬르 이래로 시

---

21) Centre International de Synthèse ed., *L'écriture et la psychologie des peuples* (Paris : Librairie Armand Colin, 1963), 90쪽에 있는 누게롤 J. Nougayrol의 진술. 들뢰즈는 이 흥미로운 텍스트를 A, 246에서 다룬다.

니피앙에 중요성을 부과해 왔던 언어학 자체를 비판에 부치는 작업이다. 〈오, 시니피앙, 그것은 전제 군주의 무시무시한, 고풍스런 모방품이다. …… 라캉은 힘차고 침착하게 시니피앙을 그 원천, 그 진정한 기원, 즉 전제 군주 시대에까지 다시 끌고 가, 욕망을 법에 결부시키는 지옥 같은 기계를 폭로한다. …… 이런 의미에서 라캉의 이론은 무의식을 언어학적으로 개념화하는 이론이기보다, 무의식의 이름으로 언어학을 비판하는 이론으로 해석되어야 한다〉(A, 247). 들뢰즈의 이런 해석은 기존의 해석들과는 완전히 거꾸로다. 일반적으로 라캉은 언어학과 민족학에서 연구된 시니피앙을 정신 분석에 적용해 무의식을 해명한 것으로 평가된다. 들뢰즈는 정반대로 무의식이 시니피앙에 의해 구조화되어 있다는 사실로부터, 개체에게 미친 전제 군주적 지배 체제의 증거를 읽어내며, 이 무의식의 시니피앙적 구조화가 언어학의 그것과 일치한다는 사실로부터 소쉬르 이래의 구조 언어학 자체가 전제 군주적 체제의 도구임을 밝혀내는, 니체적인 계보학적 비판 작업을 라캉의 업적으로 평가한다. 〈라캉에게서 무의식이 언어라는 가설은 무의식을 언어학적 구조 속에 가두어 놓는 것이 아니라, 어떻게 시니피앙들의 구조적 조직이, 여전히 고풍스런 모조품으로서 작동하는 거대한 전제 군주 시니피앙에 의존하는가를 밝힘으로써, 언어학을 자기비판의 지점까지 데려가는 것이다〉(A, 370). 그리하여 인간의 욕망은 〈욕망의 욕망〉, 혹은 〈대타자(시니피앙)의 욕망〉이라는 라캉의 유명한 정식은, 들뢰즈에 와서는 이렇게 변형된다. 〈욕망은 욕망의 욕망, 전제 군주의 욕망의〔에 대한〕 욕망이 된다〉(A, 244).[22]

---

22) 들뢰즈의 의도는 오이디푸스와 자본주의 체제의 공모 관계를 폭로하는 것이므로, 오이디푸스적 시니피앙을 자본주의 이전 단계인 전제 군주제와 관련하여 비판하는 것은 비판의 표적을 잘못 설정한 것이라고 섣불리 오해해서는 안

4 라캉과 부분적 주체

오이디푸스적 주체가 전제 군주적 지배의 산물이라면, 과연 라캉에게서 진정한 주체란 무엇인가? 들뢰즈에 따르면, 우리가 앞서 기술한 스피노자적인 분열증적 주체, 즉 독신 기계가 바로 라캉이 말하고자 한 진정한 주체의 모습이다. 그는 스피노자적 관점의 인도를 받아 라캉의 개념들을 재해석함으로써, 거기서 분열증적 주체의 모습을 새롭게 발견하고 있는 것이다.

우리가 보았듯, 서로 이접적인 상태들을 횡단하는 〈과정〉이 바로 주체이며, 그것은 서로 인과적이지 않은 여러 상태들 다수에 걸치는 과정이므로 분열증이라는 이름에 걸맞다. 들뢰즈는 〈이 상태를

된다. 널리 알려져 있듯 들뢰즈는 역사를 원시 체제, 전제 군주제, 자본주의의 세 단계로 구분한다. 그러나 이것은 현실적으로 이루어진 역사적 발전 단계보다는, 체제의 형태를 분류하기 위한 범주들로 이해되어야 한다. 즉 이 세 가지 체제는 역사적 발전 과정 속에 출현한 실증적 실체라기보다는 추상적 개념이다. 세 가지 가운데서도 추상적 성격이 가장 강한 것이 전제 군주제 개념이다. 〈전제 군주 국가는 기원이지만, 추상으로서의 기원이다. 이 기원이 구체적인 시초와는 다르다는 것을 이해해야만 한다. …… 이 국가는 마치 다른 차원에 속하는 추상과도 같다. …… 이 추상은 후속하는 양식들 formes 속에 다른 국면으로 되돌아오는데, 이 양식들은 그것을 구체적으로 존재하게 한다〉(A, 259-260). 다시 말해 전제 군주제는 하나의 추상적 개념이며, 이 개념을 현실 속에서 실현시키는 것은 그 이후의 양식들, 바로 자본주의 국가들이다. 〈비트포겔 K. Wittfogel은 현대의 자본주의 및 사회주의 국가들이 어떤 점에서 근원적인 전제 군주 국가의 특징을 갖는지를 밝혔다. 민주 국가들에 대해 말하자면, 어떻게 거기서 전제 군주가 더 위선적으로 되고, 더 냉혹하게 되고, 더 타산적으로 되었음을 보지 않을 수 있겠는가?〉(A, 261) 결국 들뢰즈가 전제 군주제를 논의하는 주된 이유는 역사상의 전제 군주제를 비판하기 위해서가 아니라, 바로 자본주의 체제가 가진 전제 군주적 성격을 비판하기 위해서이다. 〈전제 군주는 여전히 현대의 제국주의 속에서 기능한다〉(A, 245). 전제 군주 국가는 모든 자본주의 국가의 중심에서 발견되는 〈'냉혹한 괴물,' 원(元)국가 Urstaat〉(A, 261)인 것이다.

살아가는 주체에 비하면 체험되는 상태가 더 근원적이다〉(A, 27)라
고 말한다. 〈주체 자신은 중심에 있지 않다. 중심은 기계〔욕망하는
기계〕가 차지하고 있다. 주체는 가장자리에 있으며, 고정된 자기 동
일성을 가지지 않는다. 항상 중심에서 벗어나 있으며, 자기가 지나
가는 상태들로부터 끌어내진다〉(A, 27). 주사위를 던지는 일처럼 우
연히 그때그때 나타나는 서로 이접적인 상태들로부터 그때그때의
여러 가지 모습으로 주체가 나타난다는 점에서, 주체는 근원에 자
리하는 통일성의 원천 같은 것이 아니라, 욕망하는 기계들의 끊임
없는 운동의 부산물이다. 따라서 욕망하는 기계들이 주체의 부분들
로서 유기적으로 통일되는 것이 아니라, 반대로 이 주체가 〈기계
곁의 잔류물로서, 즉 기계에 부속한, 혹은 인접한 부분으로 생산된
주체〉(A, 27)라고 말할 수 있다. 〈주체는 …… 한 부분으로, 이 상태들
의 결과로서 나온다〉(A, 49). 욕망하는 기계들 위에 존립하는 분열증
적 주체는 곧 이 기계들의 활동의 잔류물로 생산되는 부분적 주체
일 수밖에 없는 것이다.

　그런데 이런 부분으로서의 주체 개념을 들뢰즈는 바로 라캉의
텍스트에서 발견하고 있다. 라캉은 말한다. 〈부분은 전체가 아니
다. …… 부분은 전체와 아무런 관련이 없다. …… 부분은 전적으로
홀로 자기 역할을 수행한다. 여기서 주체는 자신의 부분화 partition
로부터 자신의 출산 parturition으로 나아간다. …… 이런 까닭에 주
체는 여기서 자기가 관심을 가지는 것, 즉 우리가 시민적 상태라고
성격짓는 것을 얻는다. 그 누구의 삶에서도 이 상태에 이르는 일만
큼 악착스럽게 추구하게 하는 것은 아무것도 없다. 부분이기 위하
여 주체는 자기의 이익의 대부분을 희생시킬 것이다〉(E, 843). 들뢰
즈에 따르면 이 구절은 바로 독신 기계의 탄생, 즉 전체화하지 않
는 부분적 주체의 탄생을 기술하고 있다(A, 49 참조). 자신의 부분

화를 통해 자신을 출산한다는 라캉의 말은, 바로 하나로 통일되지 않는 이접적 부분들(욕망하는 기계들)로부터 부분적 주체의 탄생을 의미하는 것이다. 전제 군주적인 시니피앙과 더불어 상징계 속에서 오이디푸스화된 주체가 아니라 이와 같은 부분적 주체가 라캉이 보이고자 한 진정한 주체 개념이라는 것이 들뢰즈의 생각이다.[23]

6 욕망과 혁명 —— 결국 들뢰즈와 라캉의 차이는 ……

1 비인물적 욕망들의 연결과 집단 동작주

이렇게 들뢰즈는 라캉을 중요한 자양분으로 흡수하면서 자신의 욕망 이론을 가꾸어나가고 있지만, 들뢰즈에 의해 해석된 라캉과 라캉의 정신 분석학 자체 사이엔 정말 아무런 차이도 없는가? 라캉은 상징계, 아버지의 이름, 시니피앙 등의 개념을 고작 비판의 칼날에 노출시켜 패배하도록 만들기 위해서 그토록 공들여 다듬었는가? 이런 물음 앞에서 우리는 회의적일 수밖에 없다. 라캉에 대한 들뢰즈의 독창적인 비(非)오이디푸스적 해석에도 불구하고, 라캉을 프로이트주의와 구별지으려는 그의 노력에도 불구하고, 우리는 둘 사이의 가장 중요한 차이점 몇 가지를 지적하는 일을 빠뜨릴 수 없겠다. 이 차이점들은 들뢰즈와 라캉의 욕망 이론 각각의 가장 중요한 본질을 드러내 줄 수 있을 것이며, 궁극적으로 혁명의 문제에서 왜

---

23) 들뢰즈의 이러한 해석은 자의적인 측면이 강하다는 점을 말해 두지 않을 수 없겠다. 이 인용만을 떼어놓고 보면, 들뢰즈적인 독신 기계에 대한 기술과 매우 유사한 라캉의 이 구절은 실은, 프로이트의 〈자아 분열 Ichspaltung〉과 관련하여, 이중으로 분열된 주체, 결여로부터 탄생한 주체라는, 들뢰즈의 주체 개념과 반대되는 주체 개념에 대한 논의의 일부로 씌어졌기 때문이다.

들뢰즈주의와 라캉주의는 양립하기 어려운가에 대한 이해로 우리를 이끌어줄 것이다.

두 사람의 차이점을 가장 극명하게 드러내 줄 결연alliance의 문제에서부터 출발해야 한다. 욕망의 주체가 부모가 없는, 즉 오이디푸스가 없는 독신 기계라면 들뢰즈는 과연 결연의 의미를 어떻게 이해할 것인가? 아버지의 등장으로 근친상간 금지라는 법이 제정되고, 어머니나 누이의 〈대용품〉으로 다른 부족에서 여자를 구하는 것이 바로 욕망들간의, 그리고 부족들간의 결연을 가능케 한다고 알려져 왔다. 즉 〈인물들의 부부 관계를 그 외연적 형태로 가지는 결연〉(A, 182 참조)은 〈허용되는 최초의 근친상간〉(A, 189)이다. 오이디푸스화한 민족학은 모두 이런 방식으로 욕망들간의, 그리고 부족들간의 결연의 의미를 이해해 왔다. 따라서 만일 독신 기계가 철저히 비오이디푸스적인 것이라면, 결연의 의미를 이와는 전혀 다른 방식으로 설명할 수 있어야만 한다. 즉 〈결연은 부자 관계에서 파생되거나 연역되는 것이 아니〉(A, 182)라는 것, 어머니와의 근친상간을 피하기 위한 대용품으로 다른 여자를 찾는 일이 아니라는 것을 밝혀야 한다.

욕망을 인물들의 욕망으로 이해하는 이상, 혹은 인물들의 혼인을 욕망들 사이의 결연의 불가결한 형태로 이해하는 이상 결연을 비오이디푸스적으로 설명할 방도는 없다. 오로지 〈'성을 인간의 형체로 표상하는 것representation anthropomorphique du sexe'을 붕괴시킬〉(A, 350) 때에만, 즉 욕망을 비인물적인 부분 충동의 층위에서 이해할 때에만 해법을 찾아낼 수 있다. 들뢰즈에 따르면 개체는 하나의 성에 의해 지배되는 것이 아니라 서로 통합되지 않는 이접적인 여러 개의 성(성적 충동)을 가지고 있다. 〈주어진 하나의 성(그러나 이 성은 몸 전체에 걸쳐 포괄적으로만 또는 통계학적으로만 주어진 성이다)을 가진 개인은 자기 안에 다른 성을 가지고 있다〉(PS, 210). 한 인물 전체를 통일적으로 규정하는 것은 관청 직원이, 남아로 태어났는가 여아로 태어났는가 묻는 것과 같은 출생 신고상의 통계학적인 허울일 뿐이며, 이 허울이 인간적인 의미의 성이다. 이 허울을 걷어내면 서로 이접적인, 그러므로 서로 소통되지 않는 다수의 비인간적인(비인물적인) 성적 충동들이 있는데, 이것들이 바로 부분 충동들, 부분 대상들, 그리고 특히 욕망하는 기계들이라 불리는 것이다. 〈성욕은 엄밀하게 욕망하는 기계들과만 일치한다. …… 비인간적 성이란 욕망하는 기계들이다〉(A, 350). 그리고 이런 한 개체 안에서 다수의 충동이 공존하는 방식을 〈성의 횡단 transsexuel〉이라 부른다. 〈성의 횡단이란, 개인 속의 두 가지 성이라는 두 파편의 공존, 서로 소통하지 못하는 '부분 대상들'의 공존을 가리키는 말이다〉(PS, 211). 마치 자웅 동체의 식물처럼 한 개체 안의 다수의 성끼리는 서로 소통하지 못하며, 이들은 다른 개체의 부분 충동들과만 소통할 수 있다. 〈한 남자의 수컷 부분은 한 여자의 암컷 부분과 소통할 수도 있지만, 또한 한 여자의 수컷 부분과도, 혹은 다른 한 남자의 암컷 부분과도, 혹은 다른 남자의 수컷 부분과도 소통할 수 있다〉(A, 82). 이런 소통이 바로 욕망하는 기계들의 종합의 형식인 〈연결〉이다.[24] 욕망을 이처럼 비인격적인 부분 충동으로 이해할 경우, 여기에는 상징적 질서 속에서 태어난 인물들의 운명인 〈결여〉가 끼어들 여지가 없다. 다시 말해 욕망은 어머니의 결여를 메우기 위해 대용품으로 다른 여자를 선택하는 일을 겪지 않는다. 〈각 주

---

24) 이처럼 욕망하는 기계들의 파편성뿐 아니라 〈이음〉, 즉 연결적 종합의 문제를 다루고 있음에도 김재인이, 필자가 기계가 가진 이러한 함의를 드러내지 못했다고 말하는 것은 적절한 지적이 아니다(김재인, 「파시즘과 비인간주의 사이에서 외면당하는 들뢰즈와 가타리」, ≪문학과 사회≫[2002, 가을호], 1232-1233쪽 참조).

체는 두 성을 가지고 있으나 이들은 서로 칸막이로 막힌 듯 구분되어 있다. 이들은 '또 다른 한 주체의 이 성 혹은 저 성'과 소통한다. 이와 같은 것이 부분 대상들〔부분 충동들〕의 법칙이다. 아무것도 결여된 것은 없고, 결여로 정의될 수 있는 것은 아무것도 없다〉(A, 70). 욕망을 이러한 비인간적 관점에서 보자면 〈결연을 단순히 부자 관계로부터, 결연들을 부자 관계의 가계로부터 연역하는 것은 불가능하다〉(A, 171). 〈결연이 오이디푸스를 매개로 하여 부자 관계의 가계로부터 연역되는 일은 결코 없다〉(A, 195). 욕망이 한 인물의 성욕이라는 형태를 띠게 되는 일, 즉 욕망이 남자와 여자라는 인물의 형태로 움직이게 되는 일은 오이디푸스적 조작 이후에나 일어난다(그린 A. Green이 말하듯, 〈실제 〔오이디푸스의〕 삼각형화는 성욕을 어느 하나의 성으로 특수화한다〉〔A, 87〕). 오이디푸스로부터 생겨난 인물 차원에서는 성들간의 연결은 어머니를 배제하고 그 결여를 메우기 위해 다른 여자와 혼인한다는, 〈배제와 결여의 논리〉를 따를 수밖에 없다. 즉 〈인물들간의 혼인 체제가 부분 대상들의 연결을 대체한다〉(A, 85). 들뢰즈는 성들간의 이런 연결, 즉 상징계적 인물을 매개로 한 연결에 대립해서, 실재계 차원의 비인격적인 부분 충동들의 연결을 내세우는 것이다. 근본적으로 전제 군주적 상징계란 무의식을 지배하기 위한 정치·경제 제도적 장치로, 실재계적 충동들의 흐름을 뚫어주기 위해선 해체해 버려야 할 것이기 때문이다.

그러면 인물들의 질서인 상징계를 제거하고 욕망을 실재계로 되돌린 귀결은 무엇인가? 라캉이 말하듯 〈어떤 주체라도 실재계 안에 나타날 근거가 없다〉(E, 840). 다시 말해 실재계 안에는 성욕과 주체성을 연결한 결과인 어떤 인물적 형태의 성욕이나 성별이라고는 없다. 따라서 당연히 이런 비인간적 층위의 부분 충동들간의 연결은 인물들을 등장시킬 때에만 작동하는 오이디푸스, 결여, 배제 등

의 개념에 지배되지 않는다.[25] 이처럼 주체성을 규정하는 개념들을
말살하고 욕망을 비인간적 층위에서 이해하고자 하는 것, 〈각자에
게 욕망하는 기계들 혹은 인간적이지 않은 성을 돌려주는 것, 각자
에게 그의 여러 성을 돌려주는 것〉(A, 352 참조)이 들뢰즈 욕망 이
론의 궁극적인 목적이다. 그리고 이것이 바로 들뢰즈가 〈단지 인물
들의 이미지의 두 차원일 뿐인 언표 행위의 주체와 언표의 주체로
쪼개진 거세된 사적 주체를…… 집단적 동인들〔집단적 동작주〕로 대
체하는 것〉(A, 323-324)이 자신의 과제라고 했을 때 의미한 바이다.
인물이라는 허구적 표상에 기반을 두는 분열된 주체(언표 행위의 주
체와 언표의 주체)를 깨뜨리면 나타나는 〈집단적 동인들〉이란 바로
비인격적인 욕망하는 기계들 혹은 부분 충동들이며, 언표 énoncé 일
반은 바로 이 익명적인 욕망들의 표현이다.[26]

　　그러나 라캉의 욕망 이론이 의도했던 바는 이런 것은 아닐 것이

---

25) 마찬가지로 비인물적인 차원에선 근친상간도 아예 그 개념 자체가 성립할 수
　　없다. 왜냐하면 근친상간은 오로지 인물의 차원에서만 논의될 수 있는 것이기
　　때문이다. 〈배우자로 삼는 것이 금지된 여자 형제와 어머니를 가리키는 이름
　　들을 가지고 있는 인물들은, 그들을 그런 인물들로 구성하는 금지들에 선행해
　　서는 존재하지 않는다〉(A, 188). 인물들은 오로지 금지라는 법을 통해서만 탄
　　생하는 것이다. 그러나 비인격적인 욕망들은 당연하게도 인물들이 아니다.
26) 『앙띠 오이디푸스』를 통틀어 언표 행위의 주체와 언표의 주체라는 분열된 주
　　체를 넘어서 주체가 부재하는 발화, 즉 비인격적이고 익명적인 집단적 발화의
　　가능성을 발견하려는 시도만큼 중요한 것도 없다. 『앙띠 오이디푸스』 이후 들
　　뢰즈의 모든 문학 및 담론 연구는 이 비인격적 집단적 발화의 가능성을 증명
　　하려는 노력이라 해도 과언이 아니다. 가령 그의 프루스트 연구와 카프카 연
　　구가 그렇다. 〈우리는 〔프루스트에서〕 화자와 주인공을 각각 언표 행위의 주
　　체와 언표의 주체라는 두 가지 주체로 구별해야 할 필연성을 전혀 느끼지 못
　　한다〉(PS, 276). 〈카프카에게서 발화는 그것의 원인으로서 언표 행위의 주체
　　와도, 결과로서의 언표의 주체와도 관련되지 않는다. …… 주체는 없다. ‘오로지
　　언표 행위의 집단적 배치만이 있을 뿐이다’〉(K, 32-33쪽). 〈익명적 언표〉에 관한
　　자세한 연구는 『차이와 타자』, 233-240쪽 참조.

다. 다음 구절이 잘 알려주듯, 라캉은 오히려 오이디푸스 개념을 이용해 혼인 관계의 질서를 규명하려 했을 것이다. 〈이것〔혼인 관계〕이 오이디푸스 콤플렉스가 말해져야 할 부분이다. 우리가 계속해서, 이 오이디푸스 콤플렉스가 그것의 시니피앙으로 우리 경험의 전체 영역을 지배하는 것이라고 인식하는 한에서 말이다. 오이디푸스 콤플렉스는 우리의 논제〔혼인〕에서 주체에게 할당된 규율의 한계들을 명시하기 위해서 말해져야 한다. …… 근친상간 금지는 주체의 중심축인데, 이것은 주체가 선택해선 안 되는 대상을 어머니와 누이로 축소해 두는 현대적 경향을 통해 드러난다〉(E, 277). 한마디로 인물들과 그 인물들을 지배하는 상징계적 법칙(오이디푸스)을 라캉은 〈완전히〉 포기하려 하지는 않았을 것이다(물론 시기에 따라 라캉의 관심권에서 상징계가 가지는 중요성의 정도는 다르게 나타나지만 말이다).

2 실재와 만나는 방식

또 다른 관점에서 들뢰즈와 라캉의 차이점이 조명되어야 하는데, 이는 대상 a가 나타나는 방식, 즉 실재와 만나는 방식과 관련되어 있다. 이 차이점을 규명하기 위해서는 먼저 부분 충동과 대상 a의 관계를 보는 둘 사이의 차이점을 이해해야 한다. 이미 말했듯 들뢰즈는 부분 충동을 부분 대상과 동일한 뜻으로 사용하기도 한다. 왜냐하면 위에서 기술한 성적 연결의 경우, 한 개체를 통해 나타난 부분 충동이 연결되고자 하는 대상은 다른 개체를 통해 나타난 부분 충동이기 때문이다. 이런 점에서 부분 충동 각각은 상대방에 대해 부분 대상이다. 들뢰즈의 이러한 이해는, 그가 실재계의 부분 대상을 부분 충동이 정말 도달할 수 있는 대상으로 생각하고 있다는 것을 말해 준다. 그러나 앞서 보았듯 라캉에게선 기본적으로 충동

198

의 운동은 대상 a에 도달하지 못하고 그 주위를 돌아 자기 자신에게 돌아가는 〈자기 성애적〉 형태를 띤다. 즉 대상 a와 〈직접〉 맞닥뜨릴 가능성은 없는 것이다. 그런데 반대로 들뢰즈는 부분 충동과 부분 대상이 〈실재로〉 연결될 수 있는 것으로 이해한다. 위에서 기술한, 인물들의 혼인을 대신하는 욕망하는 기계들의 연결은 이처럼 라캉에게서는 가능하지 않은, 부분 충동과 부분 대상의 실재적 연결을 상정했을 때에만 유효해진다.

　이러한 차이를 염두에 둘 때 우리는 들뢰즈와 라캉이 실재계와의 만남을 어떻게 서로 다르게 이해할 것인가를 짐작할 수 있다. 욕망하는 기계가 부분 대상(대상 a)과 직접 연결될 수 있다는 들뢰즈의 주장은 곧 실재계와의 직접적 만남이 가능하다는 주장과 다르지 않다. 과연 라캉도 그렇게 생각했을까? 가령 지젝이 쓴 다음과 같은 구절은 양자의 차이점뿐만 아니라 들뢰즈와 지젝의 차이점도 잘 알려준다. 〈여기에 역시 라캉의 근본적인 가르침이 있다. 즉 어떤 대상이든 사물의 빈자리[실재의 자리]를 점유할 수 있는 것은 사실이지만, 그 대상은 오로지 환영(幻影)을 통해서만 그렇게 할 수 있다. 그 대상이 늘 그 자리에 있었다는 환영, 즉 우리가 그 대상을 거기에 위치시킨 것이 아니라, 그 대상이 거기서 '실재의 응답으로서 발견되었다는' 환영 말이다〉(LA, 33). 지젝이 〈실재의 응답〉이라는 주제 아래 분석한 수많은 영화와 소설들은 바로 이 구절에 대한 사례들 외에 다른 것이 아니다. 다시 말해 어떻게 〈환영의 형태로만〉 실재가 주체 앞에 등장할 수 있는가에 대한 기술들인 것이다. 지젝의 분석을 한번 흉내 내보자. 가령 「라이언 일병 구하기 Saving Private Ryan」의 마지막 부분에는 지젝의 입맛에 아주 잘 맞아떨어질 장면이 나온다(자기 책들을 출판하기 이전에 이 영화가 나왔다면 분명히 그는 이 장면에 대한 분석을 끼워 넣지 않고는 못 배겼을 것이다). 패색이 짙어지고 있을 때, 총에 맞아 죽어가던 밀러 대위는 코 앞까지 전진해 온 독일군의 탱크를 향해 권총을 쏘아댄다. 물론 쓸 모없는 저항이다. 그런데 정말 한순간 그의 총을 맞은 거대한 탱크 가 산산조각이 나버린다. 관객들과 마찬가지로 아주 잠시나마 밀러 도 정말 탱크가 자신의 총을 맞고서 폭발해 버린 듯이 느꼈을 것이 다. 물론 이것은 〈환영〉이다. 실제로 탱크는 밀러가 총을 쏘는 순간 비행기의 폭격을 맞고 박살 나버린 것이다. 상징계(전쟁터)에는 속 하지 않은 실재계(미군의 폭격기)는 바로 이런 식의 환영(권총을 맞 고서 탱크가 폭발하는 일)의 형태로만 상징계 안으로 들어선다. 「태양 의 제국 Empire of the Sun」, 카사노바 등에 관한 지젝의 분석이 보 여주고자 했던 바도 실재계는 바로 이와 같은 환영의 형태로 등장 한다는 것이다(LA, 29-30, 34 참조). 영화 말고라도 더 쉬운 예는 우리 주변에 얼마든지 있다. 대상 a로서의 시선은 결코 우리의 시 각 충동이 도달할 수 없는 대상이다. 그런데 우리 주변엔 자기가 너무 예뻐서 모든 사람들이 늘 자기를 쳐다보고 있다고, 즉 〈자신은 늘 그들의 시선을 실재로 보고 있다〉고 공주처럼, 또는 환자처럼 믿는 사람들이 있다. 이들은 환상 속에서, 결코 도달할 수 없는 대 상 a(시선)에 환영을 통해서 도달한 사람들이다. 그런데 들뢰즈가 가장 비판하는 것이 바로 이런 식으로 환영을 통해 실재계와 만나 는 것이다. 〈정신 분석은 모든 것을 환상으로 번역하고, 모든 것을 환 상에다 팔아먹으며, 환상을 보존하며, 특히 실재계를 놓치고 만다〉 (MP1, 159). 들뢰즈에겐 부분 대상과의 연결, 즉 실재와의 만남은 실재상 일어나는 사건이지 환영이 아니다. 정신 분석학이 비판받 아야 하는 까닭은 바로, 실재계 안에서 정말로 이루어지는 대상 a 와의 만남을 〈주관적인〉 환상의 영역으로 변질시켜 버렸다는 것 이다.[27]

이러한 차이점은 결국 혁명에 대해 들뢰즈와 라캉이 왜 다른 견해를 가질 수밖에 없는지를 알려준다. 들뢰즈는 말한다. 〈욕망은 혁명〔혁명의 표상〕을 '원하지' 않는다. 그것은 그 자체로, 자기가 원하는 것을 원함으로써 비자발적으로 혁명적이다〉(A, 138). 이 말은 자본주의 체제의 전복을 〈자발적으로〉 욕망하는, 즉 〈혁명의 표상〉을 욕망하는 모든 종류의 입장들과 들뢰즈를 구별짓게 만든다(〈흔히 혁명가들은, 사람들이 혁명을 원하고 일으키는 것이 의무 때문이 아니라 욕망 때문이라는 것을 잊거나 인정하려 하지 않는다〉〔A, 412〕). 들뢰즈는 두 종류의 혁명을 구별한다. ① 의도적으로 혁명을 추구하는 것, 즉 〈새로운 사회적 개체를 추진하는 원인들과 목적들의 질서 속에서 자기들의 활동을 하는〉 혁명과, ②〈이와 반대로, 갑자기 돌출해 원인들 및 목적들과 관계를 끊고 사회적 개체를 다른 국면으로 되돌리는 욕망〉에 의한 혁명이 그것이다(A, 452). 그는 이 두 혁명이 마치 칸트 철학에서 현상계의 결정론과 예지계의 자유 의지처

---

27) 라캉에게 대상 *a*란 실재로 직접 만날 수 있는 것이 아니라, 개개 주체가 나름대로 자신의 환영으로 그 속을 채우는 〈빈 구멍〉에 지나지 않는다. 그러므로 당연히 〈승화sublimation〉라는 정신 분석의 핵심 개념 역시 비판받아야 한다. 라캉은 승화를 이렇게 정의한다. 〈승화는 하나의 대상을 사물의 위엄성으로 상승하게 한다〉(J. Lacan, *Le séminaire VII*[Paris : Seuil, 1986], 133쪽). 승화란 단적으로, 주관의 숭고의 느낌을 매개로 대상이 실재의 자리, 혹은 대상 *a*의 자리를 차지하는 방식이다. 물론 이때 대상이란 결코 실재 그 자체가 아니다. 주관은 다만 숭고라는 주관적 세계 안에서 실재 사물의 빈 구멍을 채우고 있는 한 대상을 실재처럼 체험할 수 있을 뿐이다. 이것만큼 들뢰즈가 비판하는 것도 없다. 리비도(욕망하는 기계)와 부분 대상의 직접적 만남을 가능케 하는 대신, 리비도의 방향을 숭고한 대상으로 돌려서 그 만남을 왜곡시켜 버린다는 점에서 들뢰즈는 승화를 거부한다. 〈리비도는 아무런 매개도, 아무런 승화도, 아무런 심리적 작업도, 아무런 변형도 필요로 하지 않는다〉(A, 36).

럼 양립 가능하다고 말하기도 하지만(A, 453), 그럼에도 불구하고 원인과 목적들의 질서에 기반을 두는 표상으로서의 혁명에는 늘 자본주의화할 수 있는 위험이 도사리고 있음을 비판한다. 그것은 자본주의가 자기 존립에 위협적인 혁명조차 자신의 공리계에 추가함으로써 끊임없이 스스로의 경계를 넓혀가는 체제이기에 그렇다(A, 450-451 참조). 자본주의는 〈앞서 터진 구멍을 막기 위해 늘 공리를 하나 추가한다. 〔가령〕 파시스트 연대장이 마오쩌둥의 책을 읽기 시작한다. …… 노동조합들에게 도움을 호소한다〉(A, 454). 〈강력한 조합들에 동의하고 승인하자. 참여를 촉진하고 계급 통일을 추진하자〉(A, 448). 물론 이런 것들은 혁명의 표상의 일부를 자본주의의 공리에 포섭하는 것이지 혁명 자체와는 아무런 상관이 없다. 여기에 가장 위험스러운 방식이 추가되어야 하는데, 그것은 바로 혁명 세력 자체의 오이디푸스화이다. 즉 〈오이디푸스, 마르크스-아버지, 레닌-아버지, 브레주네프-아버지〉(A, 450)가 생겨나고, 이에 따라 혁명 집단은 자본주의적 지배 체제와 동일하게 부성적 주체 집단과 그 밑의 예속 집단으로 변질된다. 동구권 혁명 세력의 관료화가 보여주듯, 결국 혁명은 자본주의의 그것만큼 참혹한 억압적인 지배 양식에 도달해 버리고 마는 것이다(A, 450 참조). 따라서 들뢰즈는 혁명의 가능성을, 혁명의 표상을 추구하는 집단에서가 아니라, 욕망(부분 충동)의 본성에서 발견한다. 〈우리가 욕망을 혁명의 심급으로 내세운다면, 그것은 자본주의 사회가 이익을 위한 많은 데모들은 견디어낼 수 있지만 욕망의 데모는 전혀 견디지 못한다고 믿기 때문이다〉(A, 455). 부분 충동으로서의 욕망은 무목적적이다. 그럼에도 그것이 혁명을 가져올 수 있는 까닭은 자본주의가 기본적으로 〈'자본 씨, 대지 부인,' 이 둘의 아이 노동자〉(A, 315)라는 오이디푸스적 구조, 즉 가족주의적 표상을 통해 지배하려는 데 반해, 욕망은 본질적으로 오이디푸스와는 상관이 없기 때문이다. 따라서 욕망이 자신의 본성에 충실한 이상, 욕망의 본성에 대립적인 체제인 자본주의는 붕괴할 수밖에 없다.

그런데 구체적으로 욕망의 본성이 어떤 것이기에 그것은 그 자체로 이미 혁명적일 수 있는가? 〈만약 욕망이 무의식의 형성 자체와 관련된 혁명적 위치를 점하지 않았다면, 억압받는 계급들의 이해에 부합하는 혁명이란 있을 수 없을 것이다〉(P, 31-32). 그렇다면 욕망은 본성상 무엇을 추구하기에, 혁명을 원하지도 않음에도 불구하고 애초부터 〈혁명적 위치〉를 점하고 있단 말인가? 바로 실재계의 부분 대상과 연결되고자 하기 때문에 애초에 욕망은 〈상징계에 대해서〉 혁명적이다. 욕망이 억압적인 모든 상징계적 장치를 넘어, 실재계의 대상과 연결되고자 하기에, 오이디푸스적으로 짜인 자본주의적 상징계는 붕괴할 수밖에 없는 것이다. 〈어떠한 사회도 그 사회의 착취, 예속, 위계질서의 구조를 위태롭게 하지 않고는, 참된 욕망의 정립을 용인할 수 없다〉(A, 138). 여기서 〈참된 욕망의 정립〉이란 상징계적 매개를 거치지 않은, 실재와 욕망의 직접적인 연결을 뜻한다. 이 욕망은 실재, 즉 부분 대상과 끊임없이 연결되고자 하는 〈기계적 과정〉으로서의 본성을 지니고 있을 뿐, 그 어떤 목적론적·신학적·변증법적 함의도 지니지 않는다. 〈무의식은 기계로서 움직이며 기계적이다〉(A, 62). 따라서 이 무의식은 터미네이터처럼 그의 기계적 과정을 지속하는 데 장애가 되는 것은 모든 것을 파괴해 버린다. 이 기계의 과정을 다른 형태, 즉 〈부성적 권위와 법질서에 복종하여 스스로에게 금욕을 강요하는 자식의 형태〉로 변모시키려는 모든 상부 구조, 상징계, 이데올로기들은 바로 이 기계의 본성에 위배되므로 결국에는 와해되어 버릴 수밖에 없다.

이러한 들뢰즈의 욕망 개념은 네그리식으로 독해한 스피노자의 용어들을 이용해 고스란히 다시 표현될 수 있다. 즉 양태 및 독신 기계에 해당하는 다자(多者, multitudo)[28]를 그것들 안에 포함되어 있는 힘 potentia —— 욕망하는 기계에 해당—— 으로부터 소외시켜 예속 상태에 두고자 하는 모든 권력 potestas 장치들—— 상징적 구조—— 은, 기계적 과정을 지속하고자 하는 이 힘의 본성에 위배되므로 결국에는 붕괴될 수밖에 없는 것이다. 〈스피노자에서 힘은 권력에 대립한다〉(AS, 228). 들뢰즈도 마찬가지로 말한다. 〈『윤리학』의 근본 논점들 가운데 하나는 전제자의 권력이나 군주의 —— 심지어 계몽 군주의 —— 권력과 유사한 모든 권력을, 〔힘을 본질로 하는〕신에 대해서 부정하는 것이다〉(SPP, 134). 스피노자의 제자들로서 네그리와 들뢰즈는 이렇게 서로 매우 유사한 면모를 보여준다. 네그리에 따르면 스피노자 철학은 〈매개라는 비열한 게임에 굴복하지 않는〉 것을 그 특징으로 한다(AS, 228). 구체적으로 〈매개〉란 힘 potentia으로서의 생산력을 자기 아래 종속시키고자 하는 자본주의적 생산 관계를 말한다. 〈스피노자는 생산력 개념을 생산 관계 개념으로, 즉 복종의 개념으로 이전시키기 위해 홉스가 발명한 수단을 부정하고 거부한다〉(AS, 228). 그런데 여기서 네그리가 생산 관계를 〈복종〉개념과 동일시하는 것은 매우 정확한 표현일 뿐 아니라, 들뢰즈의 스피노자적 욕망 이론을 이해하는 데도 큰 도움을 준다. 네그리의

---

28) 이 다자는 홉스류의 개인주의를 통해서는 이해될 수 없는 〈집단적인 것 entité collective〉이다(A. Negri, *L'anomalie sauvage : Puissance et pouvoir chez Spinoza*〔Paris : PUF, 1982〕, 220쪽. 약호 AS). 또한 바로 그런 집단성 때문에 이 다자들은 혁명 세력으로 역할할 수 있다. 개별자들이 집단적 혁명 세력이 될 수 있다는 주장은 스피노자의 다음 구절에 근거한다. 〈만일 많은 개별자들이 모두 동시에 하나의 결과의 원인이 되게끔 하나의 활동으로 협동한다면, 나는 그런 한에서 그 모두를 하나의 특정한 개별자로 여긴다〉(『에티카』, II, 정의 7). 즉 많은 개별자가 협동을 통해 하나의 결과(혁명)를 생산할 경우 그 개별자들이 모두 합쳐진 집단을 하나의 특정한 개별자로 이해할 수 있는 것이다.

스피노자 해석이 스피노자의 힘 개념을 생산력으로 이해하고 이것을 자본주의 생산 관계에 매개시켜 체제 순응적으로 만들려는 시도들을 고발하는 것이라면, 들뢰즈 욕망 이론의 스피노자 해석은 스피노자의 힘 개념을 욕망으로 이해하고, 이 욕망을 복종에 매개시켜 체제 순응적으로 만들려는 시도들을 고발하는 것이다. 말할 것도 없이 여기서 매개 역할을 하는 복종의 장치가 바로 오이디푸스이다. 스피노자 철학이 자본주의 생산 관계에 의한 생산력의 매개가 생산력의 본성에서 필연적으로 유래하는 것이 아니라는 점을 폭로하는 작업이라면, 들뢰즈는 오이디푸스적 도식에 의한 욕망의 매개가 욕망의 본성에서 필연적으로 유래하는 것이 아니라, 체제의 필요에 의한 것이라는 점을 폭로한다. 네그리는 스피노자의 의의를 이렇게 요약한다. 〈스피노자는 부르주아적 매개에 대한 생생한 부정이며 매개의 확장을 조직하는 모든 논리적 · 형이상학적 · 법률적 허구들에 대한 부정이다. …… 스피노자와 더불어 철학은 처음으로 매개 과학으로서 자신의 고유한 지위를 부정하기에 이른다〉(AS, 230). 바로 오이디푸스도 여기 언급된 허구들 가운데 한 가지이다. 네그리의 어투를 빌어 말하면, 들뢰즈는 정신 분석학의 역사 속에 출현한 스피노자이며, 들뢰즈와 더불어 정신 분석은 처음으로 매개 과학으로서 자신의 지위를 부정하기에 이른다.

라캉 역시 실재계, 즉 대상 a로부터 기존의 구조적 질서를 붕괴시키는 혁명의 힘을 목격한다. 1968년 5월 혁명의 와중에 라캉은 〈돌과 최루탄이 '대상 a'의 기능을 수행한다〉[29)고 말했다고 한다. 분명 대상 a는 기존의 구조, 상징계를 와해시키는 혁명적인 힘을 가지고 있으며 이런 뜻에서 들뢰즈는 〈대상 a는 폭탄[지옥 같은 기계], 즉

---

29) E. Roudinesco, *Jacques Lacan*(Paris : Fayard, 1993), 438쪽(약호 JL).

욕망하는 기계와 같은 방식으로 구조적 평형에 침입한다〉(A, 99)고 평가한다.[30] 그럼에도 불구하고 그가 들뢰즈처럼, 욕망이 승화 같은 변형이나 매개를 거치지 않고 〈직접〉 실재계와 조우함으로써 혁명이 달성된다고 생각했던 것은 아니다. 오히려 라캉은 1968년 5월에 대해 이와는 정반대로 생각했다. 〈구조는 〔시위하러〕 거리로 나가지 않는다고 쓰는 것은 타당하지 않다고 생각한다. 왜냐하면 만일 5월 사건이 증명한 것이 있다면, 그것은 분명 구조가 거리로 나갔다는 것이기 때문이다〉(JL, 444에서 재인용). 이런 생각은 구조는 욕망을 억압하는 타도해야 할 대상이라고 여기고, 구조가 욕망하는 기계를 유괴한다(A, 368 참조)고 고발했던 들뢰즈-가타리와 정반대가 아닌가? 들뢰즈와 가타리의 혁명에 대한 이해가 구조를 옹호하는 라캉과 정반대라는 것은 다음 진술에서 밝혀진다. 〈1968년을 혐오하거나 배반을 정당화하는 사람들은 1968년의 사건이 상징계 혹은 상상계적이라고 생각한다. 그러나 전혀 그렇지 않다. 그것은 순수한 실재계의 침입이었다〉(P, 198). 1968년은 구조나 상징계의 산물이 아니라, 반대로 부분 충동이 실재와 조우하면서 생긴 사건이었다. 요컨대 인간이라는 단위에 선행하는 〈분자적 차원〉, 즉 비인물적 욕망들의 해방에서부터 혁명의 가능성을 모색하는 들뢰즈의 욕망 이론은, 어떤 형태가 됐건, 이 욕망들을 가두는 〈구조〉를 변호하려는 입장과는 양립할 수 없는 것이다.

그런데 또한 우리가 지나온 모든 탐구의 여정이 알려주듯 라캉과 들뢰즈의 관계는 일면적일 수 없으며, 수많은 모순된 차원을 동시에 가지고 있다. 양립 불가능한 주장들의 싸움터가 있는가 하면, 또

---

30) 라캉의 개념들 가운데는 〈구조〉를 지지하는 개념들이 있는 반면, 대상 a는 이와 구별되어야만 하는 니체주의적인 〈전복성〉을 지니고 있다. 대상 a에는 라캉이 젊은 시절 심취했던 니체의 그림자가 반영되어 있다(JL, 352 참조).

라캉의 밭을 터전 삼아 들뢰즈가 자신의 주요 개념들을 경작하고 있으니 말이다. 이런 까닭에 철학자들의 공식 초상화란 별 쓸모가 없는 것이다. 무심한 별들이 그렇듯, 기억될 만한 사상이란 그것에 얼마나 동의할 수 있는지 없는지 아랑곳하지 않고, 진리를 기르는 자들의 옆에서 늘 성가시게 빛나게 마련이다.

보론 1[31]

욕망하는 기계들의 〈차이〉와 스피노자적 〈구별 이론〉
—— 부정성에 반대해서

우리는 4장을 통해 『앙띠 오이디푸스』에서 들뢰즈의 기관들 없는 신체와 욕망하는 기계라는 개념이 스피노자적인 배경을 통해서 이해되어야 한다는 것을 보았다. 이 「보론 1」의 목적은 이 두 개념과 관련하여 들뢰즈 욕망 이론의 스피노자적 원천을 보다 분명히 하려는 것이다. 특히 우리는 욕망하는 기계들 사이의 비(非)변증법적 차이, 〈결여로서의 욕망〉에 대한 들뢰즈의 유명한 비판 등이 스피노자 철학을 배경으로 하고 있다는 점을 명확히 하고 싶다.

욕망하는 기계들의 다수성을 가능케 하는 〈차이〉는 결코 부정성으로 이해될 수 없으며, 부정성과 정반대되는 의미에서 스피노자적인 구별 이론(속성들 간의 실질[재]적 구별 distinction réelle)을 통해 이해되어야 한다는 것이 들뢰즈의 생각이다(A, 369 참조). 스피노자의 구별 이론이 가진 중요한 특성들 가운데 하나가 바로 부정성에 대한 비판이다. 부정성을 통한 정체성의 확보는 늘 한정(…… 이 아님)을 매개로 하지만, 긍정의 철학이 속성의 본성을 이해하는 방식은 이러한 부정적 한정과는 아무런 상관이 없다. 〈속성들은 부정하

---

31) 이 「보론 1」과 「보론 2」는 들뢰즈 철학에 대한 홍준기의 비판적 문제 제기에 대한 반론으로 씌어졌던 글의 일부이다. 이 책에서 이 글은 전체 구성과 목적에 맞게 편집되었다. 이 글의 원형은 「들뢰즈에 대한 오해들」(《문학인》[2002, 가을호])인데, 홍준기의 두 가지 입장, 즉 들뢰즈가 비자발적인 헤겔주의자라는 주장과 들뢰즈가 말하는 분열증은 라캉이 말하는 좋은 의미의 오이디푸스라는 주장을 비판하고 있다. 부정성을 본질로 하는 헤겔의 논리와 들뢰즈의 차이는 결코 동일시될 수 없으며, 오이디푸스의 전복을 핵심으로 하는 들뢰즈의 분열증은 어떤 형태의 것이든 오이디푸스와는 양립할 수 없다는 것이 「들뢰즈에 대한 오해들」의 요지이다.

는 데 쓰이지 않으며, 마찬가지로 속성들에게서 본질이 부정되지도 않는다〉(SPE, 50). 〈속성들은 서로간의 대립을 통해 정의된다고 말해서는 안 된다. 실질적 구별의 논리는 각 본성을 그 자체에서, 그것의 독립적인 긍정적 본질을 통해서 정의한다. 모든 본성은 긍정적이며, 그러므로 자신의 종 안에서는 무제한적이고 비결정적이다〉(SPP, 123). 하나의 속성, 가령 연장(延長)을 p라고 할 때 이는 ~p라는 부정성으로부터 그것의 정체성을 부여받지 않는다. 〈연장은 그것의 본성에서 기인하는 어떤 불완전성이나 제한도 결코 허용하지 않는다〉(SPE, 50). 만약 하나의 속성(p)이 그 속성의 부정(~p)으로부터 정체성을 부여받는다면, 이는 무엇을 뜻하는가? 바로 〈결여〉가 그것의 본질을 이룬다는 것이다. 〈모든 결여 privation는 부정〉(SPP, 125)이기 때문이다. 가령 데카르트에서는 이러한 결여가 어떤 것의 본질을 구성할 수 있다. 〈데카르트에서는 사물이 본성상 요구하는 한계들이 있고…… 무엇인가 결여 manque되어 있는 본성들이 있다〉(SPE, 51). 그러나 스피노자에서 속성들은 어떤 결여를 통해서도 자신의 정체성을 확보하지 않는다(SPE, 50 참조). 〈한 속성은 다른 속성의 본성을 결여하고 있지 않다〉(SPP, 125). 들뢰즈가 〈욕망하는 기계들〉을 〈속성들〉과 등가인 것으로 놓았을 때, 그는 바로 속성들이 결여와 아무런 상관이 없다는 스피노자의 사상으로부터, 욕망을 결여로 정의하는 정신 분석학적 입장에 대한 비판의 입지를 확보하는 것이다. 〈요컨대 스피노자에서 속성이 결여 없는 무제한적인 것이듯, 들뢰즈에서 욕망은 결여를 그 본성으로 삼지 않는 무제한적인 것이다. 즉 욕망 이론에서의 결여에 대한 비판은 부정성에 대한 스피노자적 비판의 현대판이라고 할 수 있다.〉

스피노자가 생각하듯 부정성을 매개로 한 정의는, 한 사물이 이미 존재하지 않고는 그것에 대해 부정을 비롯한 어떤 요구도 할 수

없기 때문에, 아예 성립조차 할 수 없다. 〈본성이 제한을 요구한다
고 말하는 것 …… 그것은 아무것도 말하지 않은 것이다. 왜냐하면
한 사물의 본성은, 그 사물이 존재하지 않는 한, 아무것도 요구할
수 없기 때문이다〉(『소론』, 1부 2장 5의 주). 즉 부정의 철학과 반대
로 스피노자주의에서 〈모든 정의는 긍정적이어야만 한다〉(『지성 개
선론』, 96).[32] 이렇게 속성들 각각은 오로지 자기 본성 안에서 긍정
될 뿐이다. 그러므로 속성들 사이엔 〈부정적 매개〉를 포함한 어떤
매개도 성립할 수 없으며 오로지 문자 그대로의 〈비관계〉(실질적
구별)만이 있다. 욕망하는 기계들 사이의 비관계란 부정성이 아니
라, 바로 이러한 스피노자적인 구별, 긍정성에 기반을 둔 차이이다.
들뢰즈나 스피노자에서 이러한 다수(욕망하는 기계들, 속성들)가 일
자(기관들 없는 신체, 실체)에 관계하는 방식도 부정성이나 변증법과
는 아무런 상관이 없다. 속성들은 서로 다른 실체들로서 구분되는

---

32) 들뢰즈는 『앙띠 오이디푸스』에서 종종 〈두 개〉의 궁극적인 항 사이의 관련의
   부재(비관계)에 대해서 말한다. 여기서 항이 두 개라고 해서 이 비관계를 서로
   대립하는 것들 사이의 부정성으로 오해해서는 안 된다. 이러한 점은 스피노자
   가 사유와 연장이라는 두 속성 사이의 부정성에 대해 말할 때와 같은 의미로
   이해되어야 한다. 스피노자는 〈부정적 한정〉을 다음과 같은 뜻으로 이해한다.
   〈연장이 연장에 의해서가 아니라 사유에 의해서 한정된다고 말한다면, 그것은
   연장이 절대적으로 무한한 게 아니라 연장인 한에서만 무한하다는 것을 말하
   는 게 아닌가? 즉 연장은 연장인 한에서 …… 절대적으로 무한하다〉(편지 4)고
   스피노자는 말한다. 〈여기서의 부정은 어떠한 대립도 결여도 포함하지 않는다〉
   (SPE, 50). 두 항 사이의 비관계는 헤겔적인 부정적 매개로 이해되어서 안 되
   며, 각각의 항은 〈오직 각각의 본성 속에서〉 무한하게 긍정된다는 것을 의미할
   뿐이다. 한 가지 덧붙이자면, 누군가 속성들의 이접성을 혹시라도 〈배타적〉이
   라고 표현하고자 한다면, 그 말의 용법은 오로지 이런 식으로 이해된 스피노
   자의 부정성과 같은 뜻으로만 허락될 것이다. 왜냐하면 〈배타적〉이란 말이 함
   축하는 배제적인 〈양자택일〉의 뜻은 스피노자-들뢰즈의 〈비관계〉와는 아무런
   상관도 없기 때문이다. 가령 다음과 같은 가타리의 말이 잘 알려주듯이 말이
   다. 〈나는 이것이기도 하고 저것이기도 하다. 배타적인 이접적 종합은 피한다〉
   (펠릭스 가타리, 『분자혁명』[윤수종 옮김, 푸른숲, 1998], 289쪽).

것이 아니라, 동일한 하나의 실체의 서로 다른 이름들로서 형식적
으로 구별된다. 즉 속성들의 실질적 구별은 곧 형식적 구별이다. 〈형
식적 구별은 곧 실질적 구별인데, 왜냐하면 그것이 하나의 존재를
형성 혹은 구성하는 실재성들의 상이한 층들을 표현하기 때문이다〉
(SPE, 55). 실질적으로 서로 다른 속성들은 실체의 본질을 표현하는
형식적으로 다른 다수의 이름들이지만, 존재에 있어서는 일자인 것
이다. 이는 질송의 다음과 같은 논제에서도 확인된다. 〈무한성은
(하나의 속성이 아니라) 존재의 한 양상이기 때문에, 본질적으로 환
원될 수 없는 형식적 이유들에 공통적일 수 있으며, 형식성에 있어
서 그것들의 구분을 말소하지 않으면서 그것들에게 존재에 있어서 동
일성을 제공할 수 있다.〉[33] 즉 존재에 있어서 일자는 동시에 형식성
에 있어서 다수일 수 있으며, 스피노자에서 실체와 속성들은 바로
이런 관점에서 이해되어야 하는 것이다. 그리고 항들간의 부정적
대립이나 변증법이 아니라, 그와 정반대되는 항들 각각의 이러한
긍정성에 기반을 둔 스피노자적 구별 이론을 통해서, 들뢰즈는 기
관들 없는 신체와 욕망하는 기계들의 관계를 이해한다. 우리가 앞
서 보았던 다음 구절이 잘 알려주듯이 말이다. 〈궁극적 요소들(무한
한 속성들)은, 서로 의존하지 않으며 양자 사이에 반대 관계도 모순
관계도 없기 때문에[즉 부정성에 의해 매개되지 않기 때문에], 신에
게만 귀속 가능하다는 것이다.[34] 직접적 관련성이 전혀 없다는 것

---

33) E. Gilson, *Jean Duns Scot*(Paris : J. Vrin, 1952), 251쪽(SPE, 55에서 재인용).
34) 이 구절은 『스피노자와 표현의 문제』에 나오는 다음 문장과 바꾸어 쓸 수 있
　　다. 〈긍정의 논리로서 생각된 실질적 구별의 극단적인 귀결들을 끌어내기 위
　　해서는, 실질적으로 구별된 모든 속성들을 갖는 하나의 유일 실체라는 관념으
　　로 가지 않으면 안 된다〉(SPE, 52). 다수의 속성들의 유일 실체에 대한 이런
　　귀속이 부정적 매개가 아니라, 속성들의 긍정성에만 기반을 두는 것을 가리켜
　　──들뢰즈가 칸트와 관련하여 사용한 표현을 빌려──〈존재 위에 차이를 직

〔비관계라는 것, 실질적으로 구별된다는 것, 각각의 속성들은 그 본성에 있어서 긍정적이라는 것〕은 그 요소들이 공통적으로 신적 실체에 속한다는 것을 보증한다. 부분적 대상들과 기관들 없는 신체의 경우도 마찬가지이다. 기관들 없는 신체는 실체 자체요, 부분적 대상들은 실체의 속성들 즉 궁극적 요소들이다〉(A, 369). 〈부분적 대상들로서의 욕망하는 기계들〉(A, 368)이라는 표현이 알려주듯, 여기서 부분적 대상들은 욕망하는 기계들을 가리킨다. 그리고 다시 한번 강조하자면, 〈기관들 없는 신체는 그 말의 가장 스피노자적인 의미에서 내재적 실체〉(A, 390)이다.

접 펼치는 것〉이라 일컬을 수 있다(DR, 82). 그리고 『차이와 반복』에서 들뢰즈는 어떤 매개도 없이 존재 위에 항들간의 차이가 〈직접〉 펼쳐지는 것을 가리켜 〈정신 분열증〉이라 불렀다(DR, 82). 『차이와 반복』에서 쓰인 〈정신 분열증〉이라는 말의 이러한 용법은 『앙띠 오이디푸스』에서 이 말에 부여된 용법을 예고하고 있으며, 이런 맥락 속에서 우리는 〈분열증〉이라는 개념을 통해서 두 저작 사이의 모종의 연속성을 확인할 수 있다. 왜냐하면 『앙띠 오이디푸스』에서 분열증은 바로 욕망하는 기계들 사이의 차이가 어떤 매개도 없이 〈직접〉 기관들 없는 신체에 펼쳐지는 것을 의미하기 때문이다. 『차이와 반복』이 존재론적 관점에서, 차이를 매개하는 네 가지 표상(동일성, 유사, 대립, 유비)을 전복시키려 한다면, 『앙띠 오이디푸스』는 욕망 이론의 관점에서, 차이를 매개하는 표상을 전복시키려 한다. 욕망하는 기계들 사이의 차이가 차이 자체로 긍정되지 못하게끔 하는 이 표상이 바로 〈오이디푸스〉이다.

212

임상적 분열증과 해방으로서의 분열증 ── 푸코와 들뢰즈

들뢰즈가 말하는 분열증은 병리적인 의미의 분열증과 어떤 의미에서 다른가? 많은 사람들이 임상적 의미의 분열증과 해방으로서의 분열증이 어떻게 구별되는지 묻는다.

구조상 이 두 가지 분열증은 〈적어도〉 서로 상관적인 다섯 가지의 공통점을 지니는데, ① 오이디푸스의 부재(부성적 기능의 부재), ② 그로 인한 죄의식의 부재, ③ 상징계의 부재, ④ 법에 종속되지 않으므로 무제한적이 된, 즉 결여가 없어진 부분 충동들의 활동, ⑤ 성적 분화의 부재 등이 그것이다.[35] 그러나 이러한 형식적인 특성들은 두 가지 분열증의 차이점에 대해선 거의 말해 주는 바가 없는 듯하다. 도대체 임상적 분열증과 해방으로서의 분열증을 어떻게 이해해야 한단 말인가? 이러한 질문은 들뢰즈를 통하여 답변되기 이전에, 혹은 들뢰즈를 통하여 답변됨과 동시에 반(反)정신 분석학적 입장들 모두를 통하여 답변되어야 한다. 반정신 의학에 뒤이어 온 이 입장[36]의 대표자로 우리는 푸코, 들뢰즈, 가타리 등을 들 수 있을 것

---

35) 드 발른스 같은 사람도 이와 상당히 비슷하게 분열증의 특성을 다음과 같이 정리한다. ① 신체 이미지의 파편화, ② 상징계에 진입하지 못함, ③ 오이디푸스 삼각형의 근본적 와해, ④ 주체의 양성성(兩性性), ⑤ 죽음과 삶의 동일시 혹은 횔덜린에게서 나타난 것과 같은 날짜 착오(A. De Waelhens & W. Ver Eecke, *Phenomenology and Lacan on Schizophrenia, after the Decade of the Brain* [Leuven University Press, 2001], 229-230쪽 참조). 이것들은 분열증에 대한 들뢰즈의 묘사와도 많은 부분에서 일치하는데, ①은 〈기관들의 비유기체성〉으로 표현되며, ②와 ③은 상징계 또는 오이디푸스의 와해로 표현되고, ④는 양성적인 〈식물의 유비〉 또는 〈n개의 성(性)〉이란 말로 표현된다.

36) 반정신 의학과 반정신 분석 사이의 〈다양한〉 관계들을 이 자리에서 다루지는 않겠다. 다만 가타리의 견해들 중 한 가지만 이야기하면, 그는 정신 분석을 정신 의학 제도 ── 억압적인 권력 형태로서의 제도 ── 에 뒤이은 〈새로운 제도〉로

이다. 새로운 정신 분열증 개념에 대한 다음과 같은 짧은 인용으로
부터 시작해 보자. 〈정신 분열증의 이 개념〔정신 의학적 정의와는
다른 개념〕은 1955-1960년부터 반정신 의학의 주도자들(데이비드 쿠
퍼 D. Cooper와 로널드 랭 R. Laing)을 통해서, 몇 가지 변형을 거쳐
회복될 것이었다. 그러고 나서 프랑스에서 두 철학자, 미셸 푸코와
질 들뢰즈에 의해서 이론화될 것이었다.〉[37] 어떤 점에서 푸코와 들
뢰즈는 정신 분열증 개념의 쇄신을 매개로 서로 만나는 것일까? 이
들이 만나는 지점에 대한 해명은 정신 분석과 대립하여 반정신 분
석 일반이 정신 분열증을 바라보는 시선에 대한 해명이며, 들뢰즈
의 정신 분열증 개념이 반정신 분석 일반의 그것과 통하는 지점이
어디인지에 대한 해명이기도 하다.

　널리 알려져 있다시피 『앎의 의지』(1976)는 프로이트의 정신 분
석학을 지식과 권력의 공모에 봉사해 성을 담론화하는 도구로 이해
한다.[38] 푸코의 이런 반정신 분석학적 입장은 『앙띠 오이디푸스』
(1972)의 출현이 없었더라면 그토록 분명한 강도에 도달할 수 없었
을지도 모르지만, 그렇다고 그것이 들뢰즈에 의해 푸코 철학의 대
지에서 새롭게 재배되기 시작한 외래 작물은 결코 아니다. 다시 말

이해한다. 오늘날 정신 의학은 작동하지 않는 반면, 정신 분석학은 놀랍게 작
동하며 새로운 권력 형태로 자리 잡고 있다는 것이 그의 생각이다(『분자혁명』,
160-170쪽 참조).

37) É. Roudinesco & M. Plon, *Dictionaire de la psychanalyse*(Paris : Fayard,
1997), 945쪽.

38) M. Foucault, *La volonté de savoir*(Paris : Gallimard, 1976), 209-211쪽 참
조. 요즘도 어떤 이는 한심하다는 듯 프로이트를 판섹슈얼리스트로 몰아붙이
는 사람들을 비웃는다. 그러나 푸코에 따르면 정작 분별없는 사람들은 바로
이 비웃는 자인데, 왜냐하면 그는 프로이트가 정당한 몫을 성(性)에게 되찾아
주었다고만 생각하고, 권력에 맞추어 성을 담론화했다는 것을 모르기 때문이
다(같은 곳 참조).

해 푸코의 반정신 분석학적 입장은 그 자신 안에, 그러니까 『광기의 역사』(1961) 안에서 —— 프로이트에 대한 여러 가지 양가적인 진술들에도 불구하고[39] —— 이미 잘 자라나고 있었다. 푸코는 이렇게 말한다. 〈환자는 의사의 지배권과 그의 모든 특권을 사전에 받아들이며, 처음부터 그가 마술로 경험한 의사의 의지와 과학에 앞서며 신격화된 그런 학문에 복종한다. 그렇게 하면서 환자는 자기 자신에게서 소외되어 버린다. …… 우리가 피넬Pinel에서 프로이트까지 19세기 정신 의학의 임상과 그 지식에서 객관성의 심층 구조를 분석하고 싶다면, 이 객관성이란 처음부터 마술적 차원의 물화라는 것을 정확하게 보여주어야 한다.〉[40] 물론 여기서 마술이란 학문적 객관성의 가면을 쓰고 〈기존 질서의 수호자〉 역할을 하는 정신 분석의 전제적 면모를 가리키는 말이다(R, 115-116쪽 참조). 〈프로이트는 의사가 지닌 마술사의 기운을 과장하고, 의사가 지닌 모든 힘에 사이비 신의 지위를 마련해 주었다. …… 프로이트는 피넬과 튜크Tuke가 감금을 통해서 마련한 모든 구조를 의사에게로 옮겨 놓았다. …… 프로이트는 수용소의 권력을 재편성했고, 그 권력을 의사의 손에 넘겨줌으로써 극대화했다〉(FD, 611-612).[41] 즉 과거에 광기를 제도적으로 억압하고 관리했던 수용소의 권력은 정신 분석학의 등장과 함께 분석가의 손으로 넘어간 것이다. 이제 정신 분석가 자신이 곧 수용소이다. 푸코는 계속 정신 분석이 광기를 과학의 대상

---

39) 이에 대한 분석은 J. Derrida, "Être juste avec Freud," *Résistances de la psychanalyse*(Paris : Galilée, 1996), 93-146쪽 참조(약호 R).

40) M. Foucault, *Folie et déraison : Histoire de la folie à l'âge classique*(Paris : Librairie Plon, 1961), 609-610쪽(약호 FD).

41) 이런 점에서, 정신 의학과 정신 분석이 서로 다른 것임에도 불구하고, 데리다가 말하듯 정신 분석은 정신 의학을 벗어나지 못한다. 〈정신 분석은 '결코' 정신 의학의 유산으로부터 자유롭지 못할 것이다〉(R, 118).

으로 수립할 수 있는지를 의심한다. 〈정신 분석학은 비이성의 목소리를 듣지 못하고 또 듣지 못할 것이며, 또 그 속에서 광기의 기호들을 해독해 내지 못할 것이다. 정신 분석학이 광기 가운데 몇 가지 형태의 매듭은 풀 수 있다. 그러나 정신 분석학은 비이성의 주도적 작업 travail souverain에 대해서는 국외자로 머물고 만다. 정신 분석학은 이러한 작업에서 본질적인 것을 해방시키거나[42] 옮겨 내지 못하고, 말할 것도 없이 설명해 내지 못한다〉(FD, 612). 푸코는 정신 분석이 해방시키지 못하고 설명하지도 못하는 이 비이성의 작업을 『말과 사물』에서 또 다른 이름으로 부르는데, 그것이 바로 〈정신 분열증〉이다. 〈정신 분석학은 진정한 광기, 정신의들이 정신 분열증이라 부르는 것 속에서 자신의 내밀성, 가장 극복하기 힘든 고통을 발견하게 된다.〉[43] 정신 분열증의 경우를 고려할 경우, 인간 개념이 출현하기 위한 유한성의 조건을 구성하는 〈죽음〉, 〈욕망〉, 〈법칙〉은 정신 분석이 다 해명해 내지 못하는 〈끝없이 한정되지 않은 것〉(MC, 387 참조)으로 남을 뿐이다. 이런 의미에서 정신 분열증은 정신 분석이 학문으로서 맞닥뜨린 한계이며, 극복하기 힘든 고통인 것이다.

정신 분석학이 이렇게 광기 또는 분열증을 자신의 학문적 대상으로, 즉 〈질병〉으로 수립하지 못할 때 남는 것은 무엇인가? 바로 광기에 대한 정치와 그 정치의 역사만이 남을 뿐이다. 그렇다면 광기라는 질병은 없고 광기에 대한 정치만이 있는 곳에서 정신 분석의 담론이 떠맡는 역할은 무엇인가? 이러한 질문과 함께 이제 『광기의

---

42) 정신 분석이 이해하지 못하는 〈비이성의 주도적 작업〉에서 본질적인 것 —— 이제 보겠지만 그것이 바로 분열증이다 —— 을, 정신 분석에 대항하며 해방시키고자 했던 기획으로 『앙띠 오이디푸스』를 꼽지 않을 수 없을 것이다.

43) M. Foucault, *Les mots et les choses*(Paris : Gallimard〔텔 Tel판〕, 1966), 387쪽 (약호 MC).

216

역사』 전체를 요약하고 있는 푸코의 다음 문장들을 읽어보자. 〈이 책『광기의 역사』는 늘 변형되긴 해도 그칠 줄 모르는 분할의 역사이다. …… 이성과 광기 사이의 경계선을 정하는 것은 의학이 아니다. 19세기 이래로 의사들은 그 경계선을 감시하고 거기에서 보초 서는 일을 책임졌다. 그들은 그 경계선에다 '정신병'이라는 표시를 했다.〉[44] 우리가 앞서 살펴본 프로이트의 정신 분석에 관한 구절들은 바로, 이 문장에서 말하는 의사들의 범주에서 정신 분석학자들이 제외될 수 없다는 것, 그리고 광기에 대한 정치 속에서 그들이 하는 역할이 무엇인지를 알려준다. 그런데 이와 비슷한 문장이, 그러니까 하나의 경계선 위에서 정신병과 이성의 편 가름을 감시하는 의사들의 역할에 대한 고발이 다시 들뢰즈의 텍스트에 등장한다. 〈정신 의학의 구성은 …… 차라리 두 가지 상반되는 방향〔진정으로 미쳤다고 할 수 없는 편집증 환자와 어떤 식으로든 감시를 요구받는 광인들〕으로의 광기의 분리와 관련된 것이다. …… 이 두 가지 공증 서류는 여전히 정신 분석학의 출발점을 이루며, 이런 식으로 그것은 정신 의학과 연결된다. …… 신과 그의 정신의들은 미친 와중에도 계급적인 사회 질서를 유지하는 사람을 알아낼 책무를 지고 있는 셈이며, 더불어 무질서를 야기하고, 편협하게 국지화되고, 낟가리에 불을 지르고, 부모를 살해하며 걷잡을 수 없는 사랑과 공격성을 가진 자들을 알아낼 책무를 지고 있는 셈이다〉(MP1, 128 —— 번역 수정). 여기서 들뢰즈는 푸코가 발견했던, 정신 분석학이 보초를 서는 그 경계선을 계급적 차원에서 다시 명시하고 있다. 〈푸코가 먼저 밟아 나간 길들 위에서 우리는 그와 다시 합류하고 있다는 인상을 받는다〉(P, 36)는 들뢰즈의 말은 이런 방식으로 확인되는 것이다.[45]

---

44) E. Roudinesco et al., *Penser la folie*(Paris : Galilée, 1997), 11쪽에서 재인용 (약호 PF).

임상적 단위로서의 분열증과 해방으로서의 분열증을 구분하려 할 때, 이러한 푸코와 들뢰즈의 생각이 시사하는 바는 무엇일까? 바로 이 두 가지 분열증을 구분하는 일은 분열증을 담론화하는 두 가지 방식의 차이 속에서, 그리고 분열증자를 환자로 만드는 담론을 통해 분열증자가 소외되는 방식 속에서 발견될 수 있다는 것이다(물론 여기서 담론이란 단지 학술 이론적인 차원에서 이해되어서는 안 된다. 그것은 실천적 힘, 정치적 지배력을 행사하는 힘을 포괄한다). 임상적 분열증자와 해방적 분열증자는, 앞서 인용한 푸코의 말을 빌려 표현하면, 이성과 광기 사이의 경계선을 보초 서며 거기에 정신병의 표시를 새겨넣는 자들의 담론화와 〈비이성의 주도적 작업〉이 무엇인지를 밝혀내려는 자들의 담론화 사이의 차이에서 탄생한다.

그런데 푸코가 말하는 이성과 광기 사이, 혹은 소위 말하는 정상과 분열증 사이의 경계선에서 정신 분석이 보초의 일을 담당할 수 있도록 해주는 것은, 들뢰즈에 따르면 바로 권력[46]과 학문의 만남이 탄생시킨 오이디푸스이다. 당연한 이야기지만 오이디푸스는 한 정

---

45) 문화를 구성하는 것 가운데 하나인 정신 분석에 의존하거나 그 학문 체계를 내적으로 정당화하기보다는, 그것들의 성립 조건을 권력의 이해관계에서 발견했다는 점에서 푸코의 과제는 문화의 정체성이 아니라 〈문화의 한계〉(FD, Ⅲ)에 대한 탐구라고 일컬을 수 있다. 이와 동일하게 들뢰즈 철학 또한 정신 분석과 그것을 가능하게 한 문화적 조건들을 비판적으로 문제 삼았다는 점에서 〈문화에 맞서는〉(P, 36) 기획이다. 그런데 이처럼 들뢰즈의 작업이 문화에 맞서는 것이라면 〈사회〉라는 것은 어떤 식으로 받아들여질 수 있을까?(이에 대한 매우 간략한 대답은 「에필로그」의 주 9 참조)

46) 들뢰즈는 권력의 위상을 결정하는 문제에 있어서 푸코와 자신과의 차이를 의식하고 있지만, 이것이 억압적으로 작동하는 권력의 성격을 부정하는 것을 뜻하지는 않는다. 〈권력에 대한 욕망의 우선성 혹은 권력 장치가 가지는 부차적 성격이라는 나의 견지에서 보면, 권력 장치들의 작용은 억압의 효과를 갖는다. 왜냐하면 그것들은 자연적으로 주어진 것으로서의 욕망이 아니라 욕망의 배치의 지점들을 파괴하기 때문이다〉(G. Deleuze, "Désir et plaisir," *Magazine littéraire*, N. 325[Oct. 1994], 61쪽[약호 DP]).

218

신 분석가의 순수한 발명품이 아니다. 3장에서 말했듯, 신이나 원죄가 신학자 개인의 발명품이 아닌 것처럼 오이디푸스 또한 프로이트 개인의 발명품이 아니다. 〈정신 분석이 오이디푸스를 발명했다는 것이 아니다. 오이디푸스와 함께 사람들이 도착했고, 정신 분석은 그 요구에 응한 것이다〉(P, 29). 즉 자본주의가 순응적 욕망상을 가져오자 프로이트는 그것을 전복하기보다는 그에 응해 거기에 오이디푸스라는 〈진리의 이름〉을 주었던 것이다. 순응적 욕망, 종속과 굴종을 희구하는 욕망을 인간의 당연한 본질로 승인하는 프로이트의 모습을, 아버지적인 특성을 지닌 〈위대한 인간〉에 관한 다음 구절에서 읽을 수 있다. 〈우리는 위대한 인간이 왜 그렇게 중요한 것인가 의문을 품을 만큼 몽매하지는 않다. 우리는 인간 집단에는 숭배될 수 있는 권력자에 대한 강렬한 욕구가 있다는 것을 알고 있다. 사람들은 그 앞에서 고개를 숙이고, 그것에게 지배를 받든 학대를 받든 간에 강력한 권력자를 필요로 한다.〉[47] 앞서 2장에서 다룬 바이지만, 이러한 진술은 식민지 통치자가 식민지 백성들에게나 할 만한 소리라는 점에서 우리를 놀라게 한다. 오이디푸스라는 신화적 장치를 이용해 위대한 인간, 강력한 권력자에 대한 욕망의 순응을 〈진리의 이름으로〉 승인한다는 점에서 정신 분석은 성격상 〈관변 형이상학〉이다.

　정신 분석학의 이러한 성격을 배경으로 우리는 임상적 단위로서의 분열증과 해방으로서의 분열증을 구별해야 한다. 임상적인 의미에서 신경증과 구별되는 것으로서 분열증을 특징짓는 것 혹은 분열증의 발생 조건은 〈오이디푸스의 부재〉, 보다 정확히는 부권적 기능 또는 아버지의 이름의 〈폐제 forclusion〉이다. 분열증은 아버지가

---

47) S. Freud, *Gesammelte Werke*, XVI(Frankfurt : S. Fischer Verlag, 1946), 216-217쪽.

부성적 기능, 법의 역할을 떠맡지 못함으로써 주체의 상징계적 질서 안에 안착(安着)하지 못하는 데서 그 근본 조건을 찾을 수 있다. 그럼 여기서 읽어내야 할 것은 무엇인가? 여기서 분열증이 증언하고 있는 것은 무엇인가? 분열증은 사회적 또는 가정적 〈소외〉의 괴로움에 광적인 응답으로 대응하는 것이다(PF, 16 참조). 들뢰즈식으로 말하자면 임상적 단위로서의 분열증은 부성적 시니피앙 — 프로이트가 말한 위대한 인간과 등가인 — 에 의해 조직된 위계질서로부터 소외된 개별자의 반응이다. 그렇다면 여기서 고찰하고 비판해야 할 것은 한 개체가, 어떤 가족적인 문제로 인하여, 법으로 기능하는 아버지의 이름 아래 놓이지 못하게끔 된 비극적인 가족사가 아닐 것이다. 보다 근본적으로 문제에 부쳐야 할 것은 바로, 욕망이 그에 순응할 것을 요구하는 동시에 욕망 스스로 순응하기를 열망하는 부성적 질서 그 자체이다. 정신 분석은 흔히 아버지라는 법이 최상의 것은 아나나, 그 법이 없으면 더 나쁜 것이, 즉 정신병이 도래할 것이라고 말한다. 그러나 과연 그런가? 보다 근본적으로 물어야 할 것은 다음과 같은 문제들이리라. 권력자, 위대한 인간 혹은 부성적 시니피앙, 오이디푸스에 순응하고자 하는 욕망은 프로이트가 말했듯 근본적인 것인가? 왜 욕망은 그토록 부성적 시니피앙에 순응하기를 열망함으로써 그 순응이 실패했을 때, 즉 아버지의 이름 아래 안착하지 못했을 때 그 소외를 분열증으로 표현하는가? 다시 말해 나는 왜 이렇게 나의 내면에서부터 굴종을 갈망하는가? 부성적 시니피앙을 갈망하는 나의 욕망이 소외될 때 정신 분열증이 도래한다면, 부성적 시니피앙 그 자체가 근본적으로 전복될 경우에도 똑같이 나쁜 것이 도래할 것인가? 혹은 반대로 그것은 해방의 사건이 될 것인가?

정신 분석이 분열증자로부터 읽어내는 것은, 그에겐 부성적 기능이 제대로 작동하지 못했다는 것이다. 이런 식으로 나의 욕망에 대해 금지와 허용의 〈법으로 기능하는〉 아버지의 이름이라는 관점에서 문제를 제기하는 한 정신 분석은 〈대체 종교〉 이상의 것이 될 수 없으며(『분자혁명』, 323), 〈조직의 초재적 구도〉(DP, 65) 이상의 것을 수립할 수 없다. 〈욕망을 내면에서 결박하는〉(A, 323) 부성적 시니피앙을 통해 확립된 조직 자체를 문제 삼지 않고, 그것에 편입되지 못하는 사례들만을 분열증의 이름 아래 유형화할 때, 〈세계사는 하나의 신학 외에 다른 것이 아니다〉(A, 323). 아버지 시니피앙의 십계명에 대한 굴종에의 갈망과 그에 대한 위반의 죄의식으로 전전긍긍하는 불행한 인간들의 역사 말이다. 그리고 푸코식으로 바꾸어 쓰면, 이러한 성직자의 방식으로 정신 분석학은 부성적 시니피앙에 의해 위계가 확립된 정상인의 세계와 그 세계의 질서에 편입하지 못한 광인들의 세계를 나누는 경계선의 보초 역할을 해나가는 것이다.

　정신 분석과 달리 들뢰즈는 욕망하는 기계가 부성적 시니피앙에 필연적으로 매개되어야만 할 어떤 근거도 없다고 생각한다. 오히려 욕망을 오이디푸스에 순응하게끔 하는, 혹은 욕망이 오이디푸스를 마치 자신을 보호해 줄 안전한 성전처럼 열망하게끔 하는 〈정치〉에 일조하는 것이 정신 분석이다. 멜라니 클라인의 텍스트에 나오는 다음과 같은 사례가 좋은 본보기가 될 것이다. 〈딕이 처음 우리 집에 왔을 때 그는 아무 감정도 나타내지 않았다. …… 나는 큰 기차를 작은 기차 옆에 놓고 이 기차들을 아빠 기차와 딕 기차라고 ‘불렀다.’ 그는 내가 딕이라고 부른 기차를 들고, 그것을 창문까지 굴러가게 하고는 정거장이라고 말하였다. 정거장, 그것은 엄마야. 딕은 엄마 속으로 들어간다고 ‘나는 그에게 설명하였다.’ 그는 기차를 내려놓고, 방의 안쪽 문과 바깥쪽 문 사이에 뛰어 들어가, 컴컴하다고 말하면서 틀어박히더니 곧 뛰쳐나왔다. …… 엄마 속은 컴컴해. 딕은 엄마의 컴컴한 속에 있는 거야라고 ‘나는 그에게 설명하였다.’ …… ‘그의 정

신 분석이 진전을 보았을 때' …… '딕 역시' 세면기가 어머니의 신
체를 상징한다는 것을 발견했고, 물에 젖는 것을 이상하리만큼 두
려워하였다.〉[48] 들뢰즈 말대로 이런 분석은 아예 〈오이디푸스라고
대답하지 않으면 따귀를 갈기겠다〉(A, 54)는 것이다. 오이디푸스는
전염되고 훈육되고 세뇌되는 병이지 욕망에게 자연스럽게 매달려
있는 기관이 아니다. 부성적 시니피앙은 욕망을 굴복시키는 장치로
서, 전복되어야 할 것이지 정당화되어야 할 것이 아니다.

　임상적 의미의 분열증자는 부성적 시니피앙의 전복에 실패한 자,
외부로부터든 자기 내면으로부터든 그에 대한 복종을 갈망했으며,
그 복종이 실패함으로써 부성적 기능으로부터 소외된 자이다. 이런
관점에서 들뢰즈는 〈임상적 단위로서의 정신 분열자는 무엇인가를
시도했다가 실패하고 좌절한 사람〉이라고 말하는 것이다(P, 38 참
조). 그렇다면 〈기호 체계로부터의 이탈〉, 즉 부성적 시니피앙의 전
복을 노리는 혁명만이 분열증의 발생을, 즉 부성적 시니피앙에 의
해 위계화된 상징적 질서로부터의 소외를 근원적으로 차단해 줄 수
있을 것이다. 이런 뜻에서 들뢰즈는 병리적 의미의 〈정신 분열증의 생
성으로 넘어가는 것을 막을 수 있는 것은 오로지 혁명적 행위〉(P, 38)
뿐이라고 말하는 것이다. 그러므로 해방으로서의 정신 분열증의 형
식적 정의는 임상적 단위로서의 정신 분열증과 동일할 수밖에 없다.
그것은 오이디푸스의 부재, 그로 인한 죄의식의 부재, 가족주의적
도식 속의 한 인물 Une personne이라는 형태를 벗어나 비인격적이
된, 무제한적이 된, 결여 없는 부분 충동들의 활동, 상징계의 와해로
정의된다. 그러나 임상적 의미의 분열증에서 오이디푸스의 부재는,
마땅히 상징적으로 기능해야 할 아버지의 이름이 제대로 기능하지

---

48) M. Klein, *Essais de psychanalyse*(Payot), 69-71쪽(A, 53-54에서 재인용).

못하는 〈폐제〉를 뜻한다면, 해방으로서의 분열증에서 오이디푸스의 부재는 마땅히 기능하지 말아야 할 부성적 시니피앙이 마땅히 전복된 것을 뜻할 것이다.

이러한 해방으로서의 분열증은 언어학적인 측면에서 보자면, 기호는 실존하기 위해 기표적 언어에 의존해야 하지만, 그 의존은 위계나 예속 관계를 포함하지 않는다는 것을 함축한다(『분자혁명』, 315 참조). 즉 특권을 가진 어떤 음성, 문자, 몸짓도 없다(A, 286 참조). 한마디로 언어활동은 〈부성적 시니피앙과의 관련〉 속에서 이루어지지 않는다. 그렇다면 남는 것은 무엇인가? 바로 서로 상대적인 〈내용〉과 〈표현〉의 무제한적인 흐름이다.[49] 여기서 〈상대적〉이라는 말과 〈흐름〉이라는 말을 우리는 다음과 같은 의미로 한정해서 이해해야 한다. 〈한 매체의 ‘내용’은, 그것이 무엇이든 언제나 다른 한 매체이다. 글의 내용은 말이다. 이것은 글로 쓰인 낱말이 인쇄된 것의 내용이고, 인쇄된 것은 전신(電信)의 내용인 것과 똑같다.〉[50] 이런 식으로 언어를 이해할 경우 여기에는 어떤 특권적 시니피앙이 끼어들 여지가 없다. 어떤 내용의 표현은 다른 곳에서는 다른 표현의 내용이 될 뿐이다. 이러한 내용과 표현의 무한한 흐름만이 있을 뿐이며 그 배후에, 마치 숨어 있는 신처럼 언어활동을 주관하는 부성적 시니피앙이 있는 것은 아니다. 이런 맥락에서 들뢰즈가 인용하는, 헤라클레이토스를 연상시키는 세르의 말은 내용과 표현의 흐름 속에서 시니피앙이 차지하는 지위에 대해 시사하는 바가 크다. 〈나는

---

49) 『앙띠 오이디푸스』, 3장 10절에서 전개된 들뢰즈-가타리의 내용과 표현에 관한 생각은 이후 훨씬 복잡한 양상으로 발전된다. 〈비기표적 기호론〉이라고 이름 붙일 수 있는 이 사상에 관한 가장 중요한 두 텍스트는 『분자혁명』의 5장과 『천의 고원』의 5장이다.

50) M. MacLuhan, *Pour comprendre les média*(Paris : Seuil), 24쪽(A, 286에서 재인용).

'절대로 같은 지점으로 되돌아오지 않을 것이다.' 비록 그것이 같은 지점이라 해도 말이다.)[51] 같은 물에 다시 한번 발을 담글 수 없듯, 내용과 표현이 흘러가는 강물 위에서는 하나의 시니피앙은 동일한 특권적 지위에 계속 머물러 있을 수 없는 것이다.

51) M. Serres, "Le Massager," *Bulletin de la Société française de philosophie* (nov. 1967)(A, 287에서 재인용).

하나의 삶
들뢰즈의 마지막 스피노자주의

들뢰즈는 스피노자를 〈철학자들의 그리스도〉(QP, 59)라고 부르며 철저히 스피노자주의자이고자 했다. 그런 만큼 들뢰즈 철학과 그가 표방한 스피노자주의 사이의 거리를 가늠해 보는 것은 중요한 일이 아닐 수 없다.[1] 어떤 의미에서 들뢰즈는 스피노자의 사도인가? 어떤 의미에서 들뢰즈 철학은 〈스피노자라는 환경 속에au milieu de

---

[1] 들뢰즈의 스피노자론을 다룬 국내 문헌들은 다음과 같다. 양운덕, 「스피노자에 관한 현대적 해석 : 들뢰즈의 새로운 독해 — 능력 원리로 본 기쁨과 긍정의 철학」, 《시대와 철학》 15호(한국철학사상연구회, 1997) ; 진태원, 「스피노자의 현재성 : 하나의 소개」, 《모색》 2호(2001) ; 김재인, 「긍정과 기쁨의 생성」, 《모색》 2호(2001). 이 「에필로그」를 처음 발표할 무렵 필자는 이 논문들의 존재를 몰랐는데, 필자가 다루고 있는 내용 가운데 〈행동학 éthologie〉의 테마, 즉 어떻게 기쁜 만남들을 조직할 것인가, 어떻게 수동적 정서를 능동화할 것인가, 어떻게 상상으로부터 공통 개념의 발생에 이를 것인가 등으로 다양하게 표현될 수 있는 테마는 위 논문들에서 앞서 숙고되고 있다. 들뢰즈 스피노자론에 대한 훌륭한 조망을 제공하는 글들이다.

Spinoza〉(SPP, 164) 들어 있는가? 우리가 걸어온 탐구의 여정은 이 마지막 길목에서 이러한 물음을 떠맡지 않을 수 없다. 우리는 지금 껏 들뢰즈 철학의 대표적 분야들인 인식론(초월적 경험론), 존재론 의 주제들(차이와 반복, 일의성), 정치 철학(오이디푸스 비판과 스피 노자적 욕망 이론)에 대해 탐색했는데, 이 분야들을 통해 들뢰즈는 적어도 겉보기에 두 가지 가장 핵심적인 사항에서 스피노자와는 양 립할 수 없는 것처럼 보이기 때문이다. 첫째, 들뢰즈에서 인식은 〈기 호 해독〉을 통해 도달할 수 있는 것인 반면, 스피노자에서 기호란 〈부적합 관념〉에 불과하다. 둘째, 들뢰즈에게 다수의 개별자들(시뮬 라크르)의 배후에 있는 일자(一者)란 이들과 독립해서 존재하는 어 떤 것은 아니다. 반면 스피노자에서 개별자들(양태들)의 배후에 있 는 실체의 존재는 양태들에 대해 독립적인 것으로 보일 수 있다 (3장 1절 ② 「존재의 일의성」 참조). 이러한 들뢰즈와 스피노자 사이 의 긴장은 들뢰즈의 마지막 스피노자주의를 고려했을 때에만 해소 될 것이다. 이 「에필로그」에서 우리의 관심은 들뢰즈의 스피노자주 의를 축으로, 들뢰즈 사상에서 일어난 핵심적인 변화가 무엇인지, 그가 한평생 쌓은 자신의 기념비에 잘 들어맞지 않는 마지막 벽돌 을 어떻게 끼워 맞추는지, 그리하여 어떻게 〈스피노자라는 환경을 통해서〉 〈초월적 경험론〉, 〈내재성〉 또는 〈초월적 장〉의 사상을 완 성하는지 추적하는 것이다. 물론 염두에 두어야 할 것은 들뢰즈 철학 에서 우리는 단선적인 변화 발전을 기대할 수는 없다는 점이다. 오히 려 들뢰즈 스피노자주의의 역사는 수많은 아이디어들 가운데 몇 가 지가 후기로 가면서 결정적인 것으로 발견되고 채색되어, 사상의 중 심으로 진입하는 과정으로 이해되어야 한다.[2]

---

2) 들뢰즈 철학의 전개 스타일을 보여주는 좋은 예로서 우리는 정신 분석 비판 을 들 수 있다. 3장에서 본 대로 이미 『니체와 철학』에서 들뢰즈는 프로이트

1 기호와 공통 개념

먼저 기호 개념에 대한 문제에서 출발해야 할 것이다. 기호는 이 책의 첫 장을 통해 숙고된 들뢰즈 철학의 가장 중요한 개념 가운데 하나이다. 고전 인식론에 대한 들뢰즈의 비판의 핵심은, 그 인식론은 임의적인 전제들을 내포하고 있다는 것이다(가령 선 의지와 공통 감각의 공리).[3] 사유가 임의의 전제들을 통해 조건지어져 있으므로, 그 사유가 산출할 수 있는 것도 인식이 아니라 한낱 의견doxa에 지나지 않는다. 들뢰즈 인식론의 기본 기획은 사유를 이러한 임의적인 조건으로부터 해방시키는 것이다. 사유의 이 해방은 어떻게 이루어지는가? 어떻게 사유는 임의적으로 전제된 조건들에 의존하지 않고 진리 찾기를 수행할 수 있는가? 우리가 1장에서 보았던 것처럼 그것은 〈기호와의 마주침〉을 통해 가능하게 된다. 그러므로 〈기호 해독〉으로서의 사유 모델은 들뢰즈 인식론의 핵심으로 자리 잡고 있다.

그런데 이처럼 들뢰즈 철학에서 가장 긍정적이며 중요한 개념 가운데 하나인 기호는 역설적이게도 스피노자의 체계 속에선 가장 위험스럽고 부정적인 개념이다. 〈강한 상상력과 약한 지성을 지닌 사람에게는 자연법칙은 필연적으로 '기호들'로서 이해된다〉(SPP, 19). 반면 스피노자에게 〈철학의 자연 언어〉(SPP, 145)란 능산적 자연과

에서 무의식의 메커니즘이 니체에서 반응적 힘의 원리와 대조되어야 함을 밝히고 있다(NP, 168 참조). 그러나 희미한 암시로 그치고 있는 이러한 통찰이 들뢰즈 철학의 전면에 내세워지기 위해선『앙띠 오이디푸스』를 기다려야 했다. 그 사이에 씌어진『차이와 반복』과『의미의 논리』에서는 정신 분석학은 들뢰즈의 통찰들을 위해 긍정적으로 활용된다.

3) 이러한 임의적인 전제들에 대한 자세한 논의는 필자의 책,『차이와 타자 ——현대철학과 비표상적 사유의 모험』(문학과지성사, 2000), 1장 참조.

소산적 자연 사이의 일의적 univoque 관계인 〈표현 expression〉이며, 이 관계는 지성에 의해서 인식된다.[4] 〈기호란 언제나 '결과[효과]'이다〉(CC, 172). 그런데 그것의 불명확함 éuivoque[5]으로 인하여 이 결과로서의 기호는 원인을 명증하게 인식하게 해주지 못하며, 한낱 상상력이 공상을 발휘하여, 적합한 원인을 인식하게 하는 대신 부적합 관념을 형성하도록 만들 뿐이다. 〈부적합 관념의 고유성은 그것이 바로 기호라는 점이다. 이 관념은 [지성이 아니라] 상상력에게 해석을 부추긴다〉(SPP, 145). 가령 스피노자적 관점에서 보았을 때 철학의 가장 큰 오류인 〈목적론〉은 상상력이 자연법칙에 대해 작용한 결과이다. 우리가 외부 대상으로부터 얻는 지각은 늘 결과이다. 예를 들어 우리가 지각하는 햇빛은 해의 필연적 결과인데, 상상력은 이 결과를 하나의 기호로 받아들여 그에 대한 해석——그 결과의 원인에 대한 인식과는 전혀 관련이 없는——을 시도한다. 그리하여 상상력은 햇빛은 우리 몸을 따뜻하게 해주기 〈위한 in order to〉 목적론적 의미를 가지며 그 원천에는 우리의 삶을 지배하는 궁극 원인인 〈무한한 태양으로서의 신, 왕자나 입법자로서의 선(善)〉(CC, 174)이 있다는 결과에 도달한다. 이렇게 원인과 결과로 이루어진 자연법칙(해-햇빛)은 선한 신과 그 신이 목적으로 하는 바(피조물인 우리를 따스하게 해주는 것) 사이의 목적론적 관계로 변질되어 버린다. 이와 같은 방식의 기호 해석이 종교와 목적론의 원천을 이룬다. 스피노자의 기호 개념에 대한 이러한 부정적 해석이 『스피노자와 표현의 문제』(1968), 『스피노자: 실천 철학』(1981), 그

---

4) 스피노자의 〈기호〉와 〈표현〉 개념에 대한 자세한 논의는 『차이와 타자』, 67-74쪽 참조.

5) 이 말은 〈일의적 univoque〉이라는 말의 상대어로 쓰인다는 점에서 〈다의적임〉이라고도 옮길 수 있다. 기호란 여러 다양한 해석을 그 〈가능성〉으로 지닌다는 점에서 〈불명확한〉 동시에 〈다의적〉이다.

리고 이 책의 새로운 장들[6]이 씌어질 무렵인 70년대 말에서 80년대 초까지 뱅센 Vincennes에서의 스피노자 강의(「문헌 목록」 참조)에서 주된 위치를 차지한다.

인식론에서 기호 해독 모델의 옹호자로서의 들뢰즈(1장 참조)와 스피노자의 사도로서의 들뢰즈 사이의 모순을 어떻게 극복할 것인가? 이 두 입장 사이의 화해 가능성은 여러 가지 방식으로 모색되어 왔는데, 그 화해의 가장 명확한 형태를 우리는 들뢰즈 생존 시 출판된 마지막 저작(CC)에서 발견할 수 있다. 「스피노자와 세 가지 에티카 Spinoza et les trois *Éthiques*」(CC, 172–187에 수록)에서 들뢰즈는 기호 개념이 스피노자 철학에서 가지는 긍정성을 이렇게 이야기한다. 〈결과에서 원인으로 '어떻게' 거슬러 올라갈 수 있을까라는 의문이 제기될 때, 최소한 몇몇 기호들이 우리에게 도약대 역할을 해야 하며, 몇몇 정서들은 우리가 필수적인 도약을 할 수 있도록 해주어야 한다. …… 그러므로 기호에는 개념을 준비하는 동시에 배가(倍加)하는 무엇인가가 있다〉(CC, 179–180). 여기서 개념이란 〈공통 개념 notion commune〉을 말한다. 이 인용은 기호 해독이 공통 개념의 발견에 필수적이라는 것을 주장하고 있는데, 들뢰즈는 이 점을 『에티카』에서 〈주석들〉이 가지는 예외성을 지적하며 다음과 같이 분명히 밝히고 있다. 〈주석들은 그늘 속에서 작동하며, 우리가 공통 개념에 이르는 것을 방해하는 것과, 반대로 우리가 공통 개념에 이를 수 있도록 해주는 것, 우리의 힘을 감소시키는 것과 증대시키는 것, 우리를 예속시키는 슬픈 기호와 우리를 해방시키는 기쁜 기호

---

6) 1970년에 나온 『스피노자』라는 제목의 초판에는 지금은 삭제된 스피노자 텍스트의 발췌가 수록되어 있었다. 그로부터 11년 뒤인 1981년판은 지금과 같은 제목으로 바뀌었으며, 세 개의 새로운 장들이 추가되었다. 「악에 관한 편지들」 (3장), 「스피노자의 발전」(5장), 「스피노자와 우리」(6장)가 그것인데, 이 가운데 「스피노자와 우리」는 이미 1978년에 발표되었던 것이다.

를 식별하려고 애쓴다〉(CC, 181). 기호 해독은 양태들이 공통 개념에 도달하기 위해 없어서는 안 될 과정인 것이다.

그런데 공통 개념이란 무엇인가? 〈공통 개념은 둘 혹은 여러 신체들 사이의 합성 composition과 이 합성의 통일성에 대한 표상이다〉(SPP, 127). 들뢰즈가 말하듯 〈모든 문제는 어떻게 우리가 공통 개념들을 형성하는 데 이를 것인지 아는 것이다〉(SPP, 127). 우리는 먼저 〈변용〉[7]에 대한 논의로부터 출발해야 한다. 〈변용들은 양태에서 발생되는 것, 즉 양태의 변형들 modifications, 어떤 양태에 다른 양태들이 미친 결과들을 가리킨다. 그러므로 우선 이 변용들은 신체적 이미지들 images 혹은 흔적들이다〉(SPP, 68). 여기서 〈이미지〉라는 용어는 간과되어서는 안 되는데, 이 말은 양태에서 일어나는 변용을 감지하는 능력은 무엇보다도 〈상상력〉임을 알려주기 때문이다. 〈우리는 인간 신체의 변용을 사물에 대한 이미지라고 부를 것이다. 그런데 이 변용의 관념은 외부 신체가 우리 앞에 현전하는 것으로서 표상한다. …… 그리고 정신이 신체들을 이 관계 아래서 바라볼 때, 우리는 그것이 상상한다고 말할 것이다〉(『에티카』, Ⅱ, 명제 17, 주석).

우리는 앞서 기호가 상상력의 대상이라고 말했다. 그런데 변용을 감지하는 능력도 바로 상상력인 것이다. 이로부터 우리는 기호와 변용 사이에 긴밀한 관계가 있을 수 있음을 짐작할 수 있다. 실제로 들뢰즈는 이제 스피노자에서 기호를 변용과 상관적인 말로 사용한다. 〈변용을 일으키는 것, 변용되는 힘 un pouvoir d'être affecté을 실행시키는 것을 우리는 기호 signal라고 부른다〉(D, 75). 왜 그것은 기호일 수밖에 없는가?

---

7) 이 글에서 affection은 〈변용〉으로 affect는 〈정서〉로 옮기기로 한다.

어떤 양태가 그것에게 변용을 일으키는 다른 양태를 만났을 때, 그것은 좋은 결합일 수도 있으며 나쁜 결합일 수도 있다. 좋은 결합은 그 양태를 보다 큰 완전성으로 이행하게 하고 기쁨의 정서를 증가시킨다. 나쁜 결합에선 모든 것이 이와 반대이다(SPP, 70 참조). 그런데 하나의 양태가 다른 양태와 만났을 때 어떻게 그것이 자기에게 좋은 결합인지 나쁜 결합인지를 알겠는가? 바로 기호 해독만이 그 양태가 힘을 증대시켜 주고 기쁨의 정서를 고양시켜 줄지, 아니면 반대로 힘을 감소시키고 슬픔의 정서를 증대시켜 줄지 알게 해줄 수 있다. 우리에게 변용을 일으키는 어떤 양태는, 우리와 좋은 결합을 이룰 것인지 나쁜 결합을 이룰 것인지 해석해 내야만 하는 〈미지의 기호〉로서 다가오는 것이다.

이러한 기호 해독은 공통 개념의 발견을 준비한다. 그런데 어떻게 이런 준비가 가능하겠는가? 공통 개념은 언제나 적합 관념인 반면 상상 또는 변용은 적합 관념이 아니지 않은가?(SPP, 146 참조) 그것은 원인과 결과의 관계에 있어서 명증한 적합 관념이기보다는 혼란된 이미지인 것이다(SPP, 132 참조). 또한 기호는 상상의 대상, 즉 한 양태가, 또 다른 양태 안에 일으킨 이미지인 반면 〈확실히 공통 개념은 결코 이미지나 상상력이 아니다〉(SPP, 131-132).

기호와 공통 개념의 사이의 이러한 차이는 우리로 하여금 다음과 같은 근본적인 질문과 마주하게 한다. 〈우리 지각 작용의 자연 조건들 때문에 우리가 부적합 관념들〔기호들〕 외엔 가질 수 없다면, 어떻게, 어떤 질서를 통하여 우리는 적합 관념들〔공통 개념들〕을 형성하기에 이르는가?〉(SPP, 129) 우선 사실의 측면에서 보자면, 우리는 우리 신체와 적합한 신체를 만났을 때, 그 신체와 공통적인 것을 아직 적합하게 인식하지 못할지라도 먼저 기쁨의 정서를 체험한다(SPP, 128 참조). 즉 개념 이전에 이미 정서의 차원에서 힘의 증가와 보다 높은 차원에 있는 완전성으로의 상승을 체험하는 것이다. 공통 개념과 기호는 서로 다른 두 개의 『에티카』, 즉 〈투명한 빛 속에서 획득된 자유로운 개념들〉(CC, 181-182)을 보여주는 책과, 〈신체의 불분명한 혼합물〉(CC, 182)을 보여주는 책을 형성한다. 중요한 것은 〈이 『에티카』는 아주 똑같은 의미를 지니고 있다〉(CC, 182)는 것이다. 들뢰즈는 이 점을 이렇게 설명한다. 〈한편 상상 혹은 신체의 변용[기호]에 대한 관념은 적합 관념이 아니다. 그러나 그것이 우리 신체에 적합한 어떤 신체가 우리 신체에 미친 결과[효과]를 표현한다면, 적절성convenance을 내부로부터 적합하게 이해하는 공통 개념의 형성을 가능케 한다. 다른 한편, 내적 관계가 존재한다. 왜냐하면 상상은 공통 개념이 내적인 구성 관계들을 통해서 설명하는 것을 신체들 서로간에 야기되는 외적인 결과들로서 파악하기 때문이다〉(SPP, 132). 무슨 말인가? 하나의 양태로서 우리 신체에 미친 결과인 기호는, 그것이 힘과 기쁨의 정서를 증가시키건 힘을 감소시키고 슬픔의 정서를 증가시키건, 우리 신체의 〈외부로부터 결정되어 있는〉 혼란된 표상일 수밖에 없다. 그러나 이 기호가 촉발한 동일한 사태를 〈정신의 내부로부터 즉, 많은 사물들을 동시에 관찰함으로써, 사물의 일치, 차이, 반대를 이해할 경우〉(『에티카』, II, 명제 29, 주석 참조) 그 사태는 공통 개념을 형성하는 사건으로 인식될 수 있다. 다시 말해 공통 개념의 형성은, 상상에, 즉 기호로부터 야기된 양태의 변용에 근거할 수 있는 것이다(SPP, 132 참조).

2 경험론의 정립과 실체 개념 해석의 변화

스피노자의 기호 개념에 대한 들뢰즈 사상의 궤적을 어떻게 이해해야 하는가? 수십 년에 걸쳐 전개된 들뢰즈의 기호론은 기호와 표현의 대립 관계로 늘 되돌아가면서도, 어떻게든 적합 관념의 형성에 기호가 기여할 수 있는 길을 밝혀내려는 노력의 흔적들 외에 다른 것이 아니라고도 할 수 있다. 들뢰즈가 진리 인식 모델로서 기호 해독을 수립하기 위해 프루스트에서의 기호를 연구할 무렵, 들뢰즈는 프루스트를 명시적으로 스피노자와 연관시킬 생각은, 다시 말해 기호 해독 모델의 구성에 스피노자를 참여시킬 생각은 하지 않은 것으로 보인다. 오히려『프루스트와 기호들』의 1부(1964)에서 프루스트는 라이프니츠주의자로 규정된다(PS, 72 참조). 이 책에서 라이프니츠의 기호 해독 모델이 직접 다루어지는 것은 아니지만, 적어도 프루스트를 라이프니츠주의자로 규정한 들뢰즈의 입장은 『스피노자와 표현의 문제』에서 왜 들뢰즈가 라이프니츠의 기호 개념을 긍정적인 것으로 수립하는 반면 스피노자의 기호 개념은 부정적으로 이해하는 「결론」에 도달할 수밖에 없는지를 추측하게 해준다. 기호가 적합 관념의 발견에 기여할 수 있을 것이라는 생각은 이미 이 책에서 시사되고 있다(SPE, 273 참조). 그러나 이 책은 스피노자에서 기호는 표현과는 근본적으로 대립적이라고 결론짓는다. 이 「결론」에선 라이프니츠의 기호 개념은 참된 인식을 가능케 하는 것으로 간주되는 반면, 스피노자의 기호 개념은 어떤 식으로도 긍정적인 의미로 받아들여지지 못한다. 스피노자의 기호 개념이 지니는 부정적 함의에 대한 들뢰즈의 이러한 입장은, 진리 인식 모델로서 프루스트의 기호 해독에 관한 앞서의 연구에서 들뢰즈가 왜 프루스트를 스피노자와 명시적으로 관련시키지 못했는지를 설명해 준다. 그렇다면 프루스트의 기호 해독 모델 혹은 들뢰즈 자신의 기호 해독 모델은 영영 스피노자와는 무관한가? 그렇지 않다.[8]『프루스트와 기호들』의 2부(혹은 1970년판의 7장)에 와서는 〈로고스와 반대로 기호들로 된 언어에서는, 오로지 속이기 위해 꾸며낸 것 속에만……
거짓말과 불행의 조각들 속에만 진리가 있다〉(PS, 167-168)는 것, 즉
일종의 부적합 관념 속에 진리가 숨겨져 있다는 것을 말하는 프루
스트의 기호론을, 예언자들의 〈미신의 결과인 해석적 기호〉에 대한
스피노자의 기호론(SPP, 145 참조)과 관련시킨다(PS, 168 참조). 진
리 인식의 새로운 모델의 선구로 들뢰즈가 내세우는 프루스트의 기
호 해독과, 금지와 명령의 법칙 및 신학의 근거를 정초하는 예언자
들의 기호 해석 모델을 같은 부류로 여긴다는 점에서 이 페이지들
은 당황스러운 것이다. 이제 프루스트는 〈예언자〉와 연결되는 이상
한 방식으로 스피노자주의자이기도 하다. 어떤 의미에서 스피노자
에서 예언자의 기호 해독은 프루스트적 기호 해독과 관련을 가질
수 있다는 말인가? 〈적어도〉 양자를 연관짓고자 하는 이러한 시도
는 스피노자의 기호론의 테두리 안에서, 기호와 진리 사이에 다리

---

8) 누군가 들뢰즈의 인식론적 모델로서 기호 해독과 들뢰즈가 해석한 스피노자
   의 기호론을 관련시키는 것을 설득력도 생산성도 없는 작업이라고 주장하는
   것을 본적이 있다. 이는 들뢰즈 기호론의 전모를 모르고서 하는 오해이다. 들
   뢰즈는 수많은 작가, 철학자들의 작품을 통해 기호 연구를 수행하는데, 이 연
   구들은 개별적인 사상가 각각에 고립적인 것으로 이해되어서는 안 된다. 오히
   려 들뢰즈는 수많은 상이한 저자들의 이론들과 텍스트들을 연구하며, 그것을
   기호에 관한 〈하나의〉 이론으로 수립하려고 시도한다. 1988년에 처음 선보인
   다음 텍스트는 이러한 사정을 잘 보여준다. 〈프루스트가 탐구한 것은, 환경에
   따른 기호들의 성질, 기호들의 방사 émission, 그것의 질료, 체제 등이 발견되
   어야만 하는, 기호들의 모든 공간이다. 『잃어버린 시간을 찾아서』는 일반 기호
   학이며 세계의 징후학이다. …… '기호의 접근'은 바로 스피노자, 니체, 로렌스
   를 통해서이다. 『차라투스트라는 이렇게 말했다』의 마지막 부분, 그리고 『에티
   카』의 5권에서 볼 수 있듯이 말이다. …… 기호들, 사건, 삶, 생기론 사이에는
   깊은 관계가 있다. …… 내가 쓴 모든 것은 적어도 내가 바라기로는 생기론적
   인 것이었고, 기호들과 사건에 관한 하나의 이론을 수립하는 것이었다〉(P, 195-
   196). 즉 들뢰즈가 프루스트, 스피노자 등 여러 상이한 텍스트들에서 기호를 추
   적한 까닭은 개개 저자를 별도로 다루기 위함이 아니라 〈기호에 대한 하나의 이
   론〉을 수립하기 위한 것이었다.

를 놓고자 하는 들뢰즈의 지속적인 노력을 증언해 준다. 아울러 이
는 들뢰즈가, 스피노자에서 모든 종류의 기호 해독은 모종의 방식
으로 진리 인식에 기여할 수 있는 가능성을 가지고 있지 않은가 모
색하고 있음을 짐작하게 해준다.[9] 『스피노자 : 실천 철학』에서 들뢰
즈는 스피노자의 이전 저작들과 『에티카』를 구별되게끔 하는 새로운
사상으로 〈공통 개념〉 이론을 부각시킨다(SPP, 5장). 이러한 시도는
〈공통 개념은 『에티카』의 근본적인 발견이다〉(SPE, 271), 〈공통 개
념은 상상력 속에서 그 형성의 조건들을 발견한다〉(SPE, 273)라는
『스피노자와 표현의 문제』의 주장을 보다 명확히 한 것이다. 공통
개념 이론에서 중요한 것은 그것이 어떻게 형성되는가라는 발생의
관점이며, 이 형성의 문제를 고려했을 경우, 상상 혹은 양태에 미치
는 변용, 정서가 공통 개념의 형성을 위한 필수적 준비 단계임을
강조한다. 그러나 이 책에서는 〈명시적으로〉 이 상상이나 변용을
기호와 동일시하지는 않으며, 물론 표현과도 동일시하지 않는다. 오
히려 기호는 여전히, 일의적인 표현과 대립하는 다의적이고 애매한
〈부적합 관념으로만〉 기술된다(SPP, 143-145 참조). 〈기호〉라는 말은

---

9) 사실 들뢰즈 저작에서 스피노자의 기호 개념과 프루스트의 기호 개념의 관련
성은 많은 관점에서 추적될 수 있다. 가령 들뢰즈는, 스피노자에서 〈사회는 살
아가는 데 필수 불가결한 최소한의 기호들의 설립 기관이다〉(1981년 1월 13일
뱅센에서 행한 강의)라고 말한다. 우리의 지성은 제한되어 있기 때문에 우리는
몇 가지 기호를 필요로 할 수밖에 없으며, 그 설립 기관이 사회이다. 이 기호
들을 통해 자연의 질서에 가장 가까이 다가갈 수 있는 법칙들을 설립하려는
것이 사회의 노력이다(SPE, 273 참조). 이러한 사상을 문학적으로 실증해 주
는 주제가 프루스트의 〈사교계〉이다. 스피노자에서 어쩔 수 없이 사회의 기호
들이 긍정되는 것과 매우 유사한 방식으로 프루스트에서는 사교계의 기호들이
불가결하게 긍정된다. 〈상투적이고 공허하다고 해서 이 〔사교계의〕 기호들이
대수롭지 않은 것이라고 결론지을 수는 없다. 배움〔인식〕의 과정이 이 기호들
을 거치지 않는다면 배움은 불완전할 것이고 심지어 불가능하기조차 할 것이
다〉(PS, 26). 스피노자와 프루스트의 또 다른 근접성에 대해선 주 10 참조.

나쁜 의미에서 〈예언자의 방식으로 파악된 자연법칙〉을 일컫기 위
한 용어로 남겨진다. 그리고 ——70년대 후반의 『대화』, 80년대 후반
에 이루어진 인터뷰들에서의 스피노자적 〈기호〉에 대한 긍정적 언급
들을 거쳐 ——「스피노자와 세 가지 에티카」(1993)에 와서 들뢰즈는
변용을 일으키는 것을 기호라는 용어로 명시하며, 기호의 부정적
측면을 염두에 두면서도, 이것을 〈표현〉에 근접시킨다. 즉 기호는 일
의적인 〈표현〉과 대립한다기보다 감성적인 것, 정서적인 것의 차원에
서 표현을 미리 달성하는 것, 즉 〈정념적 표현 expression passionnelle〉
(CC, 180)이라 보아도 좋은 것이다. 기호 해독이 공통 개념의 형성
과 동일시될 수 있는 까닭은 기호가 바로 표현의 일종, 〈정념적 표
현〉으로 이해될 수 있기 때문이다.[10]

그렇다면 도대체 들뢰즈가 심중에 감추고 있는 무엇이 스피노자

---

10) 수동적 정념과 관련된 기호 해석이 능동성을 확보하는 데는 중요한 요소가
개입하는데 그것이 바로 〈선택〉이다. 선택이 없다면 기호는 여전히 수동적인
것으로 남을 수밖에 없다. 그런데 이 선택의 사명은 바로 〈이성〉에게 맡겨진
다. 〈개념의 탄생의 첫번째 조건으로서 기호나 정서의 선택은, 각자 자기(이
성)에 관해서 수행해야만 하는 노력을 함축한다〉(CC, 180). (많은 유사성에도
불구하고 레비나스식의 수동성과 들뢰즈의 그것이 다른 것은 바로 이러한 능
동적 선택 때문이다.) 재미있는 것은 들뢰즈가 자신의 인식론인 기호 해독 모
델의 선구자로 내세운 프루스트 또한 스피노자와 동일하게 이해될 수 있다는
점이다. 프루스트에서도 정념과 관련하여 상황이 아무리 수동적이고 우연적일
지라도 정념적인 것 배후의 본질은 스피노자에서처럼 〈선택〉을 통해 얻어질 수
있다. 〈본질의 선별과 선택은 본질 자체에 대해 외재적인 소여(所與)들에 달
려 있다〉(PS, 103). 즉 기호의 출현은 외재적이고 우연적이나, 그것의 해독을
통해 본질에 다다르는 일은 이성의 〈선택〉에 달려 있다. 〈기호를 해석할 수
있는 것은 바로 지성, 오로지 지성일 뿐이다〉(PS, 50)(프루스트론에선 지성과
이성이 따로 구별되지는 않는다). 이런 식으로 우리는 다시 한번 프루스트를
통해 기획된 들뢰즈의 기호 해독 모델과 스피노자의 관련성을 발견할 수 있
다. 이 주제는 필자의 계획 중인 글을 통해 자세히 다루게 될 것이다. 아울러
스피노자에서 수동적인 것의 능동화에 대해선 양운덕, 「스피노자에 관한 현대
적 해석」, VI ; 진태원, 「스피노자의 현재성」, 162-163 참조.

236

의 기호 개념을 이렇게 긍정적으로 해석하게 만드는 것일까? 들뢰즈는 공통 개념의 의의는 그것을 형성의 관점에서, 즉 발생의 관점에서 다룰 때에만 발견될 수 있다고 생각한다. 개개 양태들끼리의 구체적인 만남(변용) 속에서 어떻게 공통 개념이 형성되는가를 기술하는 책으로서의 『에티카』는 기하학적 질서로 구성되었다는 점에서가 아니라, 물리·화학적, 생물학적인 저서라는 점에서 그 중요성을 확인해야 한다. 〈공통 개념은 기하학적이라기보다는 오히려 물리·화학적이거나 생물학적이다〉(SPP, 156). 구체적인 것, 현실적인 것(즉 개개 양태들의 정서, 변용)으로부터 출발해 어떻게 공통 개념의 형성에까지 도달하는가를 기술한다는 점에서 『에티카』의 기하학적 방법은 그것을 제한하는 허구성과 추상성을 극복하게 된다(SPP, 129 참조). 『에티카』를 이런 식으로 독해할 때 들뢰즈가 가지고 있는 의도는 바로, 자신이 견지하는 경험론의 선구자로서 스피노자를 발견하는 것이다. 〈관념들에만 관련되어 있는, 공통 개념의 해명의 질서와 반대로, 정서들과 관련되어 있는, 공통 개념의 형성의 질서는 어떻게 정신이 '정서들을 질서짓고 그것들을 서로 연결시킬 수 있는지를 보여준다.' 공통 개념은 하나의 기술 Art, 『에티카』 그 자체의 기술이다. 그 기술은 좋은 만남들 bonnes rencontres을 조직하는 것, 경험된 관계들을 합성하는 것, 힘들을 형성하는 것, 실험하는 것이다〉(SPP, 161). 감성을 자극하여 상상을 활동하게 만드는 것과 맞닥뜨리고 이에 대한 기호 해독을 통해 우리가 공통 개념에 도달한다고 주장한다는 점에서, 들뢰즈 철학 혹은 들뢰즈의 스피노자주의는 경험론이다. 왜냐하면 기호 해독을 통해 공통 개념을 형성한다는 것은 감성적인 것으로부터 개념을 획득한다는 것을 의미하기 때문이다. 경험론자로서 스피노자를 기술하고자 할 때 들뢰즈의 유일한 관심은 이런 의문에 답하는 것이다. 〈개념들은 기호들〔감성을 자극하는 것들]과는 아무런 관련이 없는 것 같다. 그런데 우리는 〔기호로부터〕 개념을 어떻게 형성할 수 있는가?〉(CC, 179) 〈기호 해독으로부터 공통 개념의 형성 과정〉을 기술함으로써 이 물음에 답하고 있는 들뢰즈의 스피노자론은, 칸트를 통해 정립했던 경험론(1장 참조)을 스피노자를 통해서도 정립하려는 시도이다.

이것이 기호 해독의 위상을 평가하는 데 있어서 뜻하는 바가 무엇인가? 결국 들뢰즈 철학 안에서 스피노자의 기호 해독은, 스피노자를 경험론자로 이해하는 해석이 〈완성〉되었을 때만 비로소 진정한 긍정적 의의를 가지게 되리라는 점이다. 스피노자적 기호 해독에 대한 평가와 스피노자적 경험론의 정립은 서로 뗄 수 없이 맞물려 있는 것이다. 그런데 스피노자에 대한 경험론적 이해가 완성을 보기 위해선 무엇이 요구되어야 하는가? 경험론은 분명 실체란 양태에 대해 무관심하게 존재하는 것이라는 학설과 모순되는 것으로 보인다. 우리는 이미 3장에서, 『차이와 반복』을 쓸 무렵 들뢰즈가 스피노자에 대해서 다음과 같은 불만을 표시했다는 것을 보았다. 〈실체와 양태들 사이에 어떤 무관심이 존재한다. 즉 스피노자의 실체는 양태들에 대해 독립적으로 나타나는 반면, 양태들은 실체에 의존적이다. 그런데 양태들은 그 자신들과 다른 어떤 것에 대해 의존하고 있듯이 실체에 의존하고 있다. 실체 그 자체는 양태들에 '대해서' 그리고 오로지 양태들에 '대해서만' 말해져야 한다〉(DR, 59). 요컨대 스피노자에선 실체가 양태들에 대해 〈독립적으로〉 존재한다는 해석이 가능한 것이다(SPP, 118 참조). 양태들과 관련없이 존재하는 실체를 고려하는 한 스피노자는 경험론자가 될 수 없으며 형이상학자로만 머무른다. 이런 이유로 들뢰즈는 『차이와 반복』에서, 존재란 그 자체로는 고려될 수 없고 오로지 양태(시뮬라크르, 개별자)에 대해서만 말해질 수 있다는 니체의 철학을 스피노자의 철학보다 높이

238

평가했다는 것을 우리는 알고 있다(3장 참조). 그러나 후기에 들어와 들뢰즈는 스피노자에게도 니체에게 부여했던 것과 동일한 의의를 부여한다. 〈일반적으로 우리는 한 철학자의 제1원리로부터 시작한다. 그러나 제3, 제4, 제5의 원리 또한 중요하다. 모든 사람이 스피노자의 제1원리, 즉 모든 속성들에 대한 유일한 실체라는 원리를 알고 있다. 그러나 우리는 제3, 제4, 제5의 원리, 즉 모든 신체들에 대한 하나의 유일한 자연, 모든 개별자들에 대한 하나의 유일한 자연, 무한히 많은 방식으로 변화하는, 그 자체로 하나의 개별자인 자연이라는 원리 또한 알고 있다. 이것은 더 이상 유일 실체에 대한 긍정이 아니다. 그것은 모든 신체들, 모든 정신들, 모든 개별자들이 그 안에 들어 있는 '내재성의 공통 구도'를 선보이는 것이다〉(SPP, 164).[11] 들뢰즈는 이제 경험에 주어지는 양태와 별도로 그 자체로 존재할 수 있는 형이상학적 개념으로서의 실체는 긍정하지 않는데, 『대화』(1977)의 다음과 같은 진술은 결정적으로 이 점을 확인해 준다. 〈스피노자의 유명한 제1원리(모든 속성들에 대한 단 하나의 실체)는 이 배치 agencement[12][양태들의 합성]에 의존한다. 그 역은 성립하지 않는다〉(D, 76). 경험에 주어질 수 있는 양태들의 결합에 대해 무관심하게 별도로(외재적으로) 존재하는 실체란 인정되지 않는 것이다. 『천의 고원』(1981)에서도 이 점을 다시 이렇게 강조하고 있다. 〈일자

---

11) 들뢰즈는 두 개의 스피노자 해석을 구별한다. 〈한편으로 전체에 대한 이념과 부분들의 통일성을 탐구하는 체계적인 독해, 그러나 동시에 다른 한편으로 …… 전체에 대한 이념을 가지지 않는 정서적 affective 독해라는, 스피노자에 대한 이중적인 독해가 있다〉(SPP, 174). 들뢰즈는 이 둘 모두 의미 있는 것이며, 『에티카』의 5부에선 이 두 상반된 관점이 통일을 이룬다고 말하지만, 분명 그의 후기 철학은 두번째 노선에 강조점을 두고 있다.
12) 들뢰즈의 이 유명한 〈배치〉 개념의 스피노자적 기원에 대해서는 뒤에 자세히 논의할 것이다.

〔실체〕는 모든 다수〔양태들〕에 대해 유일하고 동일한 의미로 말해진다 ……. 우리는 여기서 실체의 통일체에 대해 말하고 있는 것이 아니라, 삶의 유일하고도 동일한 구도 위에서 서로 부분을 이루는 변화들modifications의 무한성에 대해 말하고 있는 것이다〉(MP2, 28 —— 번역 수정). 스피노자의 자연(실체)은 양태와 별도로 존재하는 것이 아니라, 오로지 다양한 개별자들인 양태들의 다수성을 의미한다. 〈자연 전체는 완벽하게 개체화된 다수성들의 다수성이다〉(같은 곳 —— 번역 수정). 이런 까닭에 자연의 통일성 또는 전체성은 역설적이게도 복수성과 같은 의미에서의 〈무정부 상태 anarchie〉를 뜻한다. 〈스피노자, 엘라가발루스, 실험은 동일한 공식을 갖고 있다. 즉 무정부 상태와 통일성은 아주 동일한 것으로서, 일자의 통일성이 아니라 오직 복수적이라고만 말할 수 있는 매우 이상한 통일성이다〉(MP1, 166 —— 번역 수정).

이제 들뢰즈가 스피노자에서 내세우는 것은, 양태들에 대해 독립적인 것으로서의 유일 실체가 아니라, 다수의 양태들의 변용이 이루어지는 공간인 〈양태적 구도〉(SPP, 164), 〈자연이라는 구도〉(SPP, 167), 이른바 〈내재성의 구도〉이다. 〈삶의 유일하고 동일한 구도〉(MP2, 28)라고도 불리는 이러한 〈하나의〉 내재성의 구도에 의해서, 우리는 개별자들을 각각의 고립된 실체로 보는 일을 피하고 문자 그대로 참다운 의미에서 〈양태〉로 이해할 수 있게 된다. 그런데 내재성의 가장 중요한 의미는 무엇인가? 바로 〈내재성의 구도는 부가적인 차원을 가지고 있지 않다〉(SPP, 172)는 점이다. 만일 실체가 양태들과 독립해서 존재할 수 있다면, 분명 그것은 양태들에 대해 〈초재적 transcendent〉인 것이 될 것이다. 즉 양태들은, 모든 종류의 플라톤주의가 그렇듯, 그들과 독립적인 하나의 초재적인 차원을 가질 수 있다. 반면 일자가 그 자체로 말해질 수 있는 것이 아니라 〈양태들에 대해서만 말해질 수 있는 것〉이라면, 양태적 구도는 상위의 초재적 영역을 가지지 않는 내재성으로 이해될 수밖에 없는 것이다. 따라서 실체가 양태들에 대해 독립적으로 말해져서는 안 된다는 들뢰즈의 해석은, 실체가 초재적 또는 외재적인 것으로 이해될 수 있는 위험을 차단해 준다. 이제 자세히 보겠지만, 실체 개념에 대한 이러한 이해 및 기호 개념의 중요성의 부각은 모두 들뢰즈가 자신의 경험론적 입장을 스피노자의 영토 속으로 지속적으로 끌어들인 결과이다.

3 엑세이테, 배치, 결합의 구도

양태적 구도는 다수적인 양태들이 기호 해독이라는 〈경험〉을 통해, 끊임없이 〈좋은 결합〉을 추구해 가는 경험론적 장이다. 이 양태, 즉 개별자는 다른 양태들(개별자들)에 대해 고립적인 실체나 주체로 다루어지지 않는다. 〈신체는 다른 신체들을 변용시키고 다른 신체들에 의해서 변용된다. 한 신체를 그 개별성 속에서 정의하는 것은 또한 이 변용시키고 변용될 수 있는 힘 pouvoir이다〉(SPP, 165). 개별성은 고립성이 아니라 오로지 변용의 차원에서만 이야기될 수 있는 것이다. 가령 〈행동학〉은, 개별자를 고립적으로 기술하려는 모든 시도에 반대하여, 다른 개별자와의 결합의 측면, 즉 변용의 측면에서 기술하려 한다. 진드기를 예로 들어보자. 들뢰즈는 이 진드기의 예가 고정되고 고립된 〈신체 기관〉의 관점에서가 아니라, 변용의 관점에서 개체를 정의하는 가장 분명한 예라고 생각했던 만큼 적어도 네 가지 텍스트에서 반복해서 소개하고 있다(D, 74-75 ; SPP, 167-168 ; MP2, 30 ; QP, 176). 진드기의 개별성은 단 세 개의 변용을 통해 설명된다. 첫째, 빛을 감지한 진드기는 나뭇가지 끝으로 기어오른다(시각적 변용). 둘째, 그 나뭇가지 밑으로 지나가는 포유동물의 냄새를 맡고서 그 동물에게로 떨어진다(후각적 변용). 셋째, 털이 없는 보다 따뜻한 부분을 찾아 피부 밑으로 파고든다(열적 변용). 이러한 변용이 일어날 때 외엔 진드기는 하나의 잠재태로서, 아무런 정의도 허용하지 않고서, 숲 속에서 무슨 일이 일어나는지 무관심한 채 몇 년 동안이고 잠만 잔다. 이러한 설명은 해부학적인 고정된 기관들을 통해, 진드기를 그 자체만으로 고립시켜서 정의하려는 모든 시도와 대립한다. 진드기는 그것이 맞닥뜨린 기호(빛, 냄새, 열)에 대한 해독을 통해 다른 양태와 결합을 이루려는 변용의 관점에서 정의되고 있는 것이다. 그러나 사람들은 진드기를 변용의 관점에서 정의하기 위해서는 먼저, 고립적인 개별자가 지닌 기관들이 전제되어야 한다고 생각할지도 모른다(MP2, 31 참조). 그런데 변용을 일으키는 빛, 냄새, 열을 감지하는 기관들의 정체성은 어디에서 오는가? 바로 그것들의 〈기능〉으로부터 온다. 그리고 그 기능은 개별자가 변용 가운데 있을 때, 즉 다른 개별자와의 관계 가운데 있을 때 비로소 찾을 수 있다(MP2, 31 참조). 결국 고립된 개별자의 기관이 변용의 조건이 아니라 변용 속에서 발견되는 기능들이, 후에 이차적으로 반성적인 층위에서 기관들을 고립성 속에서 정의할 수 있도록 해주는 조건이 된다.[13] 이처럼 고립된 실체로서가 아니라, 변용의 국면들을 통해 이해된 개별자를 들뢰즈는, 둔스 스코투스의 용어를 빌어 〈엑세이테 heccéité, haecceitas〉라고 부른다. 〈사람이나 주체, 사물이나 실체의 개체화 양식과는 매우 다른 개체화 양

---

13) 들뢰즈가 여러 맥락에서 〈의미〉가 아니라 〈기능〉의 중요성을 역설하는 것도, 그 기원을 따지자면 바로 이러한 스피노자적 변용 이론에서 〈기능〉이 차지하는 핵심적 지위에 가 닿는다.

식이 있다. 우리는 이를 엑세이테라고 부르고자 한다〉(MP2, 34). 그
것은 서로간에 어떻게 변용을 일으키는지, 서로 어떻게 결합하는지
의 관점에서 정의된 개별성이다. 그러므로 엑세이테는 고정된 본질
을 가진 실체라기보다는 끊임없는 변용을 통해 생성중인 〈순수 사건
pur événement〉이다(QP, 26 ; IV, 5 참조).

　결국 들뢰즈 철학이 말하고자 하는 바는 개개 양태들은 구체적인
맥락 속에서 기호 해독을 통해 좋은 결합을 추구하고, 좋은 결합은
기쁨의 정서를 증가시키며, 이를 통해 마침내 지복 béatitude을 얻을
수 있다는 것이다. 양태들이 기호 해독을 통해 도달하는 이 결합을 다
른 말로 〈배치〉라고 부른다. 〈스피노자적 배치 agencement-Spinoza가
있다. 그것은 영혼과 신체, 〔양태들간의〕 관계들, 〔기호와의〕 만남들,
변용되는 힘, 이 힘을 작동시키는 정서들, 이 정서들을 규정하는 슬
픔과 기쁨이다〉(D, 76). 결합이란 곧 파편적인 다수의 양태들이 어
떤 변용을 통해 서로 어떻게 〈배치〉되어야만 기쁨의 증가를 이룰
수 있는가의 문제를 관건으로 한다. 〈여기서 철학은 〔양태들끼리의〕
작용의 기술 art, 배치의 기술이 된다〉(D, 76). 이렇게 들뢰즈가 수없
이 많은 맥락에서 사용하고 있는, 그의 철학의 대표적인 개념인 〈배
치〉는 그 원천을 스피노자에 두고 있다. 철학의 모든 문제는 어떻게
양태들이 기쁨을 증가시키는 방식으로 배치되는가, 어떻게 양태들이
보다 큰 완전성을 이루게끔 서로 결합하는가라는 문제로 수렴된다.
이런 까닭에 양태들이 기호 해독을 하는 이 내재성의 장은 〈결합의
구도 plan de consistance〉(SPP, 164)[14]라 불려 마땅하다.

---

14) 들뢰즈가 그의 스피노자론 전체를 통하여, 그리고 『천의 고원』 전체를 통하
　　여 〈consistance〉라는 용어를 통해 뜻하고자 하는 바는 양태로서 신체들의 〈결
　　합〉이다. 내재성의 구도는 양태들의 온갖 결합이 이루어지는 장소라는 점에서
　　〈결합의 구도〉라 불리는 것이 타당하다. 그러므로 흔히 번역하듯, 〈plan de
　　consistance〉를 〈일관성의 구도〉라고 할 땐 그 말의 참뜻이 잘 드러나지 않는

4 초월적 경험론, 초월적 장

기호 해독을 통한 이러한 양태들의 결합은 이미 말했듯 오직 경험론으로 이해되어야만 한다. 〈아무도 자신이 가질 수 있는 정서들을 미리 알지 못한다. 그것은 오랜 실험을 통해 이루어지는 일이다〉(SPP, 168). 〈우리는 〔양태들 사이의〕 합성〔결합〕의 관계들에 대한 선험적 인식을 가지고 있지 않다. 따라서 이에 대한 실험들이 있어야만 한다〉(SPP, 158). 이렇게 들뢰즈는, 스피노자의 제1원리(모든 속성들에 대한 유일한 실체)를 제쳐두고 양태적 구도 위에서 일어나는 변용에 집중한 결과, 이 근세 형이상학의 거장은 〈물리·화학, 생물학〉의 실험 작업에 보다 가까운(SPP, 130, 156, 157 참조) 경험론자로 둔갑한다.

그런데 이 경험론은 〈초월적 경험론〉이라 불리며, 또 내재성은 〈초월적 장〉이라 불리는 것이다. 어떤 의미에서 양태적 구도, 즉 내재성은 초월적인가? 그리고 어떤 의미에서, 실험이라는 경험을 통해서만 얻어지는 양태들의 결합 관계에 대한 학문은 경험론인 동시에 〈초월적〉일 수 있는가? 우리는 이 책의 앞부분에서 칸트를 배경으로 던졌던 〈초월적〉 경험론에 대한 물음을 다시 스피노자를 배경으로 숙고해 보고자 한다.

이 물음에 대한 탐구는 의외의 지점, 즉 사르트르에 대한 들뢰즈의 비판으로부터 출발해야 한다. 다시 말해 들뢰즈의 사르트르 비판이라는 우회로를 통해서만 〈초월적 경험론〉과 〈초월적 장〉의 의미는 분명하게 모습을 드러낼 것이다. 사르트르 철학에서 근본적인

____

다. 필자가 국내에 번역된 들뢰즈 관련 저작을 조사한 바에 따르면, 『스피노자의 철학』만이 〈양태들의 결합〉이라는 이 용어의 숨은 뜻을 잘 살려서 번역한 듯하다(『스피노자의 철학』〔박기순 옮김, 민음사, 1999〕, 182쪽 참조).

것은 〈익명적 의식〉이며, 자아 ego란 이 의식의 반성 활동을 통해 이차적으로 나타나는 생산물에 지나지 않는다.[15] 주체를 우리 경험의 원천에 두지 않고, 주체의 배후에 있는 익명성을 가장 근본적인 것으로 발견했다는 점에서, 사르트르는 들뢰즈에 의해 비인격적인 내재성의 장을 정초한 선구자로서 추켜올려진다. 〈비인격적 초월적 장에 대한 사르트르의 전제는 내재성에게 그 권리를 되돌려준다〉(QP, 49). 〈사르트르는 주체 없는 초월적 장을 정립한다. 이 장은 익명적이고, 절대적이고, 내재적인 의식을 가리킨다〉(IV, 4). 그러나 사르트르는 충분히 멀리 나아가지 않았다. 왜냐하면 비인격적인 내재성의 장은 의식으로 정의되어서는 안 되기 때문이다. 사르트르는 내재성의 장이 익명적이라는 것은 발견했으나, 그것이 의식이 아니라는 통찰까지는 도달하지 못하고 익명적 〈의식〉을 가장 근본적인 것으로 간주한 것이다. 〈나와 자아를 생산하는, '비(非)인격적 혹은 선(先)인격적' 초월적 장의 이념은 매우 중요하다. 사르트르에서 이 주제가 그 귀결에 이르기까지 본격적으로 발전되지 못한 까닭은, 그가 이 비인격적 초월적 장을 여전히 의식의 장으로 규정했기 때문이다〉(LS, 120). 하지만 〈이 〔초월적〕 장은 의식의 장으로 규정될 수 없다〉(LS, 124).

사르트르에 대한 이러한 비판은 들뢰즈의 스피노자주의를 배경으로 하지 않을 땐 전혀 이해되지 않는다. 들뢰즈의 스피노자주의는 〈사유〉와 〈의식〉을, 혹은 사유의 양태인 정신과 의식을 구별한다. 〈사유는 우리가 그것에 대해 갖고 있는 의식을 뛰어넘는다〔초월한다 dépasser〕. …… 정신 안에는 우리의 의식을 뛰어넘는 것들이 있다〉(SPP, 29). 다시 말해 사유의 양태는 의식을 〈초월〉해 있다.

---

15) 이에 대한 자세한 논의는 필자의 책 『차이와 타자』, 179-183쪽 참조.

의식에 대한 사유의 이 초월성을 어떻게 이해해야 할 것인가? 〈의식은 본성상 환상의 장소이다. 의식의 본성은 결과들을 받아들이되 그 원인들에 대해서는 알지 못한다는 것이다. 원인들의 질서는 다음과 같이 정의된다. 연장 속의 각 신체, 사유 속의 각 관념 혹은 각 정신은, 이 신체의 부분들, 이 관념의 부분들을 포섭하는 독특한 관계들을 통해 구성된다. …… 〔신체와 정신 안의〕 살아 있는 부분들 전체는 복잡한 법칙들에 따라 합성되거나 분해된다. 그러므로 원인들의 질서는 자연 전체를 무한하게 변용시키는, 관계들의 합성과 분해의 질서이다. 그러나 의식적 존재들로서 우리들은, 이러한 합성과 분해의 '결과들'만을 받아들인다〉(SPP, 29-30). 우리가 보아왔듯 양태적 구도 안의 합성과 분해(또는 결합과 해체)는 신체의 부분들, 혹은 정신의 부분들 사이의 기호 해독, 즉 변용을 통해 일어난다. 그런데 의식은 이 양태적 구도 안에서 일어나는 합성과 분해의 〈결과만을〉 받아들인다. 이런 점에서 의식은 양태로서의 정신에 비해 이차적인 것이며, 사유의 양태, 즉 정신은 의식을 초월해 있는 것이다. 의식은 애초에 양태적 구도, 즉 내재성의 구도에 속하는 것이 아니라, 사유가 그 자신을 대상으로 할 때, 즉 반성을 할 때 이차적으로 발생한다. 〈의식은 사실상 주체, 의식을 대상을 향해 발송하는 주체에 대해 의식이 반성할 때 말고는 표현되지 않는다. 이런 이유로 초월적 장은 그것의 의식을 통해서 정의될 수 없다〉(IV, 4).

 의식은 양태들 사이의 합성과 분해의 결과만이 주어지는 장소이므로 의식은 사유의 양태, 즉 정신 안에서 이루어지는 일을 인식하지 못한다. 이런 까닭에 사유의 양태는—— 정신 분석학을 통해 우리가 익숙하게 된 용어를 쓰자면——〈무의식〉으로 정의된다(SPP, 29 참조). 요컨대 양태적 구도 이론은 스피노자적으로 시도된 〈무의식〉에 대한 해명인 것이다. 그런데 양태적 구도 안에서의 기호 해독,

변용, 양태들의 결합과 해체에 따른 기쁨이나 슬픔의 증가는 우리
가 보았듯 철저히 경험론적인 것이며, 이런 까닭에 들뢰즈는 이를
빈번히 〈실험〉이라는 말로 비유했다(MP2, 166 ; SPP, 158, 161, 168).
그러나 의식의 관점에서 보자면, 이러한 양태적 구도와 관련된 모
든 것은 의식 자체를 〈초월〉해 있는 것, 인식되는 것이 아니라, 의
식의 입장에선 알 수 없는 무의식을 구성하는 것이다. 즉 양태들이
〈경험〉하는 기호 해독 혹은 변용은 의식에게는 경험되지 않는 것,
의식을 〈초월〉해서 일어나는 일이다. 이런 까닭에 이 경험론은 〈초
월적 경험론〉이며, 양태적 구도는 〈초월적 장〉으로 정의되는 것이
다. 다시 말해 초월적 경험론에서 〈경험〉이라는 것은 〈의식에 주어
지는〉 감각 요소 élément de la sensation가 아니며 이런 점에서 초
월적 경험론은 단순 경험론empirisme simple과 구별된다(IV, 3 참
조). 들뢰즈는 초월적 경험론에서의 경험을 〈야생적인 어떤 것, 강
력한 어떤 것 quelque chose de sauvage et de puissant〉(IV, 3)이라
고 부르는데, 이것은 바로 한 양태를 변용시키는 다른 양태들, 즉
서로서로에게 기호로 나타나는 양태들을 가리킨다. 우리가 1장에서
다루었던 〈차이의 이념〉에 대해서도 한마디 하자. 이 차이의 이념
은 의식에 기원을 두는 표상이 아니다. 그것이 자리하는 곳은 바로
초월적 장이다. 그러므로 이념은, 초월적 장에 속하는 사유에 대해
이차적인 〈의식에게는〉, 우리가 1장에서 보았듯, 칸트의 숭고의 경
우에서처럼 〈부정적 방식〉으로밖에는 현시할 수 없다. 이념의 〈부
정적〉 현시는, 〈내재성 안에 있는 동시에 의식적 경험에 대해서는
초월적인〉 이념이 이 의식적 경험에 대해 출현하는 방식이다. 이런
의미에서 〈부정은 의식의 반작용이다〉(DR, 345).
　　이렇게 우리는 들뢰즈의 스피노자주의가 어떻게 초월적 경험론
과 초월적 장을 정초하는지를 발견하였다. 그런데 이 스피노자주의

에서 최후의 영광은 〈속성들〉에게 돌려진다는 점은 매우 중요하다.
이 초월적 장에는 〈익명의 힘의 개별적 변용 상태만이 존재할 뿐〉
(SPP, 172)이라고 들뢰즈는 말한다. 물론 여기서 이 힘은 속성들을
일컫는다(4장 3절 ② 참조). 〈스피노자에게 있어서 내재성은 실체에
'대해〔실체 속에〕' 있지 않다 l'immanence n'est pas à la substance.
실체와 양태는 내재성 속에 있다〉(IV, 4). 그렇다면 내재성의 구도
〈그 자체〉는 엄밀히 실체도 양태도 아니라는 말이 된다. 〈내재성이
스피노자의 실체와 양태들로부터 비롯되는 것이 아니라, 반대로 실
체와 양태들이라는 스피노자의 개념들이 그것들의 전제로서 내재성
의 구도로부터 비롯되는 것이다. 이 구도는 우리에게 연장과 사유
라는 그것의 두 측면, 혹은 더 정확하게는, 그것의 두 힘 puissance,
즉 존재하는 힘과 사유하는 힘을 제시한다〉(QP, 50). 내재성을 구
성하는 것은 존재하는 힘과 사유하는 힘, 바로 속성들이다. 〈무엇보
다도 내재성은 '속성들의 일의성'을 의미한다〉(SPP, 74). 양태들은
이 익명적 힘의 부분들, 또는 강도들이다(SPP, 100).[16] 이 강도적 크
기들 또는 양태들을 들뢰즈는 말년의 대작에서 〈수많은 고원들
Mille plateaux〉이라고 불렀다. 내재성 안에서의 이러한 사건, 즉 이
러한 힘의 들끓음, 혹은 수많은 고원들 사이의 기호 해독, 변용, 그
들의 합성과 분해는, 우리에게 보다 익숙한 낱말들로 쓰자면, 생기
(生氣)를 가진 모든 것들의 사랑과 죽음과 기쁨과 슬픔의 소용돌이
이다. 우리는 이 소용돌이를 무엇으로 이해해야 하겠는가? 피히테
에게서 들뢰즈는 이것을 일컬을 말을 발견한다(IV, 4 참조). 그것은
바로 〈하나의 삶 UNE VIE〉, 하나의 삶이라고밖에는 불릴 수 없는
것이다.

---

16) 우리는 이미 스피노자의 양태들이 어떤 의미에서 힘의 강도인지 살펴보았다
(1장 1절 27-28쪽 참조).

문헌 목록

※ 이 문헌 목록은 다음과 같은 원칙에 따라 작성되었다.

1. 이 목록은 들뢰즈의 1차 문헌 및 1차 문헌에 준하는 음성·영상 자료를 수록하고 있다. 또 들뢰즈가 편집자로 참여한 출판물이나, 들뢰즈를 특집으로 다룬 정기 간행물도 수록해 주었다.
2. 들뢰즈 저작의 프랑스어판 이외의 판본으로는 영문판과 한국어판만을 밝혀주었다. 그러나 프랑스어판 없이 다른 외국어로 발표된 글들(가령 들뢰즈 저작의 이탈리아어판 서문들)의 서지 사항은 수록해 주었다.
3. 최초로 발표된 원본이 프랑스어판이 아니라 영문판이나 이탈리아어판일 경우는 문헌 앞에 (영어), (이탈리아어) 등으로 밝혀주었다.
4. 번역 문헌의 경우 (영문판) 혹은 (한국어판) 등을 앞에 붙여 번역본임을 알려주었다.
5. 인터뷰, 서평, 서문, 대담 등의 경우는 문헌 앞에 종류를 밝혀주었다.
6. 참고 문헌 작성의 형식에 얽매이기보다는 많은 정보를 제공한다는 데 중점을 두고, 문헌 중간에 문헌의 내용을 알려줄 만한 정보를 한국어로 설명하였다.
7. 참고 문헌의 특성상 모든 외국어 인명은 그대로 외국어로 표기하였다.

I. 들뢰즈의 텍스트

들뢰즈가 부정한 텍스트(1953년 이전의 모든 글)

1945

1. "Description de la femme : Pour une philosophie d'Autrui sexuée" in *Poésie* 45 no. 28(octobre-novembre, 1945), 28-39쪽.

1946

1. "Du Christ à la bourgeoisie" in *Espace*(1946), 93-106쪽.
2. (서문) "Mathèse, Science et Philosophie" : Jean Malfatti de Montereggio, *Études sur la Mathèse ou Anarchie et Hiérarchie de la Science*(Paris : Éditions du Griffon d'Or, 1946), ix-xxiv쪽.
3. "Dires et profils" in *Poésie* 47 no. 36(décembre, 1946), 68-78쪽.

1947

1. (서문) Denis Diderot, *La Religieuse*(Paris : Éditions Marcel Daubin, 1947), vii-xx쪽.

1952

1. André Cresson과 공저 : *David Hume, sa vie, son œuvre, avec un exposé de sa philosophie*(Paris : Presses Universitaires de France, 1952).

들뢰즈가 인정한 텍스트(1953년부터 현재까지)

1953

1. (서문) Gilles Deleuze, ed., *Instincts et institutions*(Paris : Hachette, 1953), viii-xi쪽. 이후 *L'île déserte et autres textes : textes et entretiens 1953-1974*의 24-27쪽에 수록됨(뒤의 2002. 1 참조).
2. *Empirisme et subjectivité : Essai sur la nature humaine selon Hume*(Paris : Press Universitaires de France, 1953).
   (영문판) *Empiricism and Subjectivity : An Essay on Hume's Theory of Human Nature*, trans. Constantin V. Boundas(New York : Columbia University Press, 1991).
3. (서평) *Revue philosophique de la France et de l'étranger* :
   1) "Régis Jolivet, *Le problème de la mort chez M. Heidegger et J.-P. Sartre*," Vol. CXLIII(janvier-mars, 1953), 107-108쪽.
   2) "K. E. Lögstrup, *Kierkegaard und Heideggers Existenzanalyse und ihr Verhältnis zur Verkündigung*," Vol. CXLIII(janvier-mars, 1953), 108-109쪽.
   3) "Helmut Kuhn, *Encounter with Nothingness/Begegnung mit dem Nichts*," Vol. CXLIII(janvier-mars, 1953), 109쪽.
   4) "Bertrand Russell, *Macht und Persönlichkeit*," Vol. CXLIII(janvier-mars, 1953), 135-136쪽.
   5) "Carl Jorgensen, *Two Commandments*," Vol. CXLIII(janvier-mars, 1953), 138-139쪽.

1954

1. (서평) *Revue philosophique de la France et de l'étranger* :
   1) "Darbon, *Philosophie de la volonté*," Vol. CXLIV(avril-juin, 1954), 283쪽.
   2) "Jean Hyppolite, *Logique et existence*," Vol. CXLIV(juillet-septembre, 1954), 457-460쪽. 이후 *L'île déserte et autres textes : textes et entretiens 1953-1974*의 18-23쪽에 수록됨(뒤의 2002. 1 참조).

1955

1. (서평) *Revue philosophique de la France et de l'étranger* :

    1) "Émile Leonard, *L'Illuminisme dans un protestantisme de constitution récente (Brésil),*" Vol. CXLV(avril-juin, 1955), 208쪽.

    2) "J.-P. Sartre, *Materialismus und Revolution,*" Vol. CXLV(avril-juin, 1955), 237쪽.

1956

1. "Bergson 1859-1941" in Maurice Merleau-Ponty, ed., *Les Philosophes célèbres* (Paris : Editions d'Art Lucien Mazenod, 1956), 292-299쪽. 이후 *L'île déserte et autres textes : textes et entretiens 1953-1974*의 28-42쪽에 수록됨(뒤의 2002. 1 참조).

2. "La conception de la différence chez Bergson" in *Les Études Bergsoniennes* IV(1956), 77-112쪽. 이후 *L'île déserte et autres textes : textes et entretiens 1953-1974*의 43-72쪽에 수록됨(뒤의 2002. 1 참조).

3. (서평) "Ferdinand Alquié, *Descartes, l'homme et l'œuvre*" in *Cahiers du Sud* XLIII : 337(Octobre, 1956), 473-475쪽.

1957

1. (서평) "Michel Bernard, *La Philsophie religieuse de Gabriel Marcel(Étude critique)*" in *Revue philosophique de la France et de l'étranger* CXLVII(janvier-mars, 1957), 105쪽.

1959

1. "Sens et valeurs"(니체에 대한 글) in *Arguments* 15(1959), 20-28쪽. 이후에 개정되어 *Nietzsche et la philosophie*에 수록됨(뒤의 1962. 1 참조).

1960

1. "Cours de M. Deleuze, Sorbonne 1959-1960 : Rousseau." École Normale Supérieure de Saint-Cloud의 고문서 보관소에 보관된 강의록(séries CI, no. 12167). 27쪽 분량의 타이프 원고.

1961

1. "De Sacher-Masoch au masochisme" in *Arguments* 21(1961), 40-46쪽. 이후에 개정되어 *Présentation de Sacher-Masoch*에 수록됨(뒤의 1967. 2 참조).

2. "Lucrèce et le naturalisme" in *Études philosophiques* 1961 : 1, 19-29쪽. 이후에 개정되어 *Logique du sens*의 부록으로 수록됨(뒤의 1969. 1 참조).

(한국어판) 「루크레티우스와 시뮬라크르」, 『의미의 논리』, 이정우 옮김(한길사, 1999), 423-442쪽.

1962

1. *Nietzsche et la philosophie*(Paris : Presses Universitaires de France, 1962).
   (영문판) *Nietzsche and Philosophy*, trans. by Hugh Tomlinson(London : Athlone and New York : Columbia University Press, 1983)(아래 1983. 3 참조).
   (한국어판 2종) ① 『니체, 철학의 주사위』, 신범순·조영복 옮김(인간사랑, 1993).
   ② 『니체와 철학』, 이경신 옮김(민음사, 1998).
2. "250ᵉ anniversaire de la naissance de Rousseau. Jean-Jacques Rousseau, précurseur de Kafka, de Céline et de Ponge" in *Arts* 872(juin, 1962), 3쪽. 이후 *L'île déserte et autres textes : textes et entretiens 1953-1974*의 73-78쪽에 수록됨 (뒤의 2002. 1 참조).

1963

1. *La Philosophie critique de Kant : Doctrine des facultés*(Paris : Presses Universitaires de France, 1963).
   (영문판) *Kant's Critical Philosophy : The Doctrine of the Faculties*, trans. Hugh Tomlinson and Barbara Habberjam(London : Athlone and Minneapolis : University of Minnesota Press, 1984).
   (한국어판) 『칸트의 비판철학』, 서동욱 옮김(민음사, 1995).
2. "Mystère d'Ariane"(니체에 대한 글) in *Bulletin de la Société française d'études nietzschéennes*(mars, 1963), 12-15쪽. 이후에 *Philosophie* 17(hiver, 1987), 67-72쪽에 수록되고, 개정된 후에 *Magazine littéraire* 298(avril, 1992), 21-24쪽에 재수록됨(뒤의 1992. 1 참조). 이 개정판은 *Critique et clinique*에 수록됨(뒤의 1993. 5 참조).
3. "L'Idée de genèse dans l'esthétique de Kant" in *Revue d'Esthétique* 16 : 2 (avril-juin, 1963), 113-136쪽. 이후 *L'île déserte et autres textes : textes et entretiens 1953-1974*의 79-101쪽에 수록됨(뒤의 2002. 1 참조).
   (영문판) "The Idea of Genesis in Kant's Aesthetics," trans. D. W. Smith, in *Angelaki*, Vol. 5, no. 3(December, 2000).
4. (서평) "Raymond Roussel ou l'horreur du vide"(Foucault의 *Raymond Roussel*에 대한 서평) in *Arts*(octobre 23, 1963). 이후 *L'île déserte et autres textes : textes et entretiens 1953-1974*의 102-104쪽에 수록됨(뒤의 2002. 1 참조).
5. "Unité de À *la recherche du temps perdu*" in *Révue de Metaphysique et de Morale* 4(octobre-décembre, 1963), 427-442쪽. 이후에 개정되어 *Marcel Proust et les signes*라는 단행본으로 확장됨(뒤의 1964. 1 참조).

1964

1. *Marcel Proust et les signes*(Paris : Presses Universitaires de France, 1964). 2판
   (뒤의 1970. 6 참조)에서 제목이 〈Proust et les signes〉로 바뀌고 "La machine
   littéraire"라는 새로운 장이 추가됨. 3판(뒤의 1976. 2 참조)에서 이 새로운 장은
   이전의 내용과 구별하기 위해 여러 개의 장으로 분리되어 2부로 재구성됨. 역시
   3판에서 "Présence et fonction de la folie, l'araignée"라는 새로운 장이 추가됨
   (뒤의 1973. 8 참조).
2. "En créant la pataphysique Jarry a ouvert la voie à la phénoménologie" in
   Arts(mai 27-juin 2, 1964), 5쪽. 이후 *L'île déserte et autres textes : textes et
   entretiens 1953-1974*의 105-108쪽에 수록됨(뒤의 2002. 1 참조).
3. "Il a été mon maître"(사르트르에 관한 글) in *Arts*(octobre 28-novembre 3,
   1964), 8-9쪽. 이후 *L'île déserte et autres textes : textes et entretiens 1953-1974*의
   109-113쪽에 수록됨(뒤의 2002. 1 참조).

1965

1. *Nietzsche*(Paris : Presses Universitaires de France, 1965).
   (영문판) "Nietzsche" in *Pure Immanence : Essays on a Life*, trans. Anne
   Boyman(New York : Zone Books, 2001), 53-102쪽. 프랑스어판 원본에 있던 니
   체의 발췌 텍스트들은 모두 빠졌음.
2. "Pierre Klossowski ou les corps-langage" in *Critique* 214(1965), 199-219쪽.
   이후에 개정되어 *Logique du sens*의 부록으로 수록됨(뒤의 1969. 1 참조).
   (한국어판) 「클로소프스키와 신체-언어」, 『의미의 논리』, 이정우 옮김(한길사,
   1999), 443-473쪽.

1966

1. *Le Bergsonisme*(Paris : Presses Universitaires de France, 1966).
   (영문판) *Bergsonism*, trans. Hugh Tomlinson and Barbara Habberjam(New
   York : Zone Books, 1988).
   (한국어판) 『베르그송주의』, 김재인 옮김(문학과지성사, 1996).
2. "Philosophie de la Série noire"(하드보일드 탐정 소설에 관한 글) in *Arts &
   Loisirs* 18(janvier 26-février 1, 1966), 12-13쪽. 이후에 *Roman* 24(septembre,
   1988), 43-47쪽에 수록됨. 이후 *L'île déserte et autres textes : textes et entretiens
   1953-1974*의 114-119쪽에 수록됨(뒤의 2002. 1 참조).
3. (서평) "Gilbert Simondon, *L'Individu et sa genèse physico-biologique*" in *Revue
   philosophique de la France et de l'étranger* CLVI(janvier-mars, 1966), 115-118쪽.
   이후 *L'île déserte et autres textes : textes et entretiens 1953-1974*의 120-124쪽에
   수록됨(뒤의 2002. 1 참조).
4. (서평) "L'homme, une existence douteuse"(Foucault의 *Les Mots et les choses*

에 대한 서평) in *Le Nouvel Observateur*(juin 1, 1966), 32-34쪽. 이후 *L'île déserte et autres textes : textes et entretiens 1953-1974*의 125-130쪽에 수록됨(뒤의 2002. 1 참조).

5. "Renverser le Platonisme" in *Revue de Métaphysique et de Morale* 71 : 4 (octobre-décembre, 1966), 426-438쪽. 이후에 개정되어 *Logique du sens*의 부록으로 수록됨(뒤의 1969. 1 참조).
(한국어판)「플라톤과 시뮬라크르」, 『의미의 논리』, 이정우 옮김(한길사, 1999), 405-422쪽.

1967

1. "Conclusions : Sur la volonté de puissance et l'éternel retour" in *Cahiers de Royaumont : Philosophie no. VI : Nietzsche*(Paris : Éditions de Minuit, 1967), 275-287쪽. 이후 *L'île déserte et autres textes : textes et entretiens 1953-1974*의 163-177쪽에 수록됨(뒤의 IV. 4 참조 ; 뒤의 2002. 1 참조).

2. *Présentation de Sacher-Masoch*(Paris : Éditions de Minuit, 1967). Sacher-Masoch의 소설 "Venus à la fourrure"와 이에 대한 Deleuze의 연구물인 "Le froid et le cruel"가 함께 수록됨. 이후 1974년 Paris의 10/18 출판사에서 다시 출판됨.
(영문판) *Masochism*, trans. Jean McNeil(New York : George Braziller, 1971). 이후에 Zone Books(New York, 1989)에서 다시 출판됨.
(한국어판)『매저키즘』, 이강훈 옮김(인간사랑, 1996).

3. "Une Théorie d'autrui(Autrui, Robinson et le pervers)" in *Critique* 241 (1967), 503-525쪽. 이후에 개정되어 *Logique du sens*의 부록으로 수록되고(뒤의 1969. 1 참조), Tournier의 *Vendredi ou les limbes du Pacifique*(Paris : Gallimard, 1972), 257-283쪽에 후기로 재수록됨.
(영문판) "Michel Tournier and the World Without Others," trans. Graham Burchell, *Economy and Society* 13 : 1(1984), 52-71쪽.
(한국어판)「미셸 투르니에와 타인 없는 세상」, 『의미의 논리』, 이정우 옮김(한길사, 1999), 474-499쪽.

4. (서문) Émile Zola, *La bête humaine* in *Œuvres complètes* tome sixième(Paris : Cercle du livre précieux, 1967), ed. Henri Mitterand, 13-21쪽. 이후에 개정되어 *Logique du sens*의 부록으로 수록되고(뒤의 1969. 1 참조), *La bête humaine* (1977), 7-24쪽의 Gallimard edition 서문으로 재수록됨.
(한국어판)「졸라와 균열」, 『의미의 논리』, 이정우 옮김(한길사, 1999), 500-514쪽.

5. (서설) Michel Foucault와 공동 집필 : F. Nietzsche, *Le Gai Savoir, et fragments posthumes*(Paris : Gallimard, 1967), i-iv쪽. Nietzsche의 텍스트들은 Giorgio Colli와 Massimo Montinari에 의해 편집되었고 Pierre Klossowski에 의해 번역되었음(뒤의 IV. 5 참조).

6. (인터뷰) "L'éclat de rire de Nietzsche"(인터뷰어 : Guy Dumur) in *Le Nouvel Observateur*(avril 5, 1967), 40-41쪽. 이후 *L'île déserte et autres textes : textes et entretiens 1953-1974*의 178-181쪽에 수록됨(뒤의 2002. 1 참조).

7. (인터뷰) "Mystique et masochisme"(인터뷰어 : M. Chapsal. 앞의 1967. 2의 출간과 함께 진행됨) in *La Quinzaine littéraire*(avril 1-15, 1967), 13쪽. 이후 *L'île déserte et autres textes : textes et entretiens 1953-1974*의 182-186쪽에 수록됨(뒤의 2002. 1 참조).

8. "La Méthode de Dramatisation" in *Bulletin de la Société française de Philosophie* 61 : 3(juillet-septembre, 1967), 89-118쪽. 이후 *L'île déserte et autres textes : textes et entretiens 1953-1974*의 131-162쪽에 수록됨(뒤의 2002. 1 참조). 수정된 판본은 *Différence et répétition*에 포함됨(뒤의 1968. 1 참조).

1968

1. *Différence et répétition*(Paris : Presses Universitaires de France, 1968).
(영문판) *Difference and Repetition*, trans. by Paul Patton(London : Athlone and New York : Columbia University Press, 1994).
(한국어판) 『차이와 반복』, 김상환 옮김(민음사, 근간).

2. *Spinoza et le problème de l'expression*(Paris : Éditions de Minuit, 1968).
(영문판) *Expressionism in Philosophy : Spinoza*, trans. Martin Joughin(New York : Zone Books, 1990).

3. (인터뷰) "À propos de l'édition des œuvres complètes de Nietzsche : Entretien avec Gilbert Deleuze"(인터뷰어 : Jean-Noël Vuarnet) in *Les Lettres françaises* 1223(février 28-mars 5, 1968), 5, 7, 9쪽(이 인터뷰의 제목에서 Gilbert라고 표기된 것은 Gilles의 오기로 여겨짐). 〈Sur Nietzsche et L'image de lapensée〉라는 제목으로 이후 *L'île déserte et autres textes : textes et entretiens 1953-1974*의 187-197쪽에 수록됨(뒤의 2002. 1 참조).

4. "Le Schizophrène et le mot"(Carroll과 Artaud에 대한 글) in *Critique* 255-256(août-septembre, 1968), 731-746쪽. 이후에 개정되어 *Logique du sens*에 수록됨(뒤의 1969. 1 참조).

1969

1. *Logique du sens*(Paris : Éditions de Minuit, 1969). 이 참고 문헌 목록 중 1961. 2, 1965. 2, 1966. 4, 1967. 3, 1967. 4, 1968. 4가 포함됨.
(영문판) *The Logic of Sense*, trans. by Mark Lester with Charles Stivale. edited by Constantin Boundas(New York : Columbia University Press and London : Athlone, 1990).
(한국어판) 『의미의 논리』, 이정우 옮김(한길사, 1999).

2. (인터뷰) "Gilles Deleuze parle de la philosophie"(인터뷰어 : Jeannette Columbel) in *La Quinzaine Littéraire* 68(mars 1-15, 1969), 18-19쪽. 이후 *L'île déserte et autres textes : textes et entretiens 1953-1974*의 198-201쪽에 수록됨(뒤의 2002. 1 참조).

3. (서평) "Spinoza et la méthode générale de M. Guéroult"(Martial Guéroult의 *Spinoza* t. 1에 대한 서평) in *Revue de Metaphysique et de Morale* 74 : 4 (octobre-décembre, 1969), 426-437쪽. 이후 *L'île déserte et autres textes : textes et entretiens 1953-1974*의 202-216쪽에 수록됨(뒤의 2002. 1 참조).

1970

1. *Spinoza*(Paris : Presses Universitaires de France, 1970). 2판에서는 제목이 〈Spinoza : Philosophie pratique〉로 바뀌고, 세 개의 새로운 장이 삽입되었으며 스피노자의 저작 발췌문들이 삭제되었음(뒤의 1980. 1 참조).

2. (서문) "Schizologie" : Louis Wolfson, *Le Schizo et les langues*(Paris : Gallimard, 1970), 5-23쪽. 이후에 개정되어 *Critique et clinique*에 수록됨(뒤의 1993. 5 참조). (영문판) In *Essays critical and clinical*, trans. Daniel W. Smith and Michael A. Greco(Minneapolis : University of Minnesota Press, 1997). (한국어판) 「루이스 볼프슨 혹은 방식」, 『비평과 진단』, 김현수 옮김(인간사랑, 2000), 25-46쪽.

3. (서평) "Un nouvel archiviste"(Foucault의 *L'Archaeologie du savoir*에 대한 서평) in *Critique* 274(mars, 1970), 195-209쪽. 이 글은 Fata Morgana 출판사에서 별도로 인쇄되기도 함(1972). 이후에 개정되어 *Foucault*에 포함됨(뒤의 1986. 1 참조). (영문판) "A New Archivist," trans. Stephen Muecke, in Peter Botsman, ed., *Theoretical Strategies*(Sydney : Local Consumption, 1982). (한국어판) 「새로운 고문서학자 ——『지식의 고고학』」, 『들뢰즈의 푸코』, 권영숙 · 조형근 옮김(새길, 1995), 19-47쪽.

4. "Faille et Feux locaux : Kostas Axelos" in *Critique* 26 : 275(avril, 1970), 344-351쪽. 이후 *L'île déserte et autres textes : textes et entretiens 1953-1974*의 217-225쪽에 수록됨(뒤의 2002. 1 참조).

5. "Proust et les signes" in *La Quinzaine Littéraire* 103(octobre 1-15, 1970), 18-21쪽. *Marcel Proust et les signes*의 2판에서 새로 삽입된 장인 "La machine littéraire"(앞의 1964. 1 참조)에서 발췌됨.

6. *Proust et les signes*(Paris : Presses Universitaires de France, 1970). *Marcel Proust et les signes*(앞의 1964. 1과 뒤의 1976. 2 참조)의 증보판임. 7장 "La machine littéraire"이 삽입됨. (영문판) *Proust and Signs*, trans. Richard Howard(New York : George Braziller, 1972)(이후 증보된 내용의 번역까지 담고 있는 보다 완전한 영문판은 1976. 2 참조).

7. Félix Guattari와 공저: "La synthèse disjonctive" in *L'Arc* 43 : *Klossowski*, 54-
62쪽. 이후에 개정되어 *L'anti-Œdipe*에 포함됨(뒤의 1972. 1 참조).

1971

1. Michel Foucault, Denis Langlois, Claude Mauriac, Denis Perrier-Daville과 공
동 집필: "Questions à Marcellin" in *Le Nouvel Observateur*(juillet 5, 1971), 15쪽.

1972

1. Félix Guattari와 공저: *Capitalisme et schizophrénie tome 1 : L'anti-Œedipe*
(Paris : Éditions de Minuit, 1972). 1973년 2판에서는 *Minuit* 2(뒤의 1973. 4 참
조)에 수록된 "Bilan-programme pour machines-désirantes"가 추가됨.
(영문판) *Anti-Oedipus : Capitalism and Schizophrenia*, trans. Robert Hurley,
Mark Seem and Helen R. Lane. Preface by Michel Foucault(New York :
Viking Press, 1977 and London : Athlone, 1984).
(한국어판) 『앙띠 오이디푸스』, 최명관 옮김(민음사, 1994).

2. "Hume" in François Châtelet, ed., *Histoire de la Philosophie tome 4 : Les Lumières*
(Paris : Hachette, 1972), 65-78쪽. 이후에 Châtelet, ed., *La Philosophie tome 2 :*
De Galilée à Jean-Jacques Rousseau(Verviers, Belgium : Marabout, 1979), 226-
239쪽에 수록됨. 이후 *L'île déserte et autres textes : textes et entretiens 1953-*
*1974*의 226-237쪽에 수록됨(뒤의 2002. 1 참조).
(영문판) "Hume" in *Pure Immanence : Essays on a Life*, trans. Anne Boyman
(New York : Zone Books, 2001), 35-52쪽.

3. "À quoi reconnait-on le structuralisme?" in François Châtelet, ed., *Histoire*
de la philosophie tome 8 : Le XXe siècle(Paris : Hachette, 1972), 299-335쪽. 이
후에 Châtelet, ed., *La Philosophie tome 4 : au XXe siècle*(Verviers, Belgium :
Marabout, 1979), 293-329쪽에 수록됨. 이후 *L'île déserte et autres textes : textes*
*et entretiens 1953-1974*의 238-269쪽에 수록됨(뒤의 2002. 1 참조).
(한국어판) 「구조주의를 어떻게 식별할 것인가?」, 『의미의 논리』, 이정우 옮김(한
길사, 1999), 517-552쪽에 특별 보론으로 수록됨.

4. (서문) "Trois problèmes de groupe" in Félix Guattari, *Psychanalyse et*
transversalité(Paris : François Maspero, 1972), i-xi쪽. 이후에 *Chimères* 23(été,
1994), 7-21쪽에 〈Pierre-Félix〉라는 제목으로 수록됨(뒤의 IV. 6 참조). 이후 처
음 발표 당시의 제목 그대로 *L'île déserte et autres textes : textes et entretiens*
*1953-1974*의 270-284쪽에 수록됨(뒤의 2002. 1 참조).
(영문판) "Three Group Problems," trans. Mark Seem in *Semiotext(e)* : *Anti-*
Oedipus vol. 2, no. 3(1977), 99-109쪽.

5. (Michel Foucault와의 대담) "Les intellectuals et le pouvoir" in *L'Arc* 49 :

Deleuze(1972), 3-10쪽. 1980년에 다시 발표됨. 이후 *L'île déserte et autres textes : textes et entretiens 1953-1974*의 288-298쪽에 수록됨(뒤의 2002. 1 참조).
(영문판) "Intellectuals and Power" in *Michel Foucault : Language, Counter-Memory, Practice*, trans. Donald F. Bouchard and Sherry Simon(Ithaca : Cornell University Press, 1977), 205-217쪽. 이후에 *Telos* 16(summer, 1973), 103-109쪽에 다시 발표됨.

6. (Félix Guattari와 공동 인터뷰) "Sur Capitalisme et schizophrénie"(인터뷰어 : Catherine Backès-Clément) in *L'Arc* 49 : *Deleuze*(1972), 47-55쪽. 1980년에 다시 발표되고, 이후에 *Pourparlers* 1972-1990, 24-38쪽(뒤의 1990. 3 참조)에 〈Entretien sur *L'anti-Œdipe*〉라는 제목으로 수록됨.
(영문판) In *Negotiations 1972-1990*, trans. Martin Joughin(New York : Columbia University Press, 1995).
(한국어판) 「『반-외디푸스』에 관한 이야기——펠릭스 가타리와 함께」, 『대담, 1972-1990』, 김종호 옮김(솔, 1993), 39-54쪽.

7. 1970-1971년 École Normale Supérieure(rue d'Ulm)와 Faculté de Vincennes에서 행해진 Deleuze의 강연과 1972년 1월 22일 E. N. S.에서 개최된 Proust colloquium에서의 Deleuze 발표에 대한 미출간 초록. 이후에 France Berçu, "Sed perseverare diabolicum" in *L'Arc* 49 : *Deleuze*(1972), 23-24, 26-30쪽에서 인용됨.

8. "Ce que les prisonniers attendent de nous……"(감옥 정보 그룹 GIP에 관한 글) in *Le Nouvel Observateur*(janvier 31, 1972), 24쪽. 이후 *L'île déserte et autres textes : textes et entretiens 1953-1974*의 285-287쪽에 수록됨(뒤의 2002. 1 참조).

9. Jean-Paul Sartre, Simone de Beauvoir, Claude Mauriac, Jean-Marie Domenach, Hélène Cixous, Jean-Pierre Faye, Michel Foucault, Maurice Clavel과 공동 집필 : "On en parlera demain : Les dossiers (incomplets) de l'écran" in *Le Nouvel Observateur*(février 7, 1972), 25쪽.

10. "Appréciation"(Jean-François Lyotard의 *Discours, figure*에 대한 글) in *La Quinzaine Littéraire* 140(mai 1, 1972), 19쪽. 이후 *L'île déserte et autres textes : textes et entretiens 1953-1974*의 299-300쪽에 수록됨(뒤의 2002. 1 참조).

11. (Félix Guattari와의 공동 인터뷰) "Deleuze et Guattari s'expliquent……"(인터뷰어 : Maurice Nadeau, Raphaël Pividal, François Châtelet, Roger Dadoun, Serge Leclaire, Henri Torrubia, Pierre Clastres, Pierre Rose) in *La Quinzaine Littéraire* 143(juin 16-30, 1972), 15-19쪽. 이후 *L'île déserte et autres textes : textes et entretiens 1953-1974*의 301-319쪽에 수록됨(뒤의 2002. 1 참조).

12. (서평) "Gilles Deleuze présente Hélène Cixous ou l'écriture stroboscopique" (Cixous의 소설 *Neutre*에 대한 서평) in *Le Monde* 8576(août 11, 1972), 10쪽. 이후 *L'île déserte et autres textes : textes et entretiens 1953-1974*의 320-322쪽에

수록됨(뒤의 2002. 1 참조).

13. (이탈리아어, Félix Guattari와의 공동 인터뷰) "Capitalismo e schizofrenia"(인
    터뷰어 : Vittorio Marchetti) in *Tempi Moderni* 12(1972), 47-64쪽. Deleuze와
    Guattari, 그리고 Clinique de la Borde의 환자들 사진이 함께 실림. 후에 이 인
    터뷰 기사는 사진들이 제외된 채 프랑스어로 번역되어 〈Capitalisme et schiz-
    ophrénie〉라는 제목으로 *L'île déserte et autres textes : textes et entretiens 1953-
    1974*의 323-336쪽에 수록됨(뒤의 2002. 1 참조).

14. (서문) "Qu'est-ce que c'est, tes 'machines désirantes' a toi?"(Pierre Bénichou의
    "Sainte Jackie, Comedienne et Bourreau"에 대한 서문) in *Les Temps Modernes*
    316(novembre, 1972), 854-856쪽. 이후 *L'île déserte et autres textes : textes et
    entretiens 1953-1974*의 337-339쪽에 수록됨(뒤의 2002. 1 참조).

15. "Joyce indirect" in *Change* 11(1972), 54-59쪽. 이 논문은 Jean Paris가 Deleuze
    의 *Proust et les signes*(앞의 1970. 6 참조), *Différence et répétition*(앞의 1968. 1
    참조), *Logique du sens*(앞의 1969. 1 참조)에 수록된 Joyce에 관한 텍스트들을 모
    은 것이다.

16. "Sur les lettres de H. M." in *Suicides dans les prisons en 1972*(Paris : Gallimard),
    38-40쪽. 감옥 정보 그룹 GIP의 구성원들과 같이 쓴 이 텍스트에는 GIP의
    에 따라 저자 서명이 없다. 이후 *L'île déserte et autres textes : textes et entretiens
    1953-1974*의 340-343쪽에 수록됨(뒤의 2002. 1 참조).

1973

1. Gérard Fromanger와 공저 : *Fromanger, le peintre et le modèle*(Paris : Baudard
   Alvarez, 1973). Deleuze의 "Le froid et le chaud"와 Fromanger의 그림들이 포
   함됨. 이후 *L'île déserte et autres textes : textes et entretiens 1953-1974*의 344-
   350쪽에 수록됨(뒤의 2002. 1 참조).

2. "Pensée nomade"(이 글과 Pierre Klossowski의 발표에 대한 논의들이 포함됨)
   in *Nietzsche aujourd'hui? tome 1 : Intensités*(Paris : 10/18, 1973), 105-121, 159-
   190쪽. 이후 *L'île déserte et autres textes : textes et entretiens 1953-1974*의 351-
   364쪽에 수록됨(뒤의 2002. 1 참조).
   (영문판) "Nomad Thought," trans. David B. Allison(without discussion) in
   David B. Allison, ed., *The New Nietzsche : Contemporary Styles of Interpreta-
   tion*(Cambridge, Mass. : MIT Press, 1977), 142-149쪽. 또한 in *Semiotext(e)* 3 :
   1(1978), 12-20쪽.
   (한국어판) 「유목적 사유」, 김상민 옮김, 김상민의 PAPYRUS(http://my.netian.com/
   ~devenir/)에서 볼 수 있음.

3. (Félix Guattari와의 공동 인터뷰) (인터뷰어 : 잡지 *Actuel*) in M.-A. Burnier,
   ed., *C'est demain la veille*(Paris : Éditions du Seuil, 1973), 137-161쪽. 후에
   〈Sur le capitalisme et le désir〉라는 제목으로 *L'île déserte et autres textes :*

*textes et entretiens 1953-1974*의 365-380쪽에 수록됨(뒤의 2002. 1 참조).

4. Félix Guattari와 공동 집필: "Bilan-programme pour machines désirantes" in
Minuit 2(janvier, 1973), 1-25쪽. 이후에 *L'anti-Œdipe* 2판(앞의 1972. 1 참조)의
부록으로 수록됨.
(영문판) "Balance Sheet-Program for Desiring-Machines" in *Semiotext(e)* :
Anti-Oedipus vol. 2 no. 3(1977), by Robert Hurley, 117-135쪽.
(한국어판) 「욕망하는 기계들을 위한 프로그램의 총괄적 검토」, 『앙띠 오이디푸
스』, 최명관 옮김(민음사, 1994), 559-587쪽.

5. *Recherches* no. 12(mars, 1973) : *Grande Encyclopédie des Homo-sexualités-Trois
milliards de pervers.* 이 책의 텍스트들은 모두 익명으로 발표되었기 때문에, 여기
수록된 텍스트들이 Deleuze의 글이라는 것은 추측이다.

6. Guy Hocquenghem과 Jean-François Bizot의 'La belle vie des gauchistes'에
관한 질문에 대한 답변은 *Actuel* 29(mars, 1973)에 발표되고, *L'Après-Mai des
faunes*(Paris : Grasset, 1974), 97, 101쪽에 다시 수록됨.

7. "Lettre à Michel Cressole" in *La Quinzaine Littéraire* 161(avril 1, 1973), 17-
19쪽. 이후에 M. Cressole, *Deleuze*(Paris : Éditions Universitaires, 1973), 107-
118쪽에 다시 수록됨. 또한 *Pourparlers* 1972-1990, 11-23쪽(뒤의 1990. 3 참조)
에 〈Lettre à un critique sévère〉라는 제목으로 다시 수록됨.
(영문판) "I Have Nothing to Admit," trans. Janis Forman in *Semiotext(e)* :
Anti-Oedipus vol. 2 no. 3(1977), 110-116쪽. 또한 in *Negotiations* 1972-1990,
trans. by Martin Joughin(New York : Columbia University Press, 1995).
(한국어판) 「어느 가혹한 비평가에게 보내는 편지」, 『대담, 1972-1990』, 김종호
옮김(솔, 1993), 25-38쪽.

8. "Présence et fonction de la folie dans *À la recherche du temps perdu*" in *Saggi e
Richerche di Letteratura Francese* vol. XII, new series(Rome : Editore, 1973),
381-390쪽. *Proust et les signes*에 새로운 장으로 수록됨(앞의 1964. 1 참조, 뒤의
1976. 2 참조).
(영문판 2종) ① "The Signs of Madness : Proust," trans. Constantin V. Boundas
in Boundas, ed., *The Deleuze Reader*(New York : Columbia University Press,
1993), 127-135쪽(뒤의 1993. 2 참조). ② *Proust and Signs.* trans. Richard Howard
(London : Athlone and Minneapolis : University of Minnesota Press, 2000)의
마지막 장(章)으로 수록됨.
(한국어판) 「광기의 현존과 기능, 거미」, 『프루스트와 기호들』, 서동욱·이충민 옮
김(민음사, 1997), 263-278쪽(뒤의 1976. 2 참조).

9. Félix Guattari와 공동 집필: "14 Mai 1914. Un seul ou plusieurs loups?"
(Freud의 *Wolf Man*에 대한 글) in *Minuit* 5(septembre, 1973), 2-16쪽. 이후에
개정되어 *Capitalisme et schizophrénie tome 2 : Mille plateaux*(뒤의 1980. 1 참조)
에 수록됨.

(영문판) "May 14, 1914. One or several wolves?," trans. Mark Seem in *Semiotext(e) : Anti-Oedipus* vol. 2 no. 3(1977).

(한국어판 2종) ① 「1914 : 한 마리 늑대인가, 여러 마리 늑대인가?」, 『천의 고원 : 자본주의와 정신분열증』, 전 2권, 이진경·권혜원 외 옮김(연구공간 〈너머〉 자료실, 2000), 32-45쪽. ② 「1914년 ― 늑대는 한 마리인가 여러 마리인가?」, 『천 개의 고원 : 자본주의와 분열증 2』, 김재인 옮김(새물결, 2001), 59-84쪽.

10. (이탈리아어) "Relazione di Gilles Deleuze"(이 글에 대한 논의들이 포함됨) in Armando Verdiglione, ed., *Psicanalisi e Politica : Atti del Convegno di studi tenuto a Milano l'8-9 maggio 1973*(Milan : Feltrinelli, 1973), 7-11, 17-21, 37-40, 44-45, 169-172쪽. 이 텍스트는 뒤에 변형되어 Deleuze & Guattari, *Politique et psychanalyse*(Alençon : des mots perdus, 1977)에 포함됨. 또 다르게 정리된 프랑스어 번역본은 〈Cinq propositions sur la psychanalyse〉라는 제목으로 *L'île déserte et autres textes : textes et entretiens 1953-1974*의 381-390쪽에 수록됨(뒤의 2002. 1 참조).

11. Félix Guattari, Michel Foucault와 공동 집필 : "Chapitre V : Le Discours du plan"(도시 공간에 대한 글) in François Fourquet and Lion Murard, eds., *Les équipements du pouvoir, recherches* 13(décembre, 1973), 183-186쪽. 이후에 *Les équipements du pouvoir*(10/18, 1976), 212-220쪽에 "Chapitre IV : Formation des équipements collectifs"로 다시 수록됨.

12. Félix Guattari와 공동 집필 : "Le Nouvel arpenteur : Intensités et blocs d'enfance dans *Le Château*" in *Critique* 319(décembre, 1973), 1046-1054쪽. 이후에 개정되어 *Kafka : pour une littérature mineure*에 수록됨(뒤의 1975. 3 참조).

13. Stefan Czerkinsky와 공동 집필 : "Faces et surfaces"(토론과 6점의 드로잉이 포함됨) in Deleuze & Michel Foucault, *Mélanges : pouvoir et surface*(Paris, 1973), 1-10쪽(뒤의 1994. 2 참조). 이후 *L'île déserte et autres textes : textes et entretiens 1953-1974*의 391-394쪽에 수록됨(뒤의 2002. 1 참조).

1974

1. (서문) Guy Hocquenghem, *L'Après-Mai des Faunes*(Paris : Grasset, 1974), 7-17쪽. 이후 *L'île déserte et autres textes : textes et entretiens 1953-1974*의 395-400쪽에 수록됨(뒤의 2002. 1 참조).

2. Félix Guattari와 공동 집필 : "28 novembre 1947. Comment se faire un corps sans organes?" in *Minuit* 10(septembre, 1974), 56-84쪽. 이후에 개정되어 *Capitalisme et schizophrénie tome 2 : Mille plateaux*에 수록됨(뒤의 1980. 1 참조).

(영문판) "How to Make Yourself a Body Without Organs," trans. Suzanne Guerlac in *Semiotext(e)* IV : 1(1981).

(한국어판 2종) ① 「1947년 11월 28일 : 어떻게 기관 없는 신체를 이룰 것인가?」, 『천의 고원 : 자본주의와 정신분열증』, 전 2권, 이진경·권혜원 외 옮김(연구공간

〈너머〉자료실, 2000), 156-174쪽. ② 「1947년 11월 28일 —— 기관 없는 몸체는
어떻게 만들어지는가?」, 『천 개의 고원 : 자본주의와 분열증 2』, 김재인 옮김(새물
결, 2001), 287-320쪽.

3. "Un art de planteur" in Deleuze, Jean-Pierre Faye, Jacques Roubaud, Alain
   Touraine, *Deleuze-Faye-Roubaud-Touraine parlent de 'Les Autres,' un film de
   Hugo Santiago écrit en collaboration avec Jorge Luis Borges et Adolfo Bioy
   Casares*(Paris : Christian Bourgois, 1974), 쪽 표시 없음. 이후 *L'île déserte et
   autres textes : textes et entretiens 1953-1974*의 401-403쪽에 수록됨(뒤의 2002. 1
   참조).

1975

1. "Deux régimes de fous" in Armando Verdiglione, ed., *Psychanalyse et sémiotique :
   Actes du colloque de Milan*(Paris : 10/18, 1975), 165-170쪽.

2. "Schizophrénie et société" in *Encyclopædia Universalis* vol. 14(Paris : Ency-
   clopædia Universalis, 1975), 733-735쪽.

3. Félix Guattari와 공저 : *Kafka : Pour une littérature mineure*(Paris : Éditions de
   Minuit, 1975). (앞의 1973. 12 참조.)
   (영문판) *Kafka : Toward a Minor Literature*, trans. Dana Polan. Foreword by
   Réda Bensmaïa(Minneapolis : University of Minnesota Press, 1986).
   (한국어판 2종) ① 『소수집단의 문학을 위하여 —— 카프카론』, 조한경 옮김(문학
   과지성사, 1992). ② 『카프카 —— 소수적인 문학을 위하여』, 이진경 옮김(동문선,
   2001).

4. Roland Barthes, Gerard Genette와 공동 집필 : "Table ronde" in *Cahiers de
   Marcel Proust* new series 7(1975), 87-115쪽.

5. Jean-François Lyotard와 공동 집필 : "À propos du département de psycha-
   nalyse à Vincennes" in *Les Temps Modernes* 342(janvier, 1975), 862-863쪽.
   (영문판) "Concerning the Vincennes Psychoanalysis Department" in Jean-
   François Lyotard, *Political Writings*, trans. Bill Readings and Kevin Paul
   Geiman(Minneapolis : University of Minnesota Press, 1993), 68-69쪽.

6. (서평) "Ecrivain non : un nouveau cartographe"(Foucault의 *Surveiller et punir*
   에 대한 서평) in *Critique* 343(décembre, 1975), 1207-1227쪽. 이후에 개정되어
   *Foucault*에 수록됨(뒤의 1986. 1 참조).
   (한국어판) 「새로운 지도제작자 —— 『감시와 처벌』」, 『들뢰즈의 푸코』, 권영숙 · 조
   형근 옮김(새길, 1995), 49-78쪽.

1976

1. Félix Guattari와 공저 : *Rhizome : Introduction*(Paris : Éditions de Minuit,
   1976). 이후에 개정되어 *Capitalisme et schizophrénie tome 2 : Mille Plateaux*에 수

262

록됨(뒤의 1980. 1 참조).

"Rhizome," trans. Paul Foss and Paul Patton in *I and C* 8(1981). 또한 in Deleuze and Guattari, *On the Line*, trans. John Johnston(New York : Semiotext(e), 1983).

(한국어판 2종) ① 「서론 : 리좀」, 『천의 고원 : 자본주의와 정신분열증』, 전 2권, 이진경・권혜원 외 옮김(연구공간 〈너머〉 자료실, 2000), 7-31쪽. ② 「서론 : 리좀」, 『천 개의 고원 : 자본주의와 분열증 2』, 김재인 옮김(새물결, 2001), 11-58쪽.

2. *Proust et les signes*(Paris : Presses Universitaires de France, 1976). *Marcel Proust et les signes*의 증보판(앞의 1964. 1, 1970. 6 참조). 결론으로 "Présence et fonction de la folie, l'araignée"가 삽입됨(앞의 1973. 8 참조).

(영문판) *Proust and Signs*. trans. Richard Howard(London : Athlone and Minneapolis : University of Minnesota Press, 2000).

(한국어판) 『프루스트와 기호들』, 서동욱・이충민 옮김(민음사, 1997). (1983년 6판을 대본으로 사용함.)

3. (서문) "Avenir de linguistique" : Henri Gobard, *L'aliénation linguistique*(Paris : Flammarion, 1976), 9-14쪽. 동시에 〈Les langues sont des bouillies où des fonctions et des mouvements mettent un peu d'ordre polémique〉라는 제목으로 *La Quinzaine Littéraire*(mai 1-15, 1976), 12-13쪽에 발표됨.

4. "Trois questions sur Six fois deux"(Godard의 텔레비전 영화들에 대한 글) in *Cahiers du Cinéma* 271(1976), 5-12쪽. 이후에 *Pourparlers 1972-1990*, 55-66쪽에 다시 수록됨(뒤의 1990. 3 참조).

(영문판) "Three Questions on 'Six Fois Deux'," trans. Diane Matias, in *Afterimage* 7(summer, 1978), 113-119쪽, 그리고 in *Negotiations 1972-1990*, trans. Martin Joughin(New York : Columbia University Press, 1995).

5. (서평) "Gilles Deleuze fasciné par *le Misogyne*"(Alain Roger의 *le Misogyne*에 대한 서평) in *La Quinzaine Littéraire*, 229(mars 16-31, 1976), 8-9쪽.

6. "Nota dell'autore per l'edizione italiana" in *Logica del senso*, trans. M. De Stefanis(Milan : Feltrinelli, 1976), 293-295쪽(앞의 1969. 1 참조).

1977

1. Claire Parnet와 공저 : *Dialogues*(Paris : Flammarion, 1977).

(영문판) *Dialogues*, trans. Hugh Tomlinson and Barbara Habberjam(New York : Columbia University Press, 1987).

2. Félix Guattari와 공저 : *Politique et psychanalyse*(Alençon : des mots perdus, 1977).

(영문판) Deleuze, "Four Propositions on Psychoanalysis," trans. Paul Foss ; Deleuze, Guattari, Claire Parnet and André Scala, "The Interpretation of Utterances," trans. Paul Foss and Meaghan Morris in Foss and Morris, eds.,

Language, Sexuality and Subversion(Darlington, Australia : Feral Press, 1978), 135-158쪽.

Guattari, "The Role of the Signifier in the Institution," trans. Rosemary Sheed in *Molecular Revolution*(New York : Penguin, 1984), 73-81쪽.

3. (서문) "Ascension du social" : Jacques Donzelot, *La Police des familles*(Paris : Éditions de Minuit, 1977), 213-220쪽.

(영문판) "The Rise of the Social" : J. Donzelot, *The Policing of Families*, trans. Robert Hurley(New York : Pantheon, 1979), ix-xvii쪽.

4. "Le juif riche"(Daniel Schmid의 영화 *L'Ombre des anges*에 대한 글) in *Le Monde*(février 18, 1977), 26쪽. 이후에 Irène Lambelet, ed., *Daniel Schmid* (Lausanne : Éditions l'âge d'homme, 1982), 93-95쪽에 다시 수록됨.

5. (인터뷰) "Gilles Deleuze contre les 'nouveaux philosophes'" in *Le Monde* (juin 19-20, 1977), 19쪽. *Minuit* 24(juin 5, 1977)의 부록으로 다시 수록되고, 이후에 *recherches* 30과 *Les Untorelli*(novembre, 1977), 179-184쪽, 그리고 *Faut-il brûler les nouveaux philosophes?*(Paris : Nouvelles Éditions Oswald, 1978), 186-194쪽에 ⟨À propos des nouveaux philosophes et d'un problème plus général⟩ 라는 제목으로 다시 수록됨.

6. "Nous croyons au caractère constructiviste de certaines agitations de gauche" (이탈리아 좌파에 대한 탄원서) in *recherches* 30 : *Les Untorelli*(novembre, 1977), 149-150쪽(뒤의 VI. 9 참조).

7. Félix Guattari와 공동 집필 : "Le pire moyen de faire l'Europe" in *Le Monde* (novembre 2, 1977), 6쪽.

8. Martial Guéroult의 *Spinoza* tome 3의 미완성 초고에 대한 서론과 결론 주해가 *La Revue philosophique de France et de l'étranger* CLXVII(1977), 285, 302쪽에 발 표됨. 이 글들은 ⟨G. D.⟩라고만 서명되어 있다.

1978

1. Carmelo Bene과 공저 : *Sovrapposizioni*(Milan : Feltrinelli, 1978).
Superpositions(Paris : Éditions de Minuit, 1979). 들뢰즈의 "Un manifeste de moins"가 수록되어 있음(85-131쪽).
(영문판) "One Manifesto Less," trans. Alan Orenstein in C. V. Boundas, ed., *The Deleuze Reader*(New York : Columbia University Press, 1993), 204-222쪽 (뒤의 1993. 2 참조).

2. "Deux questions" in François Châtelet, Gilles Deleuze, Eeriik Genevois, Félix Guattari, Rudolf Ingold, Numa Musard and Claude Olievenstein, ⋯⋯ *où il est question de la toxicomanie*(Alençon : Bibliothèque des Mots perdus, 1978). (마약 사용에 관한 글. 쪽 번호 없음.)

3. (서문) Fanny Deleuze와 공동 집필 : "Nietzsche et Paulus, Lawrence et Jean

de Patmos" : D. H. Lawrence, *Apocalypse*(Paris : Balland, 1978), 7–37쪽. Lawrence
의 텍스트는 Fanny Deleuze에 의해 번역됨. 이후에 개정되어 *Critique et clinique*
에 다시 수록됨(뒤의 1993. 5 참조).
(영문판) In *Essays critical and clinical*, trans. Daniel W. Smith and Michael A.
Greco(Minneapolis : University of Minnesota Press, 1997).
(한국어판) 「니체와 성 바울로, D. H. 로렌스와 사도 요한」, 『비평과 진단』, 김현
수 옮김(인간사랑, 2000), 71–98쪽.

4. "Spinoza et nous"(이 글에 대한 논의들이 포함됨) in *Revue de Synthèse* III :
89–91(janvier–septembre, 1978), 271–278쪽. 이후에 개정되어 *Spinoza : Philoso-
phie pratique*(*Spinoza*의 2판 ; 앞의 1970. 1과 뒤의 1981. 1 참조)에 다시 수록됨.
(한국어판) 「스피노자와 우리」, 『스피노자의 철학』, 박기순 옮김(민음사, 1999),
181–193쪽.

5. "Philosophie et Minorité" in *Critique* 34 : 369(février, 1978), 154–155쪽.

6. "Les Gêneurs"(팔레스타인인들에 관한 글) in *Le Monde*(avril 7, 1978).

7. (서평) "La plainte et le corps"(Pierre Fedida의 *L'Absence*에 대한 서평) in *Le
Monde*(octobre 13, 1978).

8. "Rendre audibles des forces non–audibles par elle–mêmes." 1978년 l'Institut
de Recherche et de Coordination Acoustique/Musique(IRCAM)에서 열린 강
연회의 기조 발표문.

1979

1. "En quoi la philosophie peut servir à des mathématiciens, ou même à des
musiciens–même et surtout quand elle ne parle pas de musique ou de
mathématiques" in Jean Brunet, B. Cassen, François Châtelet, P. Merlin and
M. Reberioux, eds., *Vincennes ou le désir d'apprendre*(Paris : Éditions Alain
Moreau, 1979), 120–121쪽.

2. Antonio Negri의 체포에 관한 공개 서한, *La Repubblica*(May, 1979).
(영문판) "Open Letter to Negri's Judges" in *Semiotext(e) : Italy : Autonomia/
Post-Political Politics* 3 : 3(1980) by Committee(April 7), 182–184쪽.

3. 세미나 *États généraux de la philosophie*(16 et 17 juin 1979)의 준비 위원으로 참
여하고, 발표 논문을 *États généraux de la philosophie*(Paris : Flammarion, 1979),
6–19쪽에 수록함.

4. (서평) "Ce livre est littéralement une preuve d'innocence"(Antonio Negri의 *Marx
au-delà de Marx*에 대한 서평) in *Le Matin de Paris*(décembre 13, 1979), 32쪽.

1980

1. Félix Guattari와 공저 : *Capitalisme et schizophrénie t. 2 : Mille plateaux*(Paris :

Éditions de Minuit, 1980).

(영문판) *A Thousand Plateaus : Capitalism and Schizophrenia*, trans. Brian Massumi(Minneapolis : University of Minnesota Press, 1987).

(한국어판 2종) ① 『천의 고원 : 자본주의와 정신분열증』, 전 2권, 이진경·권혜원 외 옮김(연구공간 〈너머〉 자료실, 2000). ② 『천 개의 고원 : 자본주의와 분열증 2』, 김재인 옮김(새물결, 2001).

2. (인터뷰) "8 ans après : Entretien 1980"(인터뷰어 : Catherine Clément) in *L'Arc* 49 : *Deleuze*(개정판, 1980), 99-102쪽.

3. (François Châtelet와의 공동 인터뷰) "Pourquoi en être arrivé là?"(the Université de Paris-VIII/Vincennes에 관한 인터뷰, 인터뷰어 : J. P. Gene) in *Libération* 17(mars, 1980), 4쪽.

4. François Châtelet, Jean-François Lyotard와 공동 집필 : "Pour une commission d'enquête"(Vincennes 사태에 대한 글) in *Libération* 17(mars, 1980), 4쪽.

5. (인터뷰) "'Mille plateaux' ne font pas une montagne, ils ouvrent mille chemins philosophiques"(인터뷰어 : Christian Descamps, Didier Eribon, Robert Maggiori) in *Libération* 23(octobre, 1980). 이후에 *Pourparlers 1972-1990*, 39-52쪽에 〈Sur *Mille plateaux*〉라는 제목으로 수록됨(뒤의 1990. 3 참조).

(영문판) In *Negotiations 1972-1990*, trans. Martin Joughin(New York : Columbia University Press, 1995).

(한국어판) 「『천 개의 세트』에 관한 이야기」, 『대담, 1972-1990』, 김종호 옮김(솔, 1993), 55-68쪽.

1981

1. *Spinoza : Philosophie pratique*(Paris : Éditions de Minuit, 1981). *Spinoza*의 증보 판(앞의 1970. 1 참조). 3장 "Les Lettres du mal," 5장 "L'évolution de Spinoza," 6장 "Spinoza et nous"이 추가됨(앞의 1978. 4 참조).

(영문판) *Spinoza : Practical Philosophy*, trans. Robert Hurley(San Francisco : City Lights, 1988).

(한국어판) 『스피노자의 철학』, 박기순 옮김(민음사, 1999).

2. *Francis Bacon : Logique de la Sensation*(Paris : Éditions de la Différence, 1981). 1권은 Deleuze의 텍스트를 담고 있고, 2권은 Bacon의 그림들을 담고 있다. 증보 판으로 Bacon의 그림을 더 많이 담고 있는 2판은 1984년에 출판되었지만, Deleuze의 텍스트는 수정되지 않았다(뒤의 1984. 2 참조). 2002년에 출판된 새 판본(Éditions du Seuil)은 그림이 많이 빠진 상태로 한 권으로 출판되었다.

(영문판) *Francis Bacon : The Logic of Sensation*, trans. Daniel W. Smith(Cambridge, Mass. : MIT Press, 1992).

(한국어판) 『감각의 논리』, 하태환 옮김(민음사, 1995).

3. (인터뷰) "La peinture enflamme l'écriture"(인터뷰어 : Hervé Guibert) in *Le*

Monde(décembre 3, 1981), 15쪽.

(영문판) "What counts is the scream" in *The Guardian*(January 10, 1982).

4. (이탈리아어) "A proposito del 'Manfred' alla Scala(ottobre 1, 1980)" in Carmelo Bene, *Otello, o la deficienza della donna*, trans. Jean-Paul Manganaro (Milan : Feltrinelli, 1981), 7-9쪽. 원래 이 글은 앨범 *Manfred-Carmelo Bene* (Fonit Cetra)의 해설로 발표되었다.

1982

1. (서문) Antonio Negri, *L'anomalie sauvage : Puissance et pouvoir chez Spinoza*, trans. François Matheron(Paris : Presses Universitaires de France, 1982), 9-12쪽.

   (한국어판) 「들뢰즈 서문」, 『야만적 별종』, 윤수종 옮김(푸른숲, 1997), 15-18쪽.

2. (인터뷰) "Les Indiens de Palestine"(인터뷰어 : Elias Sanbar) in *Libération* 8-9 (mai, 1982), 20-21쪽.

3. "Lettre à Uno sur le langage," trans. Kuniichi Uno in *Gendai shisō*(*La Revue de la pensée aujourd'hui*)(Tokyo, Decembre, 1982).

1983

1 *Cinéma-1 : L'image-mouvement*(Paris : Éditions de Minuit, 1983).

   (영문판) *Cinema 1 : The Movement-Image*, trans. Hugh Tomlinson and Barbara Habberjam(London : Athlone and Minneapolis : University of Minnesota Press, 1986).

   (한국어판 2종) ①『영화 1』, 주은주 · 정원 옮김(새길, 1996). ②『시네마 1 : 운동-이미지』, 유진상 옮김(시각과언어, 2002).

2. "L'abstraction lyrique" in *Change International 1*(1983), 82쪽. *Cinéma-1*에서 발췌함(앞의 1983. 1 참조).

3. (영문판 서문) "Preface to the English Translation" of *Nietzsche and Philosophy*, trans. Hugh Tomlinson(New York : Columbia University Press, 1983), ix-xiv쪽(앞의 1962. 1 참조).

   (한국어판) 「저자 서문」, 『니체, 철학의 주사위』, 신범순 · 조영복 옮김(인간사랑, 1993), 11-18쪽(앞의 1962. 1 참조).

4. (인터뷰) "La Photographie est déjà tirée dans les choses" in *Cahiers du cinéma* 352(octobre, 1983), 35-40쪽(인터뷰어 : Pascal Bonitzer, Jean Narboni). 후에 〈Sur *L'image-Mouvement*〉라는 제목으로 *Pourparlers 1972-1990*, 67-81쪽에 수록됨(뒤의 1990. 3 참조).

   (영문판) In *Negotiations 1972-1990*, trans. Martin Joughin(New York : Columbia University Press, 1995).

5. (인터뷰) "*Cinéma-1*, première"(인터뷰어 : Serge Daney), "Le Philosophe

menuisier"(인터뷰어 : Didier Eribon) in *Libération* 3(octobre, 1983), 30-31쪽.

6. (인터뷰) "Portrait du philosophe en spectateur"(인터뷰어 : Hervé Guibert) in *Le Monde*(octobre 6, 1983), 1, 17쪽.

7. "Godard et Rivette" in *La Quinzaine Littéraire* 404(novembre 1, 1983), 6-7쪽. 다시 수정되어 *Cinéma-2*에 수록됨(뒤의 1985. 1 참조).

8. (Jean-Pierre Bamberger와의 공동 인터뷰) "Le pacifisme aujourd'hui"(인터뷰어 : Claire Parnet) in *Les Nouvelles* 15-21(décembre, 1983), 60-64쪽.

1984

1. (영문판 서문) "Preface : On the Four Poetic Formulas Which Might Summarize the Kantian Philosophy" to *Kant's Critical Philosophy : The Doctrine of the Faculties*, trans. Hugh Tomlinson and Barbara Habberjam(London : Athlone and Minneapolis : University of Minnesota Press, 1984), vii-xiii쪽(앞의 1963. 1 참조).
"Sur quatre formules poétiques qui pourraient résumer la philosophie kantienne" in *Philosophie* 9(1986), 29-34쪽. 이후에 개정되어 *Critique et clinique* 에 수록됨(뒤의 1993. 5 참조).
(개정된 영문판) In *Essays critical and clinical*, trans. Daniel W. Smith and Michael A. Greco(Minneapolis : University of Minnesota Press, 1997).
(한국어판 2종) ① 「칸트 철학을 간추린 네 개의 시구」, 『칸트의 비판철학』, 서동욱 옮김(민음사, 1995), 135-148쪽에 부록으로 수록됨. *Critique et clinique*(뒤의 1993. 5)에 수록하기 위해 개정하기 이전의 판본임. ② 「칸트 철학을 요약해 줄 수 있을 네 개의 시적 표현에 관하여」, 『비평과 진단』, 김현수 옮김(인간사랑, 2000), 57-70쪽.

2. (영어) "Books"(Francis Bacon에 대한 글), trans. Lisa Liebmann in *Artforum* (January, 1984), 68-69쪽. *Francis Bacon : Logique de la sensation*에 관한 텍스트 로서(앞의 1981. 2 참조), 영문판에서는 서문으로 포함됨.

3. Félix Guattari와 공동 집필 : "Mai 68 n'a pas eu lieu" in *Les Nouvelles* 3-10 (mai, 1984), 75-76쪽.

4. "Lettre à Uno : Comment nous avons travaillé à deux," trans. Kuniichi Uno in *Gendai shisõ*(*La Revue de la pensée aujourd'hui*), Tokyo, 12 : 11, no. 9 (1984), 8-11쪽.

5. "Le Temps musical," trans. Kuniichi Uno in Gendai shisõ(*La Revue de la pensée aujourd'hui*), Tokyo, 12 : 11, no. 9(1984), 294-298쪽.

6. "Grandeur de Yasser Arafat" in *Revue d'études Palestiniennes* 10(hiver, 1984), 41-43쪽.

7. François Châtelet, Félix Guattari와 공동 집필 : "Pour un droit d'asile politique un et indivisible" in *Le Nouvel Observateur* 1041(octobre, 1984), 18쪽.

1985

1. *Cinéma-2 : L'image-temps*(Paris : Éditions de Minuit, 1985). (1983. 7이 수록됨.)
   (영문판) *Cinema 2 : The Time-Image*, trans. Hugh Tomlinson and Robert
   Galeta(London : Athlone and Minneapolis : University of Minnesota Press,
   1989).

2. "Les plages d'immanence" in Annie Cazenave and Jean-François Lyotard,
   eds., *L'Art des Confins : Mélanges offert à Maurice de Gandillac*(Paris : Presses
   Universitaires de France, 1985), 79-81쪽.

3. (인터뷰, 인터뷰어 : Antoine Dulaure, Claire Parnet) in *L'Autre Journal* 8
   (octobre, 1985), 10-22쪽. 이후에 〈Les Intercesseurs〉라는 제목으로 *Pourparlers
   1972-1990*, 165-184쪽에 수록됨(뒤의 1990. 3 참조).
   (한국어판) 「조정자들」, 『대담, 1972-1990』, 김종호 옮김(솔, 1993), 125-142쪽.

4. (인터뷰) "Le philosophe et le cinéma"(인터뷰어 : Gilbert Calbasso, Fabbrice
   Revault d'Allonnes) in *Cinéma* 334(décembre 18-24, 1985), 2-3쪽. 이후에
   〈Sur *L'image-Temps*〉라는 제목으로 *Pourparlers 1972-1990*, 82-87쪽에 수록됨(뒤
   의 1990. 3 참조).
   (영문판) in *Negotiations 1972-1990*, trans. Martin Joughin(New York : Co-
   lumbia University Press, 1995).

5. "Il était une étoile de groupe"(François Châtelet에 대한 글) in *Libération* 27
   (décembre, 1985), 21-22쪽.

1986

1. *Foucault*(Paris : Éditions de Minuit, 1986). (앞의 1970. 3, 1975. 6 참조.)
   (영문판) *Foucault*, trans. Seán Hand, Foreword by Paul Bové(Minneapolis :
   University of Minnesota Press, 1988).
   (한국어판) 『들뢰즈의 푸코』, 권영숙·조형근 옮김(새길, 1995).

2. (영문판 서문) "Preface to the English Edition" of *Cinema 1 : The Movement-
   Image*, trans. Hugh Tomlinson and Barbara Habberjam(London : Athlone
   and Minneapolis : University of Minnesota Press, 1986), ix-x쪽(앞의 1983. 1
   참조).

3. "Boulez, Proust et les temps : 'Occuper sans compter'" in Claude Samuel,
   ed., *Eclats/Boulez*(Paris : Centre Georges Pompidou, 1986), 98-100쪽.

4. (서문) "Optimisme, pessimisme et voyage : Lettre à Serge Daney," Serge
   Daney, *Ciné Journal*(Paris : Cahiers du cinéma, 1986), 5-13쪽. 이후에 *Pour-
   parlers 1972-1990*, 97-112쪽에 수록됨(뒤의 1990. 3 참조).
   (영문판) In *Negotiations 1972-1990*, trans. Martin Joughin(New York : Co-
   lumbia University Press, 1995).
   (한국어판) 「세르쥬 다네에게 보내는 편지 : 낙관, 비관, 그리고 여행」, 『대담,

1972-1990』, 김종호 옮김(솔, 1993), 80-96쪽.

5. "Le Plus grand film irlandais"(Samuel Beckett의 *Film*에 대한 글) in *Revue d'Esthétique*(1986), 381-382쪽. 이후에 개정되어 *Critique et clinique*에 수록됨(뒤의 1993. 5 참조).

(영문판) In *Essays critical and clinical*, trans. Daniel W. Smith and Michael A. Greco(Minneapolis : University of Minnesota Press), 1997.

(한국어판)「가장 위대한 아일랜드 영화(베케트의『필름』론)」,『비평과 진단』, 김현수 옮김(인간사랑, 2000), 51-56쪽.

6. (인터뷰) "Le cerveau, c'est l'écran"(인터뷰어 : A. Bergala, Pascal Bonitzer, M. Chevrie, Jean Narboni, C. Tesson, S. Toubiana) in *Cahiers du cinéma* 380(février, 1986), 25-32쪽.

(한국어판)「뇌는 스크린이다 —— 질 들뢰즈와의 대담」, ≪세계의 문학≫ 95호 (2000, 봄호), 임세은 옮김, 265-276쪽.

7. (영어, 인터뷰) "The Intellectual and Politics : Foucault and the Prison"(인터뷰어 : Paul Rabinow, Keith Gandal) in *History of the Present* 2(spring, 1986), 1-2, 20-21쪽.

8. "Sur le régime cristallin" in *Hors Cadre* 4(1986), 39-45쪽. 이후에 〈Doutes sur l'imaginaire〉라는 제목으로 *Pourparlers 1972-1990*, 88-96쪽에 수록됨(뒤의 1990. 3 참조).

(영문판) In *Negotiations 1972-1990*, trans. Martin Joughin(New York : Columbia University Press, 1995).

(한국어판)「상상에 대한 의혹」,『대담, 1972-1990』, 김종호 옮김(솔, 1993), 71-79쪽.

9. (인터뷰) "Fendre les choses, fendre les mots"(Foucault에 관한 인터뷰, 인터뷰어 : Robert Maggiori) in *Libération* 2(septembre, 1986), 27-28쪽. 이후에 *Pourparlers 1972-1990*, 115-122쪽에 수록됨(뒤의 1990. 3 참조).

(영문판) In *Negotiations 1972-1990*, trans. Martin Joughin(New York : Columbia University Press, 1995).

10. (인터뷰) "Michel Foucault dans la troisième dimension"(인터뷰어 : Robert Maggiori) in *Libération*(septembre 3, 1986), 38쪽. 이후에 "Fendre les choses, fendre les mots"(앞의 1986. 9 참조)와 합해서 *Pourparlers 1972-1990*, 122-128쪽에 수록됨(뒤의 1990. 3 참조).

(영문판) In *Negotiations 1972-1990*, trans. Martin Joughin(New York : Columbia University Press, 1995).

11. (인터뷰) "La vie comme une œuvre d'art"(Foucault에 관한 인터뷰, 인터뷰어 : Didier Eribon) in *Le Nouvel Observateur* 1138(septembre 4, 1986), 66-68쪽. 이후에 증보판이 *Pourparlers 1972-1990*, 129-138쪽에 수록됨(뒤의 1990. 3 참조).

(영문판) In *Negotiations 1972-1990*, trans. Martin Joughin(New York : Columbia University Press, 1995).

12. (인터뷰) "Un portrait de Foucault"(Foucault에 관한 인터뷰, 인터뷰어 : Claire
    Parnet). 이후 *Pourparlers 1972-1990*, 139-161쪽에 수록됨(뒤의 1990. 3 참조).
    (영문판) In *Negotiations 1972-1990*, trans. Martin Joughin(New York : Co-
    lumbia University Press, 1995).
    (한국어판)「푸코의 초상화」,『대담, 1972-1990』, 김종호 옮김(솔, 1993), 99-122쪽.

1987

1. (영문판 서문) "Preface to the English-Language Edition"(주해가 추가됨),
   Dialogues, trans. Hugh Tomlinson and Barbara Habberjam(London : Athlone
   and New York : Columbia University Press, 1987), vii-x, 151-152쪽(앞의
   1977. 1 참조).

2. (이탈리아어판 서문) Félix Guattari와 공동 집필 : "Prefazione per l'edizione
   italiana" of *Mille piani : Capitalismo e schizofrenia*, trans. Giorgio Passerone
   (Rome : Bibliotheca Biographica, 1987), xi-xiv쪽(앞의 1980. 1 참조).
   "Prólogo a la edición italiana de *Mille Plateaux*" in *Archipiélago* 17(1994).

1988

1. *Le pli : Leibniz et le Baroque*(Paris : Éditions de Minuit, 1988).
   (영문판) *The Fold : Leibniz and the Baroque*, foreword and translation by Tom
   Conley(Minneapolis : University of Minnesota Press, 1993).
   (한국어판)『주름 : 라이프니츠와 바로크』, 이찬웅 옮김(문학과지성사, 2003년 출
   간 예정).

2. *Périclès et Verdi : La philosophie de François Châtelet*(Paris : Éditions de
   Minuit, 1988).

3. "Foucault, historien du present" in *Magazine Littéraire* 257(septembre, 1988),
   51-52쪽. 이후에 "Qu'est-ce qu'un dispositif?"에 포함됨(뒤의 1989. 1 참조).

4. (인터뷰) "Signes et événements"(인터뷰어 : Raymond Bellour, François
   Ewald) in *Magazine Littéraire* 257(septembre, 1988), 16-25쪽. 이후에 〈Sur la
   philosophie〉라는 제목으로 *Pourparlers 1972-1990*, 185-212쪽에 수록됨(뒤의
   1990. 3 참조).
   (영문판) In *Negotiations 1972-1990*, trans. Martin Joughin(New York : Co-
   lumbia University Press, 1995).
   (한국어판)「철학에 관하여」,『대담, 1972-1990』, 김종호 옮김(솔, 1993), 143-170쪽.

5. "Un critère pour le baroque" in *Chimères* 5/6(1988), 3-9쪽. 이후에 *Le pli :
   Leibniz et le Baroque*에 포함됨(앞의 1988. 1과 뒤의 IV. 6 참조).

6. (영어) "A Philosophical Concept ⋯⋯ " in *Topoi* 7 : 2(september, 1988), 111-
   112쪽. 이후에 E. Cadava, ed., *Who Comes After the Subject?*, trans. Julien

Deleuze(New York : Routledge, 1991)에 수록됨. 이 글의 프랑스어판은 "Un concept philosophique" in *Cahiers Confrontation* 20([hiver, 1989], 89-90쪽)으로, 원본이 분실되어 René Major가 영문판에서 다시 번역한 것임.

7. (인터뷰) "La pensée mise en plis"(인터뷰어 : Robert Maggiori) in Libération (septembre 22, 1988), I-III쪽. 이후에 〈Sur Leibniz〉라는 제목으로 *Pourparlers 1972-1990*, 213-222쪽에 수록됨(뒤의 1990. 3 참조).
(영문판) In *Negotiations 1972-1990*, trans. Martin Joughin(New York : Columbia University Press, 1995).
(한국어판) 「라이프니츠에 관하여」, 『대담, 1972-1990』, 김종호 옮김(솔, 1993), 171-181쪽.

1989

1. "Qu'est-ce qu'un dispositif?"(이 글에 대한 후속되는 논의들이 포함됨) in *Michel Foucault philosophe, Rencontre internationale Paris 9, 10, 11 janvier 1988* (Paris : Seuil, 1989), 185-195쪽(앞의 1988. 3 참조).
(영문판) "What is a dispositif?" in *Michel Foucault Philosopher*, trans. Timothy J. Armstrong(New York : Routledge, 1992), 159-168쪽.

2. (영문판 서문) "Preface to the English Edition" of *Cinema 2 : The Time-Image*, trans. Hugh Tomlinson and Robert Galeta(London : Athlone and Minneapolis : University of Minnesota Press, 1989), xi-xii쪽(앞의 1985. 1 참조).

3. (발문) "Postface : Bartleby, ou la formule" in Herman Melville, *Bartleby, Les Iles enchantées, Le Campanile*, trans. Michèle Causse(Paris : Flammarion, 1989), 171-208쪽. 이후에 개정되어 *Critique et clinique*에 수록됨(뒤의 1993. 5 참조).
(영문판) In *Essays critical and clinical*, trans. Daniel W. Smith and Michael A. Greco(Minneapolis : University of Minnesota Press, 1997).
(한국어판) 「바틀비 혹은 상투어」, 『비평과 진단』, 김현수 옮김(인간사랑, 2000), 125-164쪽.

4. "Les trois cercles de Rivette" in *Cahiers du cinéma* 416(février, 1989), 18-19쪽.

5. "Re-présentation de Masoch" in *Libération* 18(mai, 1989), 30쪽. 이후에 개정되어 *Critique et clinique*에 수록됨(뒤의 1993. 5 참조).
(영문판) In *Essays critical and clinical*, trans. Daniel W. Smith and Michael A. Greco(Minneapolis : University of Minnesota Press, 1997).
(한국어판) 「마조흐의 재등장」, 『비평과 진단』, 김현수 옮김(인간사랑, 2000), 99-104쪽.

6. "Gilles Deleuze craint l'engrenage"(프랑스 내 이슬람 학교에 대한 글) in *Libération* 26(août, 1989).

7. "Lettre à Réda Bensmaïa" in *Lendemains* XIV : 53(1989), 9쪽. 이후에 〈Lettre à Réda Bensmaïa sur Spinoza〉라는 제목으로 *Pourparlers 1972-1990*, 223-225쪽에

수록됨(뒤의 1990. 3 참조).

(영문판) In *Negotiations 1972-1990*, trans. Martin Joughin(New York : Columbia University Press, 1995).

(한국어판)「레다 벤스마이아에게 보내는 편지 : 스피노자에 관하여」,『대담, 1972-1990』, 김종호 옮김(솔, 1993), 182-184쪽.

1990

1. (인터뷰) "Le Devenir révolutionnaire et les créations politiques"(인터뷰어 : Toni Negri) in *Futur antérieur* 1(printempts, 1990), 100-108쪽. 이후에 *Pourparlers 1972-1990*, 229-239쪽에 다시 수록됨(뒤의 1990. 3 참조).

(영문판) In *Negotiations 1972-1990*, trans. Martin Joughin(New York : Columbia University Press, 1995).

(한국어판)「통제와 생성」,『대담, 1972-1990』, 김종호 옮김(솔, 1993), 187-197쪽.

2. "Post-scriptum sur les sociétés de contrôle" in *L'autre journal* 1(mai, 1990). 이후에 *Pourparlers 1972-1990*, 240-247쪽에 수록됨(뒤의 1990. 3 참조).

(영문판) "Postscript on the Societies of Control" in *October* 59(1992), 3-7쪽. 또한 in *Negotiations 1972-1990*, trans. Martin Joughin(New York : Columbia University Press, 1995).

(한국어판)「추신 : 통제 사회에 대하여」,『대담, 1972-1990』, 김종호 옮김(솔, 1993), 198-205쪽.

3. *Pourparlers 1972-1990*(Paris : Éditions de Minuit, 1990). 이 책은 이 문헌 목록 중 1972. 6, 1973. 7, 1976. 4, 1980. 5, 1983. 4, 1985. 3, 1985. 4, 1986. 4, 1986. 8, 1986. 9, 1986. 10, 1986. 11, 1986. 12, 1988. 4, 1988. 7, 1989. 7, 1990. 1, 1990. 2 에서 언급된 인터뷰들을 모은 것이다.

(영문판) *Negotiations 1972-1990*, trans. Martin Joughin(New York : Columbia University Press, 1995).

(한국어판)『대담, 1972-1990』, 김종호 옮김(솔, 1993). 이 번역에는 원본에는 들어 있는 5개의 장(앞의 1976. 4, 1983. 4, 1985. 4, 1986. 9, 1986. 11 참조)이 빠져 있다.

4. 영문판의 옮긴이 서문에서 인용된 Deleuze의 편지, *Expressionism in Philosophy : Spinoza*, trans. Martin Joughin(New York : Zone Books, 1990), 11쪽.

5. "Les Conditions de la question : qu'est-ce que la philosophie?" in *Chimères* 8(mai, 1990), 123-132쪽. 이후에 개정되어 *Qu'est-ce que la philosophie?*에 포함됨(뒤의 1991. 6과 IV. 6 참조).

(영문판) "The Conditions of the Question : What Is Philosphy?" trans. Daniel W. Smith and Arnold I. Davidson in *Critical Inquiry* 17 : 3(Spring, 1991), 471-478쪽.

6. (서문) "Lettre-préface," Mireille Buydens, *Sahara : l'esthétique de Gilles*

Deleuze(Paris : J. Vrin, 1990), 5쪽.

7. Pierre Bourdieu, Jérôme Lindon, Pierre Vidal-Naquet과 공동 집필 : "Adresse au gouvernement français"(Operation Desert Shield에 대한 글) in *Libération* 5(septembre, 1990), 6쪽.

8. "Avoir une idée en cinéma : À propos du cinéma des Straub-Huillet"(발췌 정리자 : Charles Tesson) in Jean-Marie Straub and Danièle Huillet, *Hölderlin, Cézanne*(Lédignan : Éditions Antigone, 1990), 65-77쪽. 이것은 FEMIS의 학생들에게 행한 강연과 방송 시리즈 *Océaniques*에서 발표한 내용을 발췌한 것이다 (뒤의 III. 1 참조).

1991

1. (영문판 후기) "A Return to Bergson," *Bergsonism*, trans. Hugh Tomlinson and Barbara Habberjam(London : Athlone and New York : Zone, 1991), 115-118쪽 (앞의 1966. 1 참조).
   (한국어판) 「베르그송으로의 회귀」, 『베르그송주의』, 김재인 옮김(문학과지성사, 1996), 161-165쪽.

2. (영문판 서문) "Preface to the English-language Edition" of *Empiricism and Subjectivity : An Essay on Hume's Theory of Human Nature*, trans. Constantin V. Boundas(New York : Columbia University Press, 1991), ix-x쪽(앞의 1953. 2 참조).

3. (서문) "Préface" to Éric Alliez, *Les Temps capitaux tome I : Récits de la conquête du temps*(Paris : Éditions du Cerf, 1991), 7-9쪽.

4. (이탈리아어, 서문) "Prefazione : Una nuova stilistica," trans. Giorgio Passerone, to Giorgio Passerone, *La Linea astratta : Pragmatica dello stile*(Milano : Edizioni Angelo Guerini, 1991), 9-13쪽.

5. René Scherer와 공동 집필 : "La guerre immonde"(걸프전에 관한 논의) in *Libération* 4(mars, 1991), 11쪽.

6. Félix Guattari와 공저 : *Qu'est-ce que la philosophie?*(Paris : Éditions de Minuit, 1991). (앞의 1990. 5 참조.) 106-108쪽은 〈Péguy, Nietzsche, Foucault〉라는 제목으로 *Amitié Charles Péguy : Bulletin d'informations et de recherches* 15 : 57 (janvier-mars, 1992), 53-55쪽에 다시 수록됨.
   (영문판) *What is Philosophy?*, trans. Hugh Tomlinson and Graham Burchell (New York : Columbia University Press, 1994).
   (한국어판) 『철학이란 무엇인가』, 이정임 · 윤정임 옮김(현대미학사, 1995).

7. (Félix Guattari와 공동 인터뷰) : "Secret de fabrication : Deleuze-Guattari : Nous Deux"(인터뷰어 : Robert Maggiori) in *Libération* 12(septembre, 1991), 17-19쪽.

8. (Félix Guattari와 공동 인터뷰) : "Nous avons inventé la ritornelle"(인터뷰어 :

Didier Eribon) in *Le Nouvel Observateur* 12-18(septembre, 1991), 109-110쪽.

1992

1. "Mystère d'Ariane"의 수정 원고, *Magazine Littéraire* 298(avril, 1992), 20-24쪽
(앞의 1963. 2 참조). 이후에 *Critique et clinique*에 수록됨(뒤의 1993. 5 참조).
(영문판) In *Essays critical and clinical*, trans. Daniel W. Smith and Michael A.
Greco(Minneapolis : University of Minnesota Press, 1997).
(한국어판) 「니체에 의한 아리아드네의 전설」, 『비평과 진단』, 김현수 옮김(인간
사랑, 2000), 179-190쪽.

2. "Remarques"(Éric Alliez와 Francis Wolff의 Deleuze와 Jacques Derrida에 관한
에세이들에 대한 답변) in Barbara Cassin, ed., *Nos Grecs et leurs modernes : Les
Stratégies contemporaines d'appropriation de L'antiquité*(Paris : Seuil, 1992), 249-
250쪽. 이후에 개정되어 *Critique et clinique* 에 수록됨(뒤의 1993. 5 참조).
(영문판) In *Essays critical and clinical*, trans. Daniel W. Smith and Michael A.
Greco(Minneapolis : University of Minnesota Press, 1997).
(한국어판) 「플라톤과 그리스인들」, 『비평과 진단』, 김현수 옮김)(인간사랑, 2000),
237-240쪽.

3. Samuel Beckett와 공저 : *Quad et autre pièces pour la télévision, suivi de
L'Épuisé*(Paris : Éditions de Minuit, 1992). Beckett의 글 4편과 Deleuze의
"L'Épuisé"가 55-112쪽에 포함됨.
(영문판) "The Exhausted," trans. Anthony Uhlmann, *SubStance* vol. 24, no. 3
(1995), 3-28쪽.

1993

1. (영어) Letter on Michel Foucault, trans. James Miller, cited in James Miller,
The Passion of Michel Foucault(New York : Simon & Schuster, 1993), 298쪽.

2. (영문판) *The Deleuze Reader*, edited with an introduction by Constantin V.
Boundas(New York : Columbia University Press, 1993). 이 책에 포함된 텍스
트들 중 몇 편은 영어로 처음 번역된 것이기는 하지만, 이 책은 모두 이전에 출
판되었던 텍스트들로 이루어져 있다.

3. "Pour Félix"(Guattari에 관한 글) in *Chimères* 18(hiver, 1992-1993), 209-210쪽
(뒤의 IV. 6 참조).

4. (서문) "Lettre-préface" to Jean-Clet Martin, *Variations : La Philosophie de
Gilles Deleuze*(Paris : Éditions Payot, 1993), 7-9쪽.

5. *Critique et clinique*(Paris : Éditions de Minuit, 1993). 이 책은 이 참고 문헌 목
록 중 1970. 2, 1978. 3, 1984. 1, 1986. 5, 1989. 3, 1989. 5, 1992. 1(1963. 2 참조),
1992. 2에서 언급된 에세이들을 모아 수정한 것이다. 이 발표작들 외에 9편의 미발
표작을 수록하고 있다.

(영문판) *Essays critical and clinical*, trans. Daniel W. Smith and Michael A. Greco(Minneapolis : University of Minnesota Press, 1997).

(한국어판)『비평과 진단』, 김현수 옮김(인간사랑, 2000). 이 책의 2개 장은 또 다른 한국어판이 있는데, 1장 "La littérature et la vie"는 「문학은 두더지의 죽음과 더불어 시작된다」(≪세계의 문학≫, 95호[2000, 봄호], 박성창 옮김, 246-253쪽)로 번역되었고, 13장 "Bégaya-t-il"은 「더듬거리며 말하는 자, 작가」(≪세계의 문학≫, 95호[2000, 봄호], 박성창 옮김, 254-264쪽)로 번역되었다.

1994

1. (영문판 서문) "Preface to the English Edition" of *Difference and Repetition*, trans. Paul Patton(London : Athlone and New York : Columbia University Press, 1994), xv-xvii쪽(앞의 1968. 1 참조).

2. "Sept dessins"(드로잉) in *Chimères* 21(hiver, 1994), 13-20쪽. 앞의 1973. 13 중 5개의 드로잉과 새로운 2개의 드로잉(19쪽의 제목 없는 드로잉과 20쪽의 "Chambre de malade")이 포함됨(뒤의 IV. 6 참조).

3. Ferdinand Alquié, Louis Guillermit, Alain Vinson과 공동 집필 : "La chose en soi chez Kant" in *Lettres Philosophiques* 7(1994), 30-46쪽. 1964년에 Deleuze와 Alquié 그리고 Guillermit가 Vinson에게 쓴 편지들의 모음집. 복사한 Deleuze의 편지가 36쪽에 실리고, 그 편지의 내용이 37-38쪽에 수록됨.

4. "Désir et plaisir"(Foucault의 *La Volonté de savoir*에 관한 글) in *Magazine litté-raire* 325(octobre, 1994), 59-65쪽. Foucault에게 간접적으로 제시된 이 일련의 글들은 1977년에 씌어졌다(François Ewald가 서문을 달았음).
(한국어판 2종) ① 「욕망과 쾌락」, ≪세계사상≫, 창간호(1997, 여름호), 양운덕 옮김, 125-142쪽. ② 「욕망과 쾌락」, 『탈주의 공간을 위하여』, 이호영 옮김, 서울사회과학연구소 엮음(푸른숲, 1997), 98-115쪽.

1995

1. "L'immanence : une vie ……," *Philosophie*, no. 47(septembre 1, 1995), 3-7쪽.
(영문판) "Immanence : A Life" in *Pure Immanence : Essays on a Life*, trans. Anne Boyman(New York : Zone Books, 2001), 25-34쪽.

2. (인터뷰 : 발췌) "Le 'Je me souviens' de Gilles Deleuze"(인터뷰어 : Didier Eribon), *Le Nouvel Observateur*, no. 1619(novembre 16-22, 1995), 50-51쪽.

3. "Fragment d'un texte inedit," *Cahiers du Cinema*, no. 497(décembre, 1995), 28쪽.

1996

1. "L'Actuel et le virtuel," Deleuze and Parnet, *Dialogues*(Paris : Flammarion, 1996)의 2판에 부록으로 수록됨(177-185쪽). 이 책의 초판은 1977. 1 참조.
(영문판) "The Actual and the Virtual," trans. Charles T. Wolfe in *ANY*

(*Architecture New York*), no. 19/20(1997), 19.6-19.7쪽.

2001

1. (영문판) *Pure Immanence : Essays on a Life*, trans. Anne Boyman(New York : Zone Books, 2001). 삶을 주제로 한 논문 선집이며, 1965. 1, 1972. 2, 1995. 1이 수록되고, John Rajchman이 해설(7-24쪽)을 달았음.

2002

1. *L'île déserte et autres textes : textes et entretiens 1953-1974*, édition préparée par David Lapoujade(Paris : Éditions de Minuit, 2002). 이 책에는 1953. 1, 1954. 1. 2), 1956. 1, 1956. 2, 1962. 2, 1963. 3, 1963. 4, 1964. 2, 1964. 3, 1966. 2, 1966. 3, 1966. 4, 1967. 1, 1967. 6, 1967. 7, 1967. 8, 1968. 1, 1969. 2, 1969. 3, 1970. 4, 1972. 2, 1972. 3, 1972. 4, 1972. 5, 1972. 8, 1972. 10, 1972. 11, 1972. 12, 1972. 13, 1972. 14, 1972. 16, 1973. 1, 1973. 2, 1973. 3, 1973. 10, 1973. 13, 1974. 1, 1974. 3 등이 수록됨. 이 텍스트들 외에 1950년대에 쓰어진 미발표작 "causes et raisons des îles désertes"가 수록되어 있음(11-17쪽).

II. 들뢰즈의 음성 녹음들

1. (토론) "Le grand rationnalisme : Atheisme de Spinoza." 1960년 10월 10일 "Analyse spectrale de l'Occident" 시리즈의 일부로 방송. 분량 23 : 30. 프로듀서 : Serge Jouhet.
2. (토론) "Douleur et souffrance." 1963년 4월 3일 "Recherche de notre temps" 시리즈의 일부로 방송. 분량 40 : 00.
3. (인터뷰) Louis Wolfson 및 *Le Schizo et les langues*(Gallimard, 1970)에 관한 인터뷰(인터뷰어 : Jean Ristat). France Culture 방송에서 "Les idees et l'histoire" 시리즈의 일부로 1970년 7월 2일 방송. 분량 13 : 00.
4. (토론) "Litterasophie et philosofiture"(토론자 : Hélène Cixous). 1973년 6월 7일 Vincennes에서 녹음되고 1973년 9월 11일 France Culture 방송에서 "Dialogues" 시리즈의 일부로 방송됨. 분량 75 : 00. 프로듀서 : Roger Pillaudin.
5. (음반) "Ouais Marchais, mieux qu'en 68(ex : Le voyageur)"(시간 4 : 22). 니체의 다음 텍스트 "Le voyageur"(aphorism 638 in *Menschliches, Allzumenschliches*)를 읽고 녹음함. 다음 앨범에 수록됨 : *Electronique Guerilla* by the progressive rock group Heldon with Richard Pinhas(Paris : Disques Disjuncta, 1974). (Cuneiform Records, Silver Spring, MD가 1993년에 재발매.) 이 음성 자료는 http://www.webdeleuze.com/에서도 제공하고 있음.
6. (발표) "Avez-vous lu Baruch? ou le portrait presume de Spinoza." 1977년

12월 녹음. 1978년 3월 4일 "Samedis de France Culture" 시리즈의 일부로 방송. 시간 12：50. 프로듀서：Michele Cohen.

7. (발표) "Freud et la psychanalyse." 1978년 4월 7일 녹음. 1978년 4월 8일 France Culture에서 "Mi-fugue Mi raisin" 시리즈의 일부로 방송. 시간 5：00.

8. (음반) Spinoza의 *Ethics*의 강독 혹은 해설(전자 음향으로 음성 변조됨). Richard Pinhas의 앨범 *L'Ethique*(Paris：Pulse, 1981)에 수록. 트랙 'L'Ethique 1'(시간 6：21)과 트랙 'L'Ethique 3'(시간 4：48). Cuneiform Records, Silver Spring, MD가 1992년에 재발매.

9. (음반) Spinoza의 *Ethics*의 강독 혹은 해설(전자 음향으로 음성 변조됨). 더블 앨범 *Rhizosphere/Live at Bobino：Paris, France 1982* by Richard Pinhas(Silver Spirng, MD：Cuneiform Records, 1994)에 수록. 트랙 'Livre 5：L'Ethique'(시간 8：39)와 '1992：Iceland：The Fall'(시간 4：37). 이 앨범의 *Rhizosphere* 부분은 Deleuze와 Guattari의 해설지를 담고 있다. 이 해설은 이미 출간된 다음 문헌에서 인용된 것이다. *Rhizome*(앞의 1976. 1, 35쪽；앞의 1980. 1, 19쪽), *Différence et répétition*(앞의 1968. 1, 16쪽).

10. (세미나) "Michel Foucault：Savoir, Pouvoir, Subjectivation." 파리 8대학(Vincennes)에서 1985년 10월 29일부터 1986년 1월 21일까지 진행된 세미나(34개 카세트). 이 카세트는 Centre Michel Foucault(43 bis, rue de la Glacière, 75013 Paris)에 보관중이며 복사할 수 없다.

11. (강의) "Spinoza：immortalité et éternité." 파리 8대학(Vincennes)에서 1981년에 행한 스피노자에 대한 강의. Gallimard에서 2002년에 더블 CD로 출시했으며 첫 CD(시간 68：16)는 Deleuze의 강의를, 두번째 CD(시간 56：16)는 강의 후의 학생들의 질문과 그에 대한 Deleuze의 답변을 담고 있다.

III. 들뢰즈의 비디오 자료들

1. (강연) *Qu'est-ce que l'acte de création?*("Mardis de la Fondation" 시리즈로 1987년 3월 17일에 행해진 강연, 50분, 컬러). FEMIS(la Fondation Européene des Métiers de l'image et du Son)와 ARTS가 〈Cahiers multi-média du Ministère de la Culture et de la Communication〉라는 제목으로 제작하고, "Océaniques：des idées, des hommes, des œuvres" 시리즈의 일부로 방영되었으며, 1989년 재방영됨.
이 방송의 부분 녹취문이 다음과 같이 출판됨："Avoir une idée en cinéma：À propos du cinéma des Straub-Huillet," in Jean-Marie Straub and Danièle Huillet, *Hölderlin, Cézanne*(Lédignan：Éditions Antigone, 1990), 65-77쪽(앞의 1990. 8 참조).

2. (토론) "L'Abécédaire de Gilles Deleuze." Arte 방송이 예술가 · 철학자들을 소

개하는 Metropolis라는 심야 프로그램으로 방영함. 가장 앞부분에 파리 8대학 (Viencennes)에서 강의하는 들뢰즈의 모습이 수록되어 있으며, 그 뒤로는 Claire Parnet의 질문에 대해 응답하는 식으로 되어 있다. 이 토론은 1988년에 영상화되 었으며, Arte의 방영 이후 3개의 비디오로 출시되었다. 다음과 같은 각각의 주제 에 따라 토론이 진행되었다: 'A comme (devenir-) animal,' 'B comme boisson,' 'C comme culture,' 'D comme désir,' 'E comme enfance,' 'F comme fidélité,' 'G comme gauche,' 'H comme histoire de la philosophie,' 'I comme idée,' ······ 'Q comme question' 등. 이 비디오에 실린 대담은 문서상으로 요약(영문)되어 있는데, 웹상에서 볼 수 있다(http://www.langlab.wayne.edu/Romance/FreD_G/ABC1.html).

IV. 들뢰즈가 기획하거나 편집한 출판물들

1. *Instincts et institutions*(Paris : Hachette, 1953).
2. *Mémoire et vie : textes choisis* by Henri Bergson(Paris : Presses Universitaires de France, 1957).
3. Member of the Comité de direction for *Revue de Métaphysique et de Morale* (from the janvier-mars, 1965 issue to the janvier-mars, 1975 issue).
4. *Cahiers de Royaumont : Philosophie no.VI : Nietzsche*(Paris : Éditions de Minuit, 1967). (앞의 1967. 1 참조.)
5. 처음에는 Michel Foucault, 후에는 Maurice de Gandillac와 공동 편집 : Friedrich Nietzsche, *Œuvres philosophiques complètes*. 1977년부터 Paris의 Gallimard 출판 사에서 간행되고 있다. 목록은 다음과 같다.

    I. Vol. 1 : *La Naissance de la tragédie et Fragments posthumes(1869-1872)*

    I. Vol. 2 : *Écrits posthumes(1870-1873)*

    II. Vol. 1 : *Considérations inactuelles I et II ; Fragments posthumes(été, 1872-hiver, 1873-1874)*

    II. Vol. 2 : *Considérations inactuelles III et IV ; Fragments posthumes(début, 1874-printemps, 1876)*

    III. Vol. 1 : *Humain, trop humain ; Fragments posthumes(1876-1878)*

    III. Vol. 2 : *Humain, trop humain ; Fragments posthumes(1878-1879)*

    IV. *Aurore ; Fragments posthumes(1879-1881)*

    V. *Le gai savoir ; Fragments posthumes(1881-1882)* (앞의 1967. 5를 참조.)

    VI. *Ainsi parlait Zarathoustra*

    VII. *Par-delà bien et mal ; La Généalogie de la morale*

    VIII. Vol. 1 : *Les Cas Wagner ; Crépuscule des idoles ; L'Antéchrist ; Ecce homo ; Nietzsche contre Wagner*

VIII. Vol. 2 : *Dithyrambes de Dionysos ; Poèmes et fragments poétiques posthumes(1881-1888)*

X. *Fragments posthumes(printemps-automne, 1884)*

XI. *Fragments posthumes(automne, 1884-automne, 1885)*

XII. *Fragments posthumes(automne, 1885-automne, 1887)*

XIII. Vol. 2 : *Fragments posthumes(automne, 1887-mars, 1888)*

XIV. Vol. 1 : *Fragments posthumes(début janvier, 1888-début janvier, 1889)*

6. Félix Guattari와 공동 편집 : *Chimères*(Gourdon : Éditions Dominique Bedou, 1987-1989 ; Paris : Éditions de la Passion, 1990-현재). 1987년 봄부터 지금까지 계간지로 발행되고 있다(현재 2002년 봄호[46호]까지 발행). Deleuze는 통권 2호(1987년 여름호)부터 통권 17호(1992년 가을호)까지는 공동 편집 책임자로, 그 이후부터는 Guattari와 함께 〈공동 발행인〉으로 참여했다(앞의 1988. 5, 1990. 5, 1993. 3, 1994. 2를 참조). 홈페이지는 http://www.revue-chimeres.org/

V. 들뢰즈 강의 녹취록

파리 8대학(Vincennes)에서 행한 들뢰즈의 강의 녹취록은 http://www.webdeleuze.com/ 에서 제공하고 있으며, 그 내용은 아래와 같다. 아래 녹취록 가운데 많은 부분은 영어와 스페인어로 번역되어서 함께 제공되고 있다.

1. Sur Spinoza : 12개의 강의록(1978-1981). 이 가운데 1978년 1월 24일 강의는 「스피노자를 공부하는 수업시간」(≪모색≫, 2호[2001], 권희철 · 남청수 옮김, 196-229쪽)으로 번역 · 출판되었다.
2. Sur Leibniz(첫번째 시리즈) : 6개의 강의록. 1987년의 1개의 강의 외에는 모두 1980년에 행해진 것임.
3. Sur Leibniz(두번째 시리즈) : 9개의 강의록(1986-1987).
4. Image Mouvement/Image Temps : 7개의 강의록(1981-1983).
5. 4 Leçons sur Kant : 4개의 강의록(1978).
6. Anti-Œdipe et Mille plateaux : 21개의 강의록(1971-1979).
7. 들뢰즈의 학술 회의 발표
   1) Conférence inédite sur le *Temps Musical*.
   2) Conférence sur le *Temps Musical*, IRCAM(PARIS, 1978).
   3) Théorie des multiplicités chez Bergson.
   4) Conférence sur la création, FEMIS(PARIS, 1987).

Ⅵ. 들뢰즈 관련 인터넷 사이트(프랑스어·영어권)

http://www.webdeleuze.com/
http://65.107.211.206/cpace/theory/deleuze.html
http://lists.village.virginia.edu/~spoons/d-g_html
http://pratt.edu/~arch543p/help/Deleuze.html
http://www.bleb.net/rhizomat/
http://www.duke.edu/~hardt/Deleuze&Guattari.html
http://www.langlab.wayne.edu/Romance/FreDeleuze.html
http://www.langlab.wayne.edu/Romance/FreD_G/ABC1.html
http://www.momo-berlin.de/Deleuze_Links.html
http://www.revue-chimeres.org/
http://www.sou.edu/English/IDTC/People/deleuze.htm
http://www.uta.edu/english/apt/d&g/d&gweb.html

Ⅶ. 들뢰즈를 특집으로 다룬 국외 정기 간행물

The British Society for Phenomenology, vol. 24, no. 1(January, 1993).
Magazine littéraire, no. 257(septembre, 1988).
Philosophie, no. 47(Paris : Éditions de Minuit, 1995).
Man and World, vol. 29, no. 3(July, 1996).
Rue Descartes(Mai, 1998).
Magazine littéraire, no. 406(Février, 2002).

들뢰즈의 창 3

들뢰즈의 철학

1판 1쇄 펴냄 • 2002년 9월 10일
1판 12쇄 펴냄 • 2026년 3월 10일

지은이 • 서동욱
발행인 • 박근섭, 박상준
펴낸곳 • (주) 민음사

출판등록 • 1966. 5. 19. 제16-490호
서울특별시 강남구 도산대로1길 62(신사동)
강남출판문화센터 5층(우편번호 06027)
대표전화 02-515-2000 • 팩시밀리 02-515-2007
www.minumsa.com

ⓒ 서동욱, 2002. Printed in Seoul, Korea

ISBN 978-89-374-1593-7 94160
ISBN 978-89-374-1590-6 (세트)